天下文化

BELIEVE IN READING

科學文化 201F

別鬧了，費曼先生

科學頑童的故事

SURELY YOU'RE JOKING, MR. FEYNMAN !

Adventures of a Curious Character

by Richard P. Feynman
理查·費曼 著　　吳程遠 譯

別鬧了，費曼先生

——科學頑童的故事

目錄

第二部

第三部

〔中文版注：有關費曼的生活照片，作者皆蒐羅在《你管別人怎麼想》一書中。或請參閱費曼女兒米雪編輯出版的《費曼手札：不休止的鼓聲》。〕

中文版序

天才中的小飛俠

牟中原

費曼是加州理工學院物理系教授，任教約四十年。一九三〇年代在普林斯頓大學畢業後，隨即被徵召加入製造原子彈的曼哈坦計畫。費曼生性好奇，在嚴密的保安系統監控之下，他以破解安全鎖自娛。取得機密資料以後，留下字條告誡政府小心安全。

為戴森（Freeman Dyson，《全方位的無限》及《宇宙波瀾》作者）評為二十世紀最聰明的科學家，費曼的一生多采多姿，從也沒閒著。他在理論物理上有巨大的貢獻，以量子電動力學上的開拓性理論獲諾貝爾物理獎，在物理界有傳奇性的聲譽。

但他的鮮事也傳頌一時。他愛坐在上空酒吧內做科學研究，當那酒吧以妨礙風化遭到取締時，他上法庭辯護。他的森巴鼓造詣很高，巴西嘉年華會需要領隊貴賓，本來預訂的大明星珍娜露露布麗姬妲缺席，臨時由費曼先生取代，他引以為豪。他一向特立獨行，以不負責任聞名。領了諾貝爾獎之後，同事維斯可夫（Victor Weisskopf，歐洲粒子物理研究中心主任）和他打賭十元，在十年之內費曼先生會坐上某一領導位置。費曼在一九七六年拿到十元。事實上，費曼幾乎從不參與加州理工學院系內如經費、升等、設備等任何行政工作。別人可能看他自私。但對他，這是他保衛自己創造自由的方式。他甚至連續五年努力辭去美國國家科學院院士的榮譽位置，因為選舉其他院士的責任頗困擾他。晚年，他卻應美國政府之邀，參與調查「挑戰者號」太空梭爆炸事件（在遠見天下文化出版公司的《你管別人怎麼想》有詳細記載），在全國電視上，當場做實驗證明爆炸起因出在橡皮環上。

多年來，費曼經常和同事的兒子拉夫・雷頓一起玩鼓。玩鼓時，費曼就聊他的故事。後來雷頓開始錄音，他叫費曼「Chief」，一再鼓勵費曼說下去。經他整理後成為這本妙書。費曼不認為這是一本自傳，但他親自參與，連書名也是他堅持的。書中的對話方式，完全保留了他的風格、他的自我形象。

有關費曼的書有好幾本，都頗為精采可觀，讀者有興趣可一併閱讀。《你管別人怎麼想》也是雷頓和費曼合作，展示費曼對一生至愛亡妻之深情，以及他在「挑戰號」調查的故事。《到唐奴烏梁海之路》是費曼過世後，雷頓回憶他們之間的友情，及費曼未完成之向唐奴烏梁海共和國進軍計畫。《理查・費曼——天才的軌跡》則是《混沌》一書作者葛雷易克（James Gleick）的力作。透過大量的研讀和訪談，他敏銳而動人的描繪出一個物理學家的世界。

然而，在這些書中，《別鬧了，費曼先生》仍是最能傳達費曼的性格。他最有趣的智慧遊戲多半出現在本書裡。物理學家拉比（I. I. Rabi）曾說：「物理學家是人類中的小飛俠，他們從不長大，永保赤子之心。」理查・費曼永不停止的創造力、好奇心是天才中的小飛俠。

本書就是費曼一生各種奇異的故事，絕沒有任何說教，也沒什麼深奧難懂的物理學，有的是費曼各種笑鬧鮮事後面，透露出天才的一些天機。

〔本文作者為臺灣大學化學系教授，中央研究院院士〕

導讀

人生起碼是不無聊的

高涌泉

我見過費曼一次，確切日期記不得了，但應該是在一九八一年春天。那時我是美國加州大學柏克萊分校物理系第一年的研究生，自然認得費曼這位傳奇性人物：他是物理天才、諾貝爾獎得主、我最喜歡的物理書《費曼物理學講義》的作者。所以當我在布告欄看到費曼要來系上演講的消息，當下打定主意一定要去聽。其實我在去到柏克萊之前，就已從臺大消息靈通的同學處聽聞，費曼罹患了什麼重病，甚至於動了手術，所以更是認定這個見他的機會不容錯過。

除了日期，關於這場演講我倒是有幾件事記到現在：（一）費曼的演講是系上高能理論物理組所舉辦的專題學術報告，不是適合全系師生聽講的通俗演講。平常這類學術報告只有專家才會參加，所以是在一般小教室內舉行，但是這次卻安排了最大的階梯教室，應該是主辦者擔心太多人會衝著費曼的名氣來，才特別這麼做。不過當天教室並未滿座，我有點驚訝。（二）費曼從教室後方走下來，經過柏克萊著名理論物理教授曼德斯坦（Stanley Mandelstam），兩人相互打了招呼。（三）演講主題是二加一維的楊（振寧）—密爾斯（Yang-Mills）規範場論，其中技術細節遠超出我當時的程度，演講中途，我忍不住打了瞌睡！後來在期刊上看到費曼關於這個主題所發表的論文，花了相當時間研讀，才多少知道費曼當初到底在講些什麼。回想起來，很遺憾沒能在聽講當下就有些領悟。（這篇論文也是啟發我後來研究起二加一維規範場論的動機之一。）

雖然我在見到費曼之時，是抱著以後或許不會再見的心情，但是我也沒想到這真是唯一的一次。不過我知道絕大多數的費曼迷連這樣的機會都沒有，就算是葛雷易克這位寫了公認費曼最棒傳記《理查·費曼——天才的軌跡》的名作家，也坦言沒見過費曼。

費曼在一九八八年二月還未滿七十歲時，就因癌症過世，只算是中壽。他曾積極迎戰惡疾，前後約有十年的時間，不過對於終究避不開的結局，倒也坦然接受。在最後的時日，朋友當著他的面表示憂傷，費曼反過來安慰朋友說：自己雖然也會難過，但其實也沒有那麼難過，因為他的好故事大半講完了，自己會隨著這些故事進入別人的腦子裡，所以他不會在死了之後，就完全消失一空。

費曼的確愛講故事，也很會講故事。費曼愛講故事主要是因為他有表演慾，喜歡成為大家注目的對象。仰慕他的著名物理學家兼作家戴森，說他「半是天才，半是小丑，身旁的物理學家與他們的小孩莫不被他高亢的活力逗得很高興」，有他在的場合，大家的情緒都高了一截，「人生起碼是不無聊的」。

儘管費曼於物理圈內有耀眼的光環，甚至獨領風騷，然而社會大眾在一九八五年之前，還大半不知道這號人物。那一年，費曼出版了《別鬧了，費曼先生》一書。出乎出版社意料，竟然大為暢銷，讓費曼的名氣溢出學術圈。這本書經常被視為科普書，但其實書中並沒討論什麼科學；有人說它是自傳，不過費曼並不同意，他說：「不，它不是自傳，只是一些趣聞。」本書不是費曼一字一句寫出來的，而是他的好友拉夫．雷頓把費曼多年來對他講的故事錄音起來，然後謄錄下來的。雷頓不是科學家，與費曼是敲鼓夥伴，他認為費曼所講的每一個故事都很有趣，而費曼一個人就親身經歷這麼多奇怪的事，真不可思議。

當然這些趣聞之出現，費曼不純然是無辜的旁觀者，其中有些是他耍點無傷大雅的小花招促成的。他開玩笑的對象經常是那些一向正經八百看事情的人。費曼在加州理工學院的著名同事葛爾曼（Murray Gell-Mann，「夸克」概念的發明者）就對於費曼「花非常多時間與精力來製造以自己為主角的軼聞」以譁眾取寵，頗不以為然。費曼的確喜歡譁眾取寵，不過他的確也是真心誠意覺得這些故事太好笑了，講出來是娛人也娛己。費曼的女兒米雪記得有一晚她發現費曼笑得歇斯底里，眼淚都流出來了，原來他正在看自己的書，竟然還是忍不住被自己曾一講再講的故事逗笑了。費曼有些不好意思，對米雪說：「我以前真是個瘋狂的傢伙。」

費曼以幽默態度面對人生，直到人生終點。他在臨終前幾天，腎臟功能已全失，無謂的醫療他拒絕了，只躺著靜待最後一刻來臨。他昏迷中偶爾掙扎醒來一下子，最後對家人說出口的話居然是：「我不要死兩次，等死實在無聊。」太酷了！純然費曼本色！這最後一個玩笑是會讓人莞爾一笑又受感動的。

有人曾當著費曼的面，向他抱怨《別鬧了，費曼先生》沒能呈現費曼對於物理的熱愛，費曼馬上回說如此做是刻意的，又補充說那是下一本書所要講的。可惜我們永遠不會知道費曼是否真有如此打算了。有人可能會好奇，費曼很會說故事，同時也是一位頂尖物理學家，這兩者有無關聯？我認為答案是肯定的。

諾貝爾物理獎一九九一年得主法國凝體理論學家迪熱納（Pierre-Gilles de Gennes）是大號費曼迷，一輩子感念費曼對他的啟發。他出身巴黎高等師範學院，這是法國培養頂尖精英學生的教育場所。迪熱納說他在法國精英教育所學到的是對於數學推演的盲目崇拜，還好費曼的《費曼物理學講義》導正了他，完全改變了他的物理觀。我理解迪熱納閱讀《費曼物理學講義》時所感受的震撼，因為我有相同的經驗。無論是上課、演講或是寫論文，費曼都將重點放在說明他自己到底是如何理解他要傳達的知識，而不是放在數學推導；所以費曼對於每一個科學概念，都會仔細想好其關鍵點，然後用清楚的（口語或文字）敘述來解說他為什麼這麼看。對於費曼來說，除非你能夠這麼做，不然你不能宣稱你懂。

迪熱納從費曼那裡學到最重要、有用的是現象背後的物理意義，光光知道數學方程式並不會讓你了解物理。迪熱納逼迫自己在一頭栽進方程式之前先好好想一想，他開始追求了解物理意義而非數學。費曼成了迪熱納的科學楷模。

我以迪熱納如何受費曼影響為例，說明費曼物理風格的特色：以日常語言來呈現物理概念，這樣才能貼切傳達他對於物理的理解，也彰顯出了解物理意義比操弄數學重要。所以對於費曼來說，講物理和講故事可說是同一回事。他著名的《費曼物理學講義》每一章都是一篇故事，有頭有尾有高潮，他的專業論文讀起來也有故事的味道。

費曼的語言天分、與數理天分相輔相成；他的好奇心、人生觀、科學觀、與宇宙觀也全相互關聯。他知道自己比多數人幸運，而平凡的我們能夠讀到他的趣事而開懷大笑，也是幸運的！

〔本文作者為臺灣大學物理系教授，臺大科學教育發展中心主任〕

作者序一

費曼自述

我想簡單的提一下我的過去。一九一八年我在法洛克衛（Far Rockaway）出生，那是紐約州靠近海邊的一座小鎮，我在那裡度過了十七年。一九三五年進麻省理工學院；四年後，大約是一九三九年間，到普林斯頓大學念研究所。還在普林斯頓大學時，我就加入曼哈坦計畫，後來在一九四三年四月到羅沙拉摩斯（Los Alamos），直到一九四六年的十月或十一月，到康乃爾大學任教。

一九四一年我跟阿琳結婚，她於一九四五年我還在羅沙拉摩斯工作期間，因淋巴腺結核病逝世。

我在康乃爾待到一九五一年，一九四九年夏天曾經前往巴西訪問，一九五一年再在那裡教學半年，然後轉往加州理工學院任教至今。

一九五一年底，我到日本訪問兩星期。過了一、兩年，當我剛和第二任妻子瑪麗露結婚後，曾再度造訪日本。

目前我的妻子是溫妮絲，她是英國人。我們有兩個小孩，即卡爾和米雪。

作者序二

帶來無限靈感

雷頓

在長達七年的期間，我跟費曼經常一起打鼓，共度許多美好時光。本書所蒐集的故事，就是這樣斷斷續續的從費曼口中聽來的。

我覺得這些故事都各有奇趣，合起來的整體效果卻很驚人：在一個人的一生中，居然會發生這麼多神奇瘋狂的妙事，簡直有點令人難以置信；而這麼多純真、頑皮的惡作劇全都由同一人引發，也實在令人莞爾、深思，也給我們帶來無限啟發和靈感！

〔拉夫・雷頓（Ralph Leighton）為本書共同著作人〕

第一部

小頑童的成長

他單用想的便把收音機修好

我十一、二歲時，就在家裡設立了自己的實驗室。實驗室的設備很簡單：在一個舊木箱內裝上間隔，外加一個電熱盤；很多時候我會倒些油在盤子裡，炸些薯條來吃。其他的設備還包括了一個蓄電池、一個燈座等。

燈座是自製的。我跑到「五分一毛」平價商店買了一些插座，釘在一塊木板上，再用電線把它們連接起來。我早就曉得靠著並聯或串聯等不同連接方式，你可以讓每個燈泡分到不同的電壓。但當時我不知道的是，燈泡的電阻跟它的溫度有關，因此我的計算結果與實際在燈座上看到的現象大有分別。但那也無所謂，因為當燈泡全部串聯在一起時，它們會慢慢的亮起來，那種情形美極了！

我在線路中安裝了一個保險絲，以備如果有什麼東西短路，頂多把保險絲燒斷。我的保險絲很「克難」，只不過是在一個燒斷的舊保險絲上，用錫箔紙把斷處包接起來。我又在這個自製的保險絲上外接了一顆五瓦的小燈泡，當保險絲燒斷時，原來的電流就轉移到小燈泡上，把它點亮。我把小燈泡裝在電鍵板上，在它前面放了一張咖啡色的糖果包裝紙，當背後有亮光時，包裝紙看起來是紅色的。因此如果出了什麼狀況，我只消看看電鍵板，便會看到一大團紅光，表示保險絲燒斷了。對我而言，那真是妙趣無窮！

我很喜歡收音機。最初我買了一臺晶體收音機，經常在晚上戴著耳機躺在床上，邊睡邊聽。偶爾爸媽因事外出，深夜才回來時，都會到我的房間，替我把耳機拿下來，擔心我究竟聽進些什麼東西。大約在那時候，我造了一個防盜鈴。其實它的結構很簡單：我只不過用電線把一只電鈴和蓄電池接起來而已。如果有人把我的房門推開，房門會把電線開關推到蓄電池上，把線路接上，電鈴便響起來。

一天夜裡，爸媽很晚才回家。為了怕吵醒我，他們很小心翼翼、輕輕的打開我的房門，想走進來替我把耳機拿下。突然之間鈴聲大作，而我則高興得從床上跳起來大叫：「成功了！成功了！」

另外我有一個福特線圈，那是從汽車拆下來的火花線圈。我把它接到電鍵板上，然後把一支充滿氬氣的燈管接到火花線圈的兩端，線圈的火花使管內發出紫色光芒，實在棒透了！

有一天，我又在玩那福特線圈，利用它發出來的火花在一張紙上打洞，卻把紙張燒著了。我沒法拿住它，因為手指也快燒著了，我趕緊把它扔到一只金屬垃圾筒裡。垃圾筒中有很多舊報紙，而舊報紙燒得最快了，在小小的房間內火勢看來相當驚人。我趕忙把房門關上，免得母親（當時她正在客廳跟朋友玩橋牌）發現我的臥室失火。然後隨手拿了一本雜誌壓在垃圾筒上，把火悶熄。等火熄滅後，我把雜誌拿開，可是這時房間內都是濃煙。垃圾筒還是太燙手了，於是我用鉗子夾著它，走到房間另一頭放到窗外，讓煙消散。

沒想到，窗外的風一吹，舊報紙卻死灰復燃起來！我只好把垃圾筒再拿回來，跑去拿用來蓋垃圾筒的那本雜誌。這樣做十分危險，因為窗戶兩旁都有窗簾。

總之，最後我拿到雜誌，再次把火悶熄。這一次我隨身帶著那本雜誌，把垃圾筒內紅光閃閃的灰燼倒到樓下的街道上；然後走出房間，把門關上，告訴母親：「我要出去玩了。」讓房間裡的煙慢慢散去。

收音機和孩子王

我用電動馬達做過一些小玩意。有一次我買了一只光電池，並且為它設計了一個線路。把手放在光電池前面時，這個系統能夠使電鈴響起來。可是我總覺得意猶未盡，因為母親經常打斷我，要我出去玩。不過我還是想辦法待在家裡，在實驗室內搬東弄西。

我經常在慈善園遊會上買一些收音機。我沒有多少錢，但反正它們也不貴；這通常都是人家捐出來的破舊收音機，我買來之後，就設法把它們修好。而收音機的損壞原因也往往很簡單，像電線沒接好、某個線圈損毀了或沒有繞牢等，因此有些一修就靈。

有一個晚上，我在其中一臺修好的收音機上，居然收到遠在德州韋科市的WACO電臺播音。那一刻，真是有說不出的興奮！

同樣的，利用這一臺真空管收音機，我可以在實驗室內收聽到紐約州斯克內克塔迪市WGN電臺的廣播。那時候，我們這幫孩子，包括我的妹妹、兩個堂兄弟、以及鄰居小孩，常常圍繞在我們家樓下的收音機旁，收聽紐約市一個電臺的《以羅罪案俱樂部》廣播節目（很明顯，節目的贊助廠商是「以羅果子鹽」），這是我們生活中的頭等大事。而我發現，我可以在紐約市的電臺播出這個節目之前一個小時，躲在實驗室裡從WGN頻道聽到同樣的節目！因此，我可以預先知道劇情發展，然後當我們聚在樓下的收音機旁，一起聽《以羅罪案俱樂部》時，我會說：「你們有沒有注意到，某某已經很久沒有出現了，我猜他等一下就會趕來解圍。」

果然才過兩秒鐘，他就來了！大家為此興奮得不得了。之後，我又猜中了其他一些劇情細節。這時他們才開始懷疑其中一定有什麼蹊蹺，我只好從實招供，說一小時之前便在樓上全聽過了。

你當然猜到結果如何：他們再也沒耐心等到慣常的廣播時間了；他們迫不及待，全都擠在我那實驗室內，靠那嘰嘎亂叫的小收音機，收聽WGN的《以羅罪案俱樂部》。

費曼廣播電臺

那時候，我們住在一幢很大的木造房子，是祖父留下來給我們的。我在屋子周圍裝上電線，每個房間內也裝了插座，那樣一來，我隨時隨地都可以聽到放在樓上實驗室內的收音機。我還有一只揚聲器，但不是完整的，它缺了牛角式的喇叭部分。

有一天，我把耳機接到揚聲器上，觀察到一些新現象：當我用手指碰揚聲器時，從耳機可以聽見碰觸的聲音；用手抓它，在耳機裡也聽得見。因此，我發現揚聲器可以當作麥克風使用，甚至連電池也不需要。那時候，剛巧學校講堂上講到貝爾（Alexander Graham Bell）的故事，我就表演揚聲器接上耳機的功能；當時我並不知道，但現在回想，那就是貝爾最初使用的那種電話了。

有了這支麥克風，再加上我從舊收音機上拆下來的擴音器，我可以從樓上到樓下，從樓下到樓上，雙向播音。那時候，比我小九歲的妹妹瓊安才兩、三歲大，而她很喜歡收音機上一個唐叔叔播音的節目。節目中會唱一些像〈好孩子〉之類的兒歌，有時又會朗讀某些小孩父母寄來的卡片，例如：「這個星期六，是住在弗萊布希路的瑪麗的生日。」

有一回，我和表弟法蘭西斯叫瓊安坐下，告訴她有個非聽不可的特別節目。然後我們飛奔到樓上，開始廣播：「我是唐叔叔。我們聽說，住在新百老匯大街上的瓊安是個很好很乖的小女孩，她的生日快到了——不是今日，而是某月某日。她是個很可愛的小女孩。」我們唱了一首歌，接著「奏」了些音樂：「嘀嘟哩嘀，嘟嘟落嘟……」演完了唐叔叔的全套節目後，跑到樓下問瓊安：「怎麼樣？喜歡這節目嗎？」

「節目很好，」她說：「可是你們的音樂為什麼也是用唱的呢？」

小小修理工

一天，我接到一通電話：「先生，你就是理查．費曼嗎？」

「是。」

「我們這裡是一家旅館。我們的收音機壞了，聽說你可以幫得上忙。」

「但我只是個小孩子，」我說：「我不明白怎樣……」

「對，我們知道，但我們還是希望你能跑一趟。」

事實上，那家旅館是我姨媽開的，不過事前我並不知道。一直到了今天，他們還津津樂道，說那一天我跑到旅館時，褲子後頭口袋裡塞了一把大螺絲起子。不過，那時候我個子很小，任何螺絲起子在我口袋裡，看起來都顯得特別大。

我跑去看那臺收音機，試著把它修好。說實在，我對它不太了解，不過旅館裡有一名雜工，記不清是他還是我，發現控制音量的可變電阻器上的旋鈕鬆掉了，使得可變電阻器的轉軸沒法轉動。他跑去把什麼銼了幾下，把旋鈕固定，就把收音機修好了。

我被請去修理的下一臺收音機，連一點聲音也沒有，原因卻很簡單：它的插頭沒有插。而隨著修理任務愈趨複雜，我的手藝也愈來愈高超，花招也更多了。我在紐約市區買了個毫安培表，經過計算後，替它接上不同長度的細銅線，把毫安培表改裝成伏特表。它並不怎麼準確，但至少我能夠量出線路上各接點間的大約電壓值，從而曉得問題出在哪裡。

其實他們之所以會請我去修理收音機，主要是因為碰上經濟大衰退，大家都窮得要命，沒有餘錢花在修理收音機上。當他們聽說有這麼一個小孩能修收音機，收費又便宜，當然是趨之若鶩。結果我經常要做些奇奇怪怪的工作，像爬上屋頂校正天線等；工作愈來愈困難，但我學到的也愈來愈多了。我曾接過一件工作，是要將使用直流電的收音機改裝為用交流電的，其中最困難的是不讓它發出「嗡嗡」的聲音，而我用的方法不大對。回想起來，那次我不應該接下那件工作的，不過那時我有點不知輕重。

我在想！我在想！

另外一次也很有意思。當時我在一家印刷廠上班，印刷廠老闆的朋友聽說我在替人修理收音機，便派人來印刷廠找我。這個人看來很窮，他的車子破爛不堪，簡直是一堆廢鐵，而他們的屋子也坐落在城中最貧窮的地區。半路上我問：「你們的收音機出了什麼毛病？」

他說：「每次我扭開開關時，它都會發出一些聲音。雖然過一陣子聲音就停止，一切正常，可是我不喜歡剛開始時的聲響。」

我跟自己說：「算了吧，如果你沒錢，就活該忍受一點點聲音。」

一路上他不停的說：「你懂收音機嗎？你怎麼可能會修理收音機？你只是個小孩子罷了！」他就這樣不停嘴的損我，而我腦袋中一直在想：「他出了什麼毛病了？只不過是一點點聲音罷咧！」

可是，等我們到他家，把收音機打開時，我真的嚇了一跳。一點點聲音？天哪！難怪這個可憐的窮光蛋也受不了！這部收音機先是大吼大叫，不停顫動，「轟——蹦蹦蹦」的吵翻天，然後，安靜下來，運作正常。我想：「怎麼可能發生這種事？」

我開始來回踱步，不停的想、想、想，終於領悟到可能是收音機內各個真空管啟動的次序顛倒錯亂掉了；換句話說，它的擴音部分不依規矩的暖身完畢，真空管也都待命工作，但這時收音機卻還沒有給它任何訊號。又或者由於其他線路訊號回輸，甚至收音機的前段線路（我說的是跟「射頻」有關的部分）出了問題，才會發出這許多聲響；而最後，當射頻線路全熱起來，真空管電壓已調適好，一切便回復正常。

那傢伙不耐煩了，對我說：「你在幹什麼呀？我請你來修理收音機，但你只在這裡走來走去！」我說：「我在想！我在想！」然後決定：「好！把所有真空管拔下來，依相反的順序放回去。」事實上，在那個時期的收音機內，不同部分的線路上，往往還是用同一型號的真空管，印象中是編號二一二或二一二A的那一種。總之，我把真空管的次序顛倒過來，再把收音機打開。它果然靜得像隻綿羊一樣，線路乖乖的熱起來，然後開始廣播節目，非常完美，沒有任何雜音。

如果有人曾經這樣瞧不起你，但你立刻展現實力，通常他們的態度會來個一百八十度的轉變，有點補償的意味。這位仁兄便是如此。後來，他還介紹我接其他工作，不斷告訴其他人我是多偉大的天才，說：「他單用想的便把收音機修好了！」他從沒想過，一個小孩子居然有耐力靜下來想，然後就想出將收音機修好的方法。

死不服輸

那年頭的收音機比較好對付，因為只要你把它拆開來之後（最大困難反而是確認該動哪一顆螺絲釘），便可看出來這是電阻，那是個電容器等等，它們甚至都貼上標籤。假如你看到電容器上的蠟已開始滴出來，那麼它一定是太熱，大概已燒壞了；同樣，如果某個電阻上有焦炭出現，它也一定出了問題。又或者，如果你看不出什麼名堂來，你可以用伏特表測量線路上的接點，看看是否都有電壓。

基本上那些收音機結構都很簡單，線路並不複雜。真空管的柵極電壓通常都是一．五伏特或二伏特，而屏極電壓都是一百伏特到二百伏特不等。因此對我來說，要弄清楚那些收音機的線路，看看哪裡不對，把它們修好，並不算是多難的事。

然而，有些時候還真滿費時間的。記得有一次我花了足足一個下午，才找到罪魁禍首：一只看來毫無異狀、實際上卻已燒斷的電阻。那次請我修收音機的剛好是母親的朋友，因此我可以從容不迫的弄，沒有人站在我背後說：「你現在在幹什麼了？」相反的，他們會來問我：「想不想喝點牛奶或吃塊蛋糕？」

不過，我後來之所以能修好那臺收音機，是因為我毅力十足。從小，只要一開始研究某個謎題，我便停不下來，非要把它解開不可。如果當時我母親的朋友跟我說：「算了，這太費事了！」我一定大為光火，因為我非要擊敗這臺鬼收音機不可。反正這麼多工夫都花了，絕不能半途而廢，我必須堅持到底，直到找出它的問題才能罷休！

猜謎高手

面對謎題時，我有一股不服輸的死勁。這是為什麼後來我會想把馬雅象形文字翻譯成現代文字、或者是碰到保險箱就想辦法打開它。

記得在高中時，每天早上總有人拿些幾何或高等數學的題目來考我，而我是不解開那些謎題便不罷休。通常我都要花上十多、二十分鐘才找出答案；然後在同一天內其他人也會問我同樣的問題，那時我卻可以不加思索便告訴他們答案。因此我在替第一個人解題時花掉二十分鐘，可是同時卻有五個人以為我是超級天才！

慢慢名頭愈來愈響；高中念完時，恐怕古往今來的每個謎題我都碰過了，總之凡是由人類想出來的任何瘋狂古怪謎題，我都曉得。後來到麻省理工念大學時，有次參加舞會，一個大四學長帶著女朋友同來，碰巧她也知道很多謎題，而學長告訴那個女孩我很會猜謎；因此她便過來對我說：「他們說你很厲害，讓我來考考你：有一個人要砍八段木頭……」我馬上說：「首先他把單號的木頭劈為三塊。」我早已碰過這道題目了，她只好夾著尾巴走開。

不久，她回來問我另一道難題，也難不倒我。這樣一來一往好幾次，舞會快結束時她又跑過來，一副胸有成竹的樣子說：「有一對母女在旅行……」我接著說：「那個女兒得了黑死病。」她氣死了！她才剛開始說題目呢！事實上，原來的謎題長得很，大意是說某個母親帶著女兒住進旅館，各住一個房間，第二天女兒卻失蹤了，她問：「我的女兒呢？」旅館經理說：「什麼女兒？」登記冊上只有那位母親的名字，故事一直講下去，變成一件大懸案。

而答案是：那位女兒得了黑死病，店方害怕因此被停業，便偷偷把屍體搬走，房間清理乾淨，一切不留痕跡。故事很長，但由於之前我已聽過，因此當那個女孩子開始說：「有一對母女在旅行」時，雖然我只聽過類似的題目，我還是大膽的猜出答案，而且猜對了。

中學時代還有一個叫做「代數隊」的團體，隊上有五名學生，經常跟別的學校比賽。比賽方式是大家一字排開，坐在兩排椅子上，主持比賽的老師抽出裝著題目的信封，信封上面寫著「四十五秒」等等。她打開信封，把題目抄到黑板上，說：「開始！」因此實際上我們可以用來解題的時間多過四十五秒，因為她一邊寫，你便可以一邊想答案了。比賽規則是：每個人面前都有紙和筆，你怎麼寫都可以，重要的是答案。假如答案是「六本書」，那麼你要在紙上寫上「六」，把它圈起來。只要圓圈內寫的是正確的，你便贏了。

可以肯定的是，那些題目都不是用傳統套公式的方法便可以解出答案的，你不能「設A為紅色書本數、B為藍色書本數」，套入公式，解、解、解，直到你得到「六本書」這個答案。那樣做至少要五十秒，因為出題目的人早就試算過，再把時限縮短那麼一點點。你必須想：「可不可能單用『看』的，便找到答案？」有些時候真的一眼便看出來答案是多少，有時卻必須發明一些新方法，然後拚命計算，找出答案。

這是絕佳的訓練，我也愈來愈精於此道，最後還當上隊長。學會如何快速解代數，對我往後念大學甚有助益。例如當我們碰到微積分的題目時，我便很快看出題目的方向，而且很快的把答案算出來——真的很快。

自創數學符號

那時我還試過自己編題目和定理。比方說，當我在計算一些式子的時候，我會想這些式子在實際情況下可否派上用場。例如我編過一堆跟直角三角形有關的題目，但我的題目不像傳統那樣已知兩邊求第三邊，我給的已知條件是兩邊之差。典型的實際例子是：這裡有根旗桿，從桿頂垂下一根比旗桿長三英尺的繩子。把繩子拉直時，它的末端距離桿底五英尺。我的問題是：旗桿究竟有多高呢？

我研究出一些方程式，用以解答這類題目。而在這過程中，我發現了三角數學上的某些關係，像 $\sin^2+\cos^2=1$ 之類（注：即任何角度的正弦平方以及這個角度的餘弦平方之和為1）。事實上在這之前數年，當我還只有十一、二歲時，便曾經從圖書館借過一本關於三角的書來讀，不過那本書早就還回去，不在手邊了，依稀只記得三角談的淨是正弦及餘弦之間的關係。於是我動手畫了些三角形，把所有的三角方程式弄清楚，逐一加以驗算證明。我又從五度的正弦值開始，利用自己驗算出來的加角公式及半角公式，計算出十度、十五度……等角度的正弦、餘弦及正切值。

幾年後，學校裡開始教三角課了，這時我還留著筆記。比較之下，我發現我的證明方法跟課本上的不一樣。有時候，由於我沒有注意到某個簡單的方法，結果花了許多力氣、繞了一大圈才找到結果。但有些時候，我用的方法可聰明極了，書中所用的方法卻複雜無比。因此，我跟課本可謂互有輸贏。

做這些計算時，我很不喜歡正弦、餘弦和正切等符號。我覺得 $\sin f$ 很像 s 乘 i 乘 n 乘 f，因此我另外發明了一套符號。我的符號跟平方根有點類似，餘弦用的是希臘字母 Σ，最上的一筆拉出來，像伸出一條長手臂般，f 就放在手臂之下。正切用的是 T，頂端的一筆往右延伸。至於餘弦，我用的是 Γ，但這符號的壞處是看起來很像平方根（$\sqrt{}$）的符號。

那麼「反正弦」的符號便可以用同樣的 Σ，不過左右像照鏡子般顛倒過來，換句話說，長手臂現在伸向左邊，函數 f 放在下面。這才是反正弦呀！我覺得教科書把反正弦寫成 $\sin^{-1}$ 的方式簡直是發神經！對我來說，那是 1 除以 $\sin f$ 的意思；我的符號強多了。

我也很不喜歡 $f(x)$，那看起來太像 f 乘以 x 了。我更討厭微分的寫法：dy/dx，這令人很想把符號中的兩個 d 互消掉，為此我又發明了一個像 & 的符號。對數（logarithm）比較簡單：一個大寫 L，下面的一筆往右延伸，函數放在手臂上，便成了。

那時候我覺得，我發明的符號絕對不會比大家都在用的差，而我用哪一套符號也跟其他人無關，可是後來我發現其中關係才重大。有一次當我跟同學討論問題時，我想也不想，便開始用我的符號，同學大叫起來：「那些是什麼鬼東西？」於是我醒悟到，如果我要跟別人討論，便必須使用大家都知道的標準符號。往後，我終於放棄了使用我那些符號。

除此以外，我還發明過一套適用於打字機上的符號，就像 Fortran 電腦語言用到的符號那樣，使我能用打字機來打方程式。我也修理過打字機，用迴紋針及橡皮圈；當然，我不是職業的修理人員，我只不過是把出了毛病的打字機修到勉強可用的地步而已。不過對我來說，最有趣的是發現問題在哪裡，想出法子來把它修好。這些跟解謎一般好玩有趣！

我切，我切，我切切切！

有一年夏天，我在姨媽經營的旅館打工。當時大概是十七、八歲吧！我不太記得薪水究竟是多少了，好像是一個月二十二美元。工作十分簡單，我通常不是在櫃臺值班，就是在餐廳打雜。而如果一天工作十一小時，隔天就要值班十三小時。每天下午在櫃臺當班的人員，要負責把牛奶端上樓，給一位狄太太喝；她是病人，從來不給我們小費。我那時想，這就是現實世界——你每天做牛做馬，但什麼也得不到。

這家旅館位於紐約郊區的海濱休閒區。白天，做丈夫的到城裡工作時，太太就聚在旅館裡玩牌，因此我們每天都得把橋牌桌搬出來。晚上，則輪到男士玩撲克牌，事前我們又得把牌桌準備好，把菸灰缸清理乾淨；通常，我都要熬到深夜兩點左右才能收工，所以一天實際工作時數是十一到十三小時。

那裡有些事情令我很不喜歡，小費就是其中一樁。我認為我們應該多領一點工資，而不需要跟客人拿小費。但當我跟老闆提議時，只惹來一陣嘲笑。她告訴每個人：「費曼說他不要小費，嘻！嘻！嘻！費曼不要小費，哈！哈！哈！」我的結論是，世界上多得是這種愛自作聰明、其實卻懵懂無知的人。

這就是真實的世界

有一陣子，那群男人從城裡下班回來，都會立刻要我們送冰塊過去讓他們調飲料。和我一起打工的傢伙過去是櫃臺夥計，他年紀比我大，做事也比我老練多了。有一次他告訴我：「聽著！我們老是送冰塊給恩格那傢伙，但是他從不給小費，連一毛錢都不給。下次他們再要冰塊的時候，先別理他們。然後他們會叫你去，這時候你就說：『噢，對不起，我忘了。人難免都有健忘的時候呀！』」我照做了，恩格果然給了我一毛五的小費！但是現在回想起來，我那位同事真有一套：他叫別人去冒惹上麻煩的風險，讓我去「訓練」那傢伙養成給小費的習慣。他沒說真話，卻指使別人去冒風險。

我的工作還包括清理餐桌。我們的做法是把桌上所有的杯盤堆在桌旁的托盤上，堆得夠高時，就把托盤端去廚房，再換個新托盤。這總共需要兩個動作：先把舊托盤拿走，再換上新托盤。但我想：「我要一次就把這兩件事做完。」所以我試著在抽出舊托盤的同時，就把新托盤從底下塞進去。結果托盤一滑——嘩啦啦！所有東西都掉到地上。接著，自然是一連串的質問：「你在幹什麼？東西怎麼會全砸了？」

我怎麼可能解釋得清楚，我只不過是想發明處理托盤的新方法而已嘛！

餐廳甜點中有一道咖啡蛋糕，端出來時總是放在小碟子上，襯著漂亮的小墊巾。但是如果你到後面廚房去，就會看到負責管理食品的傢伙——這傢伙過去一定是個礦工，或是做過其他粗活。他身材魁梧，手指粗短結實。他會拿起黏成一疊、經過某種壓花處理的小墊巾，然後用他粗短的手指，試著把一張張的小墊巾分開，放到碟子上。我總是聽到他邊做邊嘀咕：「該死的墊巾！」我覺得很驚訝：「多麼強烈的對比——餐桌旁的客人品嘗著放在小碟子墊巾上的精緻蛋糕；後面廚房裡那個手指粗短的食品管理員，卻嘀咕著『該死的小墊巾！』」可見真實的世界與表象的世界有多大的差別！

第一天上工時，另一位管理食品的女士告訴我，通常她會替值夜班的人準備火腿三明治或其他宵夜。我說我喜歡甜點，如果晚餐有剩下來的甜點，就再好不過了。第二天晚上，我值大夜班，伺候那群玩撲克牌的客人。凌晨兩點多，我坐著無所事事，正覺得無聊，突然想起有甜點可吃。打開冰箱一看，她居然留了六份甜點給我！有巧克力布丁、蛋糕、果凍，應有盡有。我坐下來把六份甜點吃個精光，真是過癮！

第二天，她對我說：「我留了甜點給你……」

「甜點很棒！」我說：「真的都棒極了！」

「但是我留了六份甜點的原因，是我不知道你喜歡哪一種。」

從此，她都會留六份甜點給我，種類也許不一樣，但總是有六份。

有一次我在櫃臺當班，有個女孩到餐廳吃飯，把書留在櫃臺的電話機旁。我瞄了一眼，看到書名是《達文西的一生》，心想這本書非看不可。後來我跟她把書借來，一口氣讀完。

我睡在旅館後面的小房間，旅館裡有個麻煩的規矩：離開房間時，一定要順手關燈。但我老是記不住。不過我從達文西的書得到靈感，設計了一套由繩子和重物組成的小機關，重物是裝滿了水的可口可樂罐。我一推開房門，拉繩觸動開關，燈便點亮；等我關門時，燈也就熄掉。但是，我真正的「成就」還在後頭。

我常常在廚房裡幫忙切菜，其中一項工作是把四季豆切成長三公分左右的小段。一般的標準動作是一手拿刀，一手拿著兩根豆莢，刀刃貼近大拇指往內切豆莢，但這樣做一不小心就會切到拇指，而且很慢、很沒效率。所以我花了一點心思，想到個好主意。我坐在廚房外的木桌旁邊，把一只大碗放在膝蓋上，接著將一把鋒利的菜刀插在桌面上，刀刃朝下，與桌面成四十五度角。然後，我左右各放一堆豆莢，一手拿一根，左右開弓，快速揮向刀鋒，一段段的四季豆就滑到我膝上的大碗裡。

於是我一根接一根的切著四季豆——切！切！切！切切切！每個人都來遞豆莢給我，我切得更像風一般快了。這時，老闆走過來問：「你在幹什麼呀？」

我說：「你看我切豆莢的方法！」稍一分神，我把自己的手指推上刀口，立刻血流如注，而且全滴在豆莢上，引起一陣混亂。她不停數落著：「瞧你糟蹋了多少豆子！怎麼會這麼笨！」因此我再沒機會改良我的發明了。其實真要改良也不難，只要加個護手套就好了。

改革連連碰壁

在旅館的那段日子，我還有另一項發明，但也是差不多的命運。事情是這樣的：為了做馬鈴薯沙拉，我們得把煮熟的馬鈴薯切成片；煮熟的馬鈴薯既溫又黏，很難對付。於是我想到，可以在架上並排裝著好幾把刀子，同時落下，便可以將馬鈴薯整個切開。想了半天，終於讓我想到了用鐵絲固定刀架的方法。

我跑到雜貨店買刀和鐵絲，卻看到一個正好符合我所需的小玩意——切蛋器。到了下一次要切馬鈴薯時，我就把切蛋器拿出來，飛快的把馬鈴薯切了拿去給廚師。廚師是個德裔大塊頭，是廚房的龍頭老大。沒想到過了一會兒，他怒氣沖天從廚房衝出來大喊：「這些馬鈴薯是怎麼回事？根本沒有切開！」

我已經切好了，但是馬鈴薯又全黏在一起了。他說：「我怎麼把它們分開？」

「泡在水裡！」我提議說。他鼻子裡都要噴出火來了：「泡在水裡？呃？」

還有一次，我想到一個真正的好點子。在櫃臺值班的時候，要負責接聽電話。每當有電話進來時，除了電話鈴響，電話總機還會有一片蓋子翻下來，讓我們知道是哪一條線路有電話進來。

有些時候，我正在幫客人鋪牌桌；或是下午沒什麼電話進來時，在前面陽臺閒坐——都離電話總機有段距離，電話卻突然響起來。我趕快跑去接，但由於櫃臺的設計很不理想，你得先跑到很裡面，才能繞過櫃臺，走到後面，看看總機，才知道究竟是哪一條線在響。這得花很多時間。

因此我想到個好主意。我在總機的每片蓋子上綁上線，把線繞過櫃臺面，垂在外面，再在每一條線的末端綁上一張小紙片，電話筒就放在櫃臺上。這樣一來，我不必繞到櫃臺後面就可以接電話。有電話進來時，我只要注意是哪張紙片在動，就知道是哪片蓋子翻下來，也就知道是哪條線路了。重要的是，我可以直接在櫃臺前面接電話，節省很多時間。當然，我還是得繞到櫃臺後面的總機那兒去，把電話轉進來，但至少我可以先回答「請等一下」，然後再繞到後面去轉電話。

我覺得這個設計無懈可擊，但是有一天老闆進來，想要接電話，卻怎麼也搞不清楚這個複雜的設計。「這些紙是幹嘛的？話筒為什麼放在這邊？你為什麼不……嘩啦嘩啦……」

我試著向我的姨媽解釋其中原因。但是你的姨媽若是個精明的旅館老闆時，你就是有理也說不清了。這件事讓我充分了解，在現實世界中，進行改革創新是多麼困難的一件事！

誰偷了我的門？

在麻省理工學院，所有兄弟會都要舉行所謂的「面試會」，每年他們都在這種聚會中吸收新會員。進入麻省理工學院之前的那個暑假，我也應邀到紐約參加一個名為「懷・貝他・戴爾塔」（Phi Beta Delta）猶太兄弟會的聚會。那時候，只要是猶太子弟或者在猶太家庭中長大的小孩，根本就沒有機會參加其他的兄弟會；其他人根本不會眷顧你。

說實話，我並沒有特別期盼和其他猶太同學在一起，猶太兄弟會的那些傢伙也不在乎我有多像猶太人。事實上，我根本沒什麼猶太信仰，更不能算是虔誠的教徒。在那次聚會中，兄弟會的幾個傢伙問了我一些問題，也給了我一些忠告，例如我應該在大一就參加微積分檢定考試，這樣就可以免修一些學分等等。事後，我發現這是個很好的建議。我還滿喜歡在紐約碰到的那幾個兄弟會會員，說動我入會的那兩個傢伙，後來都成為我的室友。

麻省理工另外還有個猶太兄弟會，簡稱SAM（Sigma Alpha Mu）。他們的點子是讓我搭便車到波士頓（麻省理工學院位於波士頓），然後我可以先借住在兄弟會裡。我接受了他們的安排，到了波士頓的第一晚就睡在ＳＡＭ兄弟會樓上的房間。

第二天早上我往窗外看，正好看到我在紐約認識的那兩個傢伙。有幾個ＳＡＭ兄弟會會員迎向他們，雙方激烈爭辯起來。我朝著窗外大喊：「嘿！我應該是和他們在一起的！」然後就跑出去，完全不曉得雙方正在談判，爭取我入會。我對於搭便車這件事沒有特別覺得需要感恩，更沒有想到別的事情。

書呆子學交際

懷．貝他．戴爾塔兄弟會在之前一年，由於內部分裂為兩派而幾乎瓦解。他們一派人喜歡交際、喜歡跳舞、以及在舞會後開著車子四處鬼混；另一派則全是書呆子，整天只知道讀書，從來不參加舞會。

就在我加入成為會員之前，他們才開了一次大會，會中兩派人馬都有重大的讓步和妥協，最後他們決定團結、互相幫助：每個人的成績都必須在一定的水準之上，如果有人功課落後，專啃書本的那一派就要為他們補習，輔助他們寫功課。另一方面，每個人也都必須參加舞會，如果有人不懂得怎樣和女孩子約會，愛交際的那一派就要想辦法為他找個舞伴；如果有人不會跳舞，他們也要負責教會他。於是一派人教其他人如何思考，另一派人則教別人如何交際。

對我而言，這樣的安排倒是恰到好處，因為我本來就不擅交際。每次我出入兄弟會的大門時，都會碰到坐在臺階上的兄弟會學長和他們的女朋友，我總是害羞得不知所措，不知道該怎麼從他們身旁走過。即使有個女孩說：「噢！他真可愛！」也於事無補。

沒多久，大二的學長就帶著他們的女朋友以及女朋友的女朋友，來教我們跳舞。後來，有個學長還教我開車。他們很努力想教會我們這些「智慧型」的傢伙跳舞交際，學會放輕鬆一點；我們也盡力協助他們度過課業的難關——這是很好的平衡。

我想我永遠搞不懂「會交際」究竟是什麼意思。在那幫會交際的傢伙教我怎麼結交女孩子之後，有一天，我獨自在餐館吃飯，看到一個漂亮的女服務生。我好不容易才鼓起勇氣，問她願不願意在下一次兄弟會的舞會當我的舞伴，她居然答應了。

回到兄弟會，當大家討論到下次舞會的舞伴時，我告訴他們這次不勞他們費心了，我已經找到自己的舞伴，我還覺得揚揚自得。但等那些學長發現我的舞伴居然是個女服務生時，都大驚失色。他們告訴我那可不行，他們會另外為我物色一位「合適的」舞伴。這讓我覺得很迷茫。後來他們還決定出面處理此事。他們到餐館去找到女服務生，說服她退出，為我另外找了個舞伴。

他們想教育我這個「任性的小孩」；從頭到尾我都覺得他們錯了，但當時我只是個大一新生，還沒有足夠的自信來阻止他們破壞我的約會。

新鮮人野地求生

我正式宣誓入會的時候，他們有各式各樣戲弄新鮮人的花樣，其中一項是在酷寒的冬日裡，把我們雙眼蒙住，帶到荒郊野外，丟在冰封的湖邊。那裡杳無人煙，四周看不見一幢房子，什麼也沒有，我們必須自己找到回兄弟會的路。由於大家都很年輕，不免有點害怕，但大家都沒怎麼交談；除了一個叫梅爾的傢伙，不停在開玩笑，淨說些蠢笨的雙關語，一副聽天由命、毫不在乎的樣子，好像在說：「哈！沒什麼好擔心的，這不是很好玩嗎？」

我們對梅爾愈來愈冒火。特別是當其他人憂心忡忡，不知如何找到出路的時候，他總是落後我們幾步，而且不停的拿我們的處境開玩笑。

走到了離湖不遠的叉路口，舉目四望，仍然一片荒涼，什麼也沒有。大家正在討論該走哪條路，梅爾趕上我們，說：「走這條路。」

「梅爾，你懂什麼？」我們都氣死了，「你這傢伙老是不停的開玩笑。為什麼我們該走這條路？」「很簡單呀，看看這些電話線便知道了。電話線愈多的地方，就一定是通往人多的地方。」

這個看起來對任何事都漫不經心的傢伙，卻想出了這絕妙主意！我們依他的話，一路走回城裡，沒有走錯路。

遭到「綁架」

第二天是全校大一新生與大二生的汙泥對抗賽，就是說，大家在爛泥中進行摔跤及各種競技。當天深夜，一群大二生跑到兄弟會那裡綁架了我們，他們有些是兄弟會裡的學長，有些是從外面來的。他們想讓我們疲累不堪，這樣第二天他們就能輕鬆獲勝。

他們很輕易就把大一生綁了起來，只有在綁我時例外，因為我不希望兄弟會的哥兒們發現我是個「娘娘腔」。我不擅長運動，打網球的時候，只要球越過網飛向我，我就害怕；因為我從來沒有辦法把球打回去，球總是還沒過網就落地。但是我發現這是個新的狀況、新的世界，我可以為自己塑造新的名聲。所以，為了不要讓自己看起來像一副不會打架的樣子，我拚了命和他們纏鬥，結果三、四個傢伙費了好大力氣才能把我綁住。大二生把我們帶到樹林中的一間屋子裡，把我們全綁在地板上。

我試了各種方法逃走，但是有大二生看守著我們，我的計謀全部無效。不過其中有個年輕人他們不敢綁，因為他嚇得臉色發青，而且不停發抖。後來我才知道他來自歐洲，當時是一九三〇年代初，歐洲正是動盪不安的時候。他不明白我們被綁這件事其實只是個玩笑，他驚嚇的樣子簡直令人不忍卒睹。

天亮前，只剩下三名大二生在看守我們二十個大一生，但我們並不知道這個狀況。他們偶爾把車子開進開出，弄出各種聲響，好像很忙、很多活動的樣子。可惜我們沒注意到，其實一直都是同樣的車子和同樣的人在活動。

我爸媽剛好在那天來看兒子過得怎麼樣，兄弟會的人拚命拖延，直捱到我們被釋放回來。由於我一晚未睡，而且曾經費力掙扎，因此樣子十分邋遢。他們發現兒子在麻省理工學院竟然是這副德性，簡直嚇壞了。

經過那天晚上的折騰，我的脖子也僵硬不能動了。我還記得那天下午、上後備軍人訓練營時，排在隊伍裡等候校閱，但我一直無法向前直視。指揮官抓著我的頭用力扭轉，吼叫著：「向前看！」

我縮起頭，肩膀歪一邊，說：「我沒有辦法，長官。」

「噢，對不起！」他嚇了一跳。

無論如何，我奮戰許久不肯被綁的經過，居然為我贏得絕佳名聲。從此以後，我再也不用擔心「娘娘腔」這檔事了，真令我鬆了一大口氣！

伯勞拉拉方程式？

我的兩位室友已經大四，我經常在旁聽他們討論物理。有一天他們很用功在解一道看來很簡單的習題。我終於忍不住了，說：「你們為什麼不用伯勞拉拉方程式試試看呢？」

「那是什麼東西？」他們叫：「你在說什麼呀？」

我跟他們說明我的意思，以及怎麼把這個方程式用在習題上，結果破解了這道題目。後來，我才發現我指的是「白努利」方程式。由於這些知識我全是從百科全書裡看來的，之前從來沒有和別人討論過，所以根本不知道怎麼發正確的音。但我那兩位室友很高興，從此他們都和我討論他們的物理習題，儘管我的手氣並不真那麼好，許多題目還是解不出來。有趣的是，到大二那年開始修物理課時，我的物理也突飛猛進了。我經常覺得，練習大四的物理習題和學習怎麼發正確的音，倒真是受教育的好方法。

舞會奇遇

在一次舞會中，我和一個女孩跳了好幾支舞，但都沒有說什麼話。最後她說：「你——胡——條灰常好。」我不太明白她的意思，她說話有點困難，但我猜她九成是在說「你舞跳得非常好。」於是我說：「謝謝，跟妳跳舞是我的榮幸。」

我們走到桌邊，跟她一起來的朋友也找到男伴，我們四個人就坐在一起。這兩個女孩，一個有嚴重的重聽，另一個幾乎全聾了。

她們交談的時候，用許多快速的手語動作，偶爾發出一點聲音。我倒不覺得這有什麼關係，她們人很好，舞也跳得好。

再跳了幾支舞以後，我們坐下，他們又開始以手語交談，比來比去。最後，她終於和我說了一些話。我猜她的意思是，要我們帶她們去某家旅館。

我問另外那個傢伙想不想去。

「她們要我們去旅館幹嘛？」他問。

「我不知道，我們還沒有溝通得那麼好。」但其實我不需要知道這些，我只覺得這很好玩。我很好奇將會發生什麼事，就像探險一樣。

另外那個傢伙害怕，不想去。最後，我帶著這兩個女孩搭計程車去那家旅館。到了以後，發現那裡有一場專為聾啞人舉辦的舞會，他們都是同一個俱樂部的會員，而且很多人都能感受到音樂的節奏，隨之起舞，還會在樂曲結束時鼓掌。

真是太有趣了！我覺得我好像在語言不通的國外一樣。當然，我還是可以講話，但沒有人聽得到我的聲音。大家都用手語交談，我一點也看不懂！後來，我請一個女孩教我幾個簡單的手語，就好像學外國話一樣，完全是為了好玩。

每個人都很快樂而且自在，彼此開開玩笑，臉上全掛著微笑，似乎沒有什麼溝通上的障礙。他們交談的情況和使用其他語言沒什麼兩樣，只有一件特別的事：不用手語溝通的時候，他們的頭會不停的轉動。

我突然醒悟到那是怎麼回事：如果有人想插嘴或打斷別人的話，他不可能大喊：「嘿！傑克！」他只能以手語表示，因此如果沒有經常環顧左右的習慣，根本察覺不到有人想要插話。

他們在一起非常輕鬆自在，反而是我要想辦法不那麼局促不安，那真是一次很奇妙的經驗。

舞會持續了好長一段時間。舞會結束後，我們到餐廳去，大家都以手代口，點了東西。在等餐點時，有人以手語問我的舞伴：「妳是哪裡人？」她也以手語拼出：「紐約人。」還有一個人對我比手勢：「頂呱呱！」他豎起拇指表示頂呱呱。這套系統真管用。

大家散坐四周，開開玩笑，我也不知不覺融入其中。

後來我想買一瓶牛奶，便走到櫃臺，以口形表示「牛奶」，沒有發出任何聲音。

櫃臺職員一臉疑惑的看著我。

我再比了「牛奶」的手勢，兩手做出擠牛奶的動作，他還是不懂。

我試著指著價目表上牛奶的位置，但他好像還是不懂。

最後，旁邊有人點了牛奶，我立刻指了指牛奶。

「噢！牛奶！」他說，我點點頭表示：「對。」

他遞給我一瓶牛奶，我開口說：「十分謝謝你！」

「你這個傢伙！」他邊說邊笑起來。

一群不知變通的傢伙

在麻省理工學院念書的時候，我很喜歡捉弄別人。有一次在上機械製圖課的時候，有個愛開玩笑的同學，拿起一把曲線尺說：「我很好奇曲線尺上的這些曲線，有沒有特殊的方程式？」

我想了一下，說：「當然有，這些曲線都是很特別的曲線，我表演給你們看。」我拿起一把曲線尺，慢慢轉動。「曲線尺的特色就是不管你怎麼轉動，每條曲線最低點的切線一定都是水平線。」

於是班上所有同學都拿起曲線尺，依著不同角度轉動，手上拿著鉛筆，沿著曲線最低點比著切線的位置——當然，他們都發現切線呈水平。他們都為這個「新發現」而興奮莫名，其實他們應該一點也不意外，因為他們早已學過微積分，學過任何坐標圖上曲線最低點的切線一定都是水平線（用數學的說法，最低點的微分都等於零）；只不過他們沒有把二加二擺在一起罷了，他們連自己究竟「知道」什麼都不清楚！

有些時候，我真搞不清楚人是怎麼回事：他們都不是透過了解而學習，而是靠背誦死記或其他方法，因此知識的基礎都很薄弱。

四年後，我在普林斯頓大學又玩了一次同樣的把戲。當時，我正和一位老練的物理學家聊天，他是愛因斯坦的研究助理，對地心引力有很深刻的了解。我問他，如果你坐在火箭上被發射升空，火箭裡放一個時鐘，地面上也放一個時鐘。假定我們要求地面上的時鐘走了一小時的時候，火箭必須回到地球，因此你會希望火箭開始飛回地球時，上面的時鐘盡量領先。根據愛因斯坦的理論，如果火箭飛得愈高，地心引力愈小，時鐘會走得愈快。但由於你必須在一小時內回到地球，你的飛行速度就必須非常快，因此反而減慢了時鐘走的速度，所以也不能飛得太快。問題就在於，你應該怎樣調整速度和高度，才能讓火箭上的時鐘盡量領先？

這位愛因斯坦的助理研究了很久，才領悟到這個問題跟一般的自由落體問題沒什麼兩樣。他只要想像把一個物體往上發射，再限定它往上及往下飛的時間總共不能超過一小時，那就是正確的運動了。事實上，這正是愛因斯坦的基本重力原理之一，即所謂的「原時」（proper time）——對任何實際曲線來說都是最大值。有趣的是，當我用時鐘和火箭的方式來問他，他卻認不得這個問題了。儘管層次不一樣，但他跟我機械製圖課的同學犯了同樣的毛病。看來有這種弱點的人也真多，連學有專精的人也不例外。

捉弄服務生

大三、大四的時候，我經常光顧波士頓的一家餐廳。我常常一個人連續幾個晚上都到那裡吃飯，所以餐廳的人都認識我，負責招呼我的是一個叫蘇絲的女服務生。

我注意到他們總是非常匆忙，奔進奔出。有一天，純粹是出於好玩，我把小費——兩個五分美元的硬幣，放在兩個玻璃杯裡，把玻璃杯裝滿了水，用卡片覆蓋在杯子上，然後把杯子翻過來放在桌上，把卡片抽走。由於我把杯子蓋得很緊，空氣進不去，因此一滴水也沒漏出來。

我把小費分別放在兩個杯子裡，是因為我知道他們總是很忙。如果我把小費全放在一個杯子，他們在收拾桌子時，匆忙中一定會把杯子拿起來，水全部流出，然後就此結束。現在的情況是，她拿起第一個杯子，發現有水之後，她要怎麼樣處理第二個杯子呢？她一定不敢再直接把杯子拿起來。

走出餐廳的時候，我向蘇絲說：「小心，妳拿給我的玻璃杯有點古怪，上面是滿的，下面卻有個洞！」

第二天我再到這家餐廳去，發現他們換了個新的女服務生來招呼我，蘇絲再也不理睬我了。新的女服務生說：「蘇絲氣壞了，她叫老闆出來，兩個人研究了老半天，但他們沒空慢慢討論該怎麼辦，最後決定還是就那樣把第二個杯子拿起來，結果水流得滿桌，簡直是一塌糊塗，蘇絲還滑了一跤，他們都很生氣。」

我大笑。她說：「這一點都不好笑。如果有人這樣對你，你會怎麼辦？」

「我會拿一個湯碗，很小心的把杯子滑到桌邊，然後讓水流到湯碗裡，水就不用流到地板上了。然後，我再把銅板拿起來。」

「噢！這主意不錯！」她說。

那天晚上，我把咖啡杯翻過來蓋在桌上，把小費放在裡面。

第二天晚上我到餐廳時，還是同一個服務生在招呼我。

「昨天晚上你為什麼把咖啡杯蓋在桌上？」

「我是想，即使妳那麼匆忙，妳還是會跑回廚房，拿一個湯碗，然後慢慢的、小心翼翼的把杯子移到桌邊……」

她抱怨道：「我就是這麼做，但杯子裡卻一點水也沒有！」

誰偷走了門？

我的惡作劇經典之作，是在兄弟會中發生的。

有一天早上，我很早就醒來，大概才五點鐘左右，我再也睡不著了。我走下樓去，迎面看到有張海報寫著：「門！門！誰偷了這扇門？」有人把門從鉸鏈上拆了下來，這扇門原先掛了塊牌子，上面寫著：「請關門！」

我馬上知道這是怎麼一回事。住在那房間的是一個叫班尼斯的傢伙以及另外幾個男孩。他們很用功，不喜歡別人吵鬧。如果你晃到他們房裡找東西或者是問他們功課，離開時他們都會大叫：「請關門！」

很顯然有人不喜歡他們這種做法，所以把門拆走。但這個房間本來是有左右兩扇門的，因此我想到一個主意：我把另一扇門也拆掉，搬到樓下，藏在地下室的油槽後面，然後靜悄悄回到樓上睡覺。

那天早上我假裝晚起，下樓時看到其他人像無頭蒼蠅般四處亂轉，班尼斯和他的朋友都很煩惱：房門不見了，而他們還得讀書。

一見到我，他們便問：「費曼，你有沒有把門拿走？」

「噢！有啊！」我說：「你們看我手指關節上刮傷的痕跡，那是我把門搬到地下室的時候，在牆上擦傷的。」

他們不滿意這個答案；他們根本不相信我！

偷走第一扇門的那些傢伙留下太多線索了，例如牌子上的字跡——他們很快就發現是誰的傑作。我的想法是：當他們發現是誰偷去第一扇門的時候，每個人都會以為他也偷了第二扇門。我的計畫果然天衣無縫，偷第一扇門的那些傢伙被每個人拷打逼問。受了種種磨難之後，他們終於說服了逼供者：他們只偷了一扇門，儘管這個說法實在令人難以置信。

我冷眼旁觀，覺得好玩極了。

另一扇門失蹤了整整一個星期，班尼斯他們愈來愈焦急了。最後，為了解決問題，兄弟會的會長在晚餐的時候宣布：「我們必須解決這個問題。但我自己對這個問題已經無能為力了。因此我希望你們能提一些建議，班尼斯他們真的很想好好念書。」

大家紛紛提出建議。

過了一會兒，我站起來說：「好吧！」我裝出一副委屈的聲調：「不管是誰偷了這扇門，我們知道你很棒，你很聰明！我們猜不出來你究竟是誰，你一定是個超級天才！不必告訴我們你是誰，我們只想知道門在哪裡；所以，你只要在某個地方留一張字條，告訴我們門在哪裡，我們會永遠尊你為奇才。你太聰明了，居然可以把門偷走，而不讓我們猜到你是誰。但看在老天爺的分上，留張字條給我們吧！我們會永遠感激你。」

接著有個傢伙站起來說：「我另外想到個主意。身為會長，你應該問每個人，要他們以兄弟會會員的名譽擔保，說清楚他們有沒有把門偷走。」

會長說：「這真是個好主意！以會員榮譽發誓說真話！」

於是他繞著桌子，逐一問：「傑克，是你把門偷走的嗎？」

「沒有，我沒有把門偷走。」

「提姆，是你偷走門嗎？」

「沒有，我沒有偷走門。」

「墨里斯，是你把門偷走的嗎？」

「沒有，我沒有偷門。」

「費曼，是你把門偷走的嗎？」

「是的！是我把門偷走的。」

「別鬧了！費曼，我們是很認真的！山姆，是你偷走的嗎？」

他繞了一圈，每個人都很震驚，兄弟會裡一定有個真正的卑鄙小人，竟然不尊重兄弟會會員的榮譽！

那天晚上，我留了一張紙條，上面畫了一個油槽，旁邊有一扇門。第二天，他們把門找出來，重新裝上。

後來，我終於承認門是我偷走的，大家立刻指責我說謊。但他們不記得我當時說了些什麼，他們只記得當兄弟會會長繞了一圈，問過每個人之後，結論是沒有人承認把門偷去。他們只記得籠統的結果，卻記不得每個人的實際說詞。

很多人常常覺得我是個騙子，但事實上我都很誠實，只不過，我常常誠實得沒有人相信而已！

你在說什麼鬼話？

紐約市的布魯克林區有個義大利電臺，我小時候一天到晚都在聽他們的節目。我愛死義大利話那種滾動的聲音了，它讓我覺得好像徜徉在風平浪靜的大海上——我很喜歡沉浸在這美麗的義大利語音大海中。

節目裡經常有爸爸和媽媽在家中爭辯不休的場景。你會聽到一個尖嗓子說：「尼歐——泰科——悌埃——科佩托——突托……」然後是低音大聲嚷：「德羅——托內——帕拉——突托……」以及用力擊掌的聲音。

真棒！於是我學會了用不同聲調表達各種喜怒哀樂的情緒，我能哭、能笑。義大利語真是一種可愛的語言。

那時，我家附近有不少義大利人。有一次我騎著腳踏車，後面幾個義大利卡車司機因為嫌我擋路而大為惱火，把頭伸出車窗外，比著手勢大叫：「咪——阿魯恰——拉姆佩——埃塔——提切！」

我覺得自己像個呆瓜。他在說什麼鬼話呀？我很想回他幾句。於是我問學校裡的義裔同學，他教我：「你只要說：『阿貼！阿貼！』意思是『你也一樣！你也一樣！』就可以啦！」

這主意很棒。從此我都回答：「阿貼！阿貼！」而且還加上手勢。等我愈來愈有信心之後，還自己做了一些發揮。例如有一次在騎腳踏車的時候，有些女士開車擋著我的路，我就說：「普吉亞——阿——拉——瑪洛許！」她們害怕得趕緊讓開，心裡大概在想，這個可怕的義大利男孩剛說了什麼可怕的咒語！

要發現我講的是冒牌義大利話並不容易。在普林斯頓念研究所時，有一次我騎著腳踏車要進入帕爾默實驗室（Palmer Laboratory）的停車場，有人擋住我的路。我習慣性的對那傢伙一邊比著手勢、一邊說：「歐瑞茲——卡澎卡——米切！」

老遠的一大片草地上，有個義大利園丁正在整理花草。他停下來，揮著手，高興的大喊：「瑞扎——瑪——里亞！」

我回喊：「隆地——波爾塔！」他不知道我根本不明白他在說什麼，事實上他也不知道我說了些什麼。但是無所謂！我們這樣居然還可以講得通，真是妙極了。

常常當我那樣開口說話時，他們立刻認定那是義大利話——也許是米蘭口音或羅馬口音，因而認定我是義大利人！只要你有絕對的自信，只管裝下去，絕對不會出什麼問題。

拉丁文？義大利文？

有一次，我回家度假，發現妹妹有點不開心，快要哭了；原來她隸屬的女童軍團要辦父女會，但是父親出差去了。於是我說我以大哥的身分帶她去。由於我比她大上九歲，因此這樣做也不算太離譜。

到了父女會那兒，我先坐在父親坐的一方，但很快就覺得厭煩。這些爸爸帶著女兒來參加這麼美好的小宴會，卻都在談論股票市場。事實上，他們不知道該怎麼和自己的孩子交談，更不必說孩子的朋友了。

宴會進行當中，女童軍站出來表演短劇、吟詩等娛樂節目。突然她們拿出一件好像圍裙的滑稽衣服，上面有個洞，可以從頭上套在身上。她們宣布，現在輪到當爸爸的來娛樂她們了。

於是，每位父親都得站起來，套上那件怪衣服，說些話。他們都不大知道該怎麼辦，有個爸爸朗誦童謠〈瑪麗有隻小小羊〉。我也不知道該怎麼辦，但輪到我上臺時，我告訴大家說我要朗誦一首詩，雖然我很抱歉這不是英文詩，但我相信他們還是會一樣的欣賞。然後我唸：

坦托——撒卡——突爾納提，納普塔——突奇——普提提拉。

倫托——卡塔強托——強塔——曼托——奇拉提達。

亞爾他——卡拉——蘇爾達——米——恰塔——皮恰——皮塔——提托——

布拉爾達——培堤——奇納——納那——穿達拉拉——欽達拉拉！

我就這樣唸了三、四節，把義大利電臺聽回來的各種表達情緒的聲音都用上了，女孩子都樂不可支，在走道上跑來跑去，笑個不停。

宴會結束後，童軍團團長及學校老師都走過來告訴我，他們剛剛一直在討論我的詩。有人覺得我唸的是義大利文，另一個則覺得是拉丁文。學校老師問我：「到底誰猜得對？」

我回答說：「你得去問問那些女孩——她們全都曉得我唸的是什麼文。」

好險，又過關了！

念麻省理工學院時，我只對科學有興趣，其他科目都不在行。但是，學校有個規矩：你得修幾門人文課程，好沾染一點「文化」氣息。於是，我拿著選修科目表，從第一行開始看起。沒想到「天文學」被歸作人文科目！那一年，我就藉著「天文學」逃過一劫。到了第二年，我又拿著選修科目表繼續往下讀，看看除了天文學之外還列了些什麼玩意。終於，跳過了法國文學之類的科目後，我發現了哲學。這是我所能找到跟科學最接近的東西了。

在談哲學課的事之前，讓我先談談英文課。教授規定我們要按某些題目來寫文章。例如我們奉命評論彌爾（John Stuart Mill）討論自由的文章。但是我沒有像彌爾般討論政治上的自由，我寫的是一般社交場合中的自由問題，像為了表示禮貌而假裝或說謊；還討論這種永無止境的偽裝把戲，會不會帶來「社會道德的敗壞」？這是個有趣的問題，但並不是原來的寫作方向。

另一次，我們要評論的是赫胥黎（Thomas Henry Huxley）的《一枝粉筆》。在文章裡，他談到了手中握著的一枝普通的粉筆，原是動物骨頭殘骸，地球內部的力量把它往上推，成為白灰崖的一部分；後來被人採來做粉筆，在黑板上寫東西、傳達觀念。

我沒有依照老師指定的文章，而另外寫了一篇模仿之作，題目是《一粒灰塵》，討論灰塵如何造成夕陽的五彩繽紛以及促成雨水凝聚等等。我總是耍賴，永遠在逃避。

但當我們要就歌德的《浮士德》寫作文時，我簡直沒轍了！《浮士德》是長篇大論的巨著，要模仿它或變其他花樣都很難。我簡直抓狂了，在兄弟會宿舍內走來走去，不停的說：「我寫不出來，我不要寫了，我就是不寫了！」兄弟會的哥兒們說：「好吧，費曼，你不要寫。但是教授會認為你是因為不想寫才沒做功課。你還是應該寫一篇字數差不多的文章，附張字條說你實在看不懂《浮士德》，你對這本書就是沒感覺，沒辦法寫出來。」

我照著做了，我長篇大論的寫〈論理性之限制〉。我確實曾經想過「以科學技巧來解決問題」可能會有的種種限制，像道德價值就不可能靠科學方法來評定等等。

這時候，又有另一位兄弟提出建議。他說：「費曼，這樣是不行的，你不能交一篇和《浮士德》毫不相干的文章。你應該想辦法把你寫的文章和《浮士德》扯上關係。」

「這太荒謬了吧！」我說。但其他兄弟會的朋友都認為這個主意很好。

「好吧！好吧！」我心不甘情不願的說：「我會試試看。」

於是，我在寫好的文章後面又寫了半頁，說浮士德代表精神，魔鬼則代表理性；歌德在作品中要展現的是理性之限制。我加油添醋，東拼西湊，把文章交出去。

教授把我們一個個叫去，個別討論我們寫的文章。輪到我時，我做了最壞的打算。教授說：「文章開頭寫得不錯，但關於《浮士德》的內容有點太簡略了，否則這會是很不錯的文章，你得B⁺。」我又過關了！

探討睡覺哲學

現在談哲學課。哲學教授是個留鬍子的老先生，名叫羅賓遜，上課講話時總是咕噥咕噥的，我一點都聽不懂他在說什麼。其他同學好像比較明白他在說什麼，但他們卻不怎麼專心聽課。我有個十六分之一英寸粗的小鑽頭，上課時我都拿在手裡，在鞋底鑽孔打發時間，很多個星期就這樣過去了。

終於有一天下課時，羅賓遜教授又「獲卡墨卡墨卡獲卡獲卡……」的咕噥了一陣，大家都很興奮，紛紛交頭接耳，討論個不停。我猜他一定講了些什麼有趣的事情了，真要感謝上帝！我真好奇他到底說了什麼？

我問旁邊的同學，他們說：「我們要寫篇論文，四星期後交。」

「寫些什麼呢？」

「寫他一年來講過的東西。」

我真的給難倒了。整個學期我聽過而剛好記得的，只有一次當他說：「墨卡獲卡意識流墨卡獲加，」然後「呼！」的一聲又回復一片混沌。

但是「意識流」這個名詞，倒是讓我想到多年前父親問過我的一個問題。他說：假定一群火星人來到地球，假定他們從來不睡覺，只是不停的活動，從來沒有叫「睡眠」的現象。而他們問：「睡覺時有什麼感覺？睡覺時到底發生什麼事？你的思想會突然停頓嗎？還是只是腦袋會轉得愈——來——愈——慢？你的心智如何關起來的？」

我興趣來了。現在我要回答這個問題：睡覺時我們的意識流是如何停頓下來的呢？於是接下來的四星期，我就這題目進行研究。我把房裡的窗簾拉下、關掉燈、睡覺，我要觀察自己入睡時發生的事情。晚上我會再睡一次，因此每天有兩次觀察機會——太好了！

起初我注意到的都是跟入睡無關的小事。比方說，我注意到我會跟內在的另一個我對話，進行思考；我也會幻想出很多影像。而當我逐漸疲倦時，我發覺自己居然可以同時想兩件事情！

我是在進行內心對話時，發現這個情形的。當時我一邊對話，一邊呆呆的想像著床尾綁著兩條繩子，穿過很多滑輪，繞過一個旋轉中的圓筒，慢慢把我的床吊起來。起先我沒有意識到，自己只不過在想像著這些繩子；直到我開始擔心其中一條繩子會纏上另一條、以致運轉不順暢時，我內心說：「噢，不用擔心，繩子上的張力會擺平這困難。」以致打斷了原先的思路，讓我發覺自己同時想著兩件事。

搞不懂為什麼搞不懂

我又注意到，入睡時思想還會繼續產生，但各種意念之間愈來愈不合邏輯；但起先你不會注意到這點，直到你問自己：「我怎麼會這麼想？」而你勉強回想，卻完全記不起來是什麼鬼東西讓你有那個想法。因此各種邏輯幻象都會出現，但你的思想很快便不受控制，獨斷獨行，全不相連，然後，你就睡著了。

過了四星期昏昏沉沉的日子，我寫了一篇論文，說明了所有觀察結果。在文章的結尾，我指出：我都是在看著自己入睡的狀況下進行觀察的，而我實在不知道當我沒有看著自己入睡時，入睡又是怎麼一回事。我以一首小詩作結，指出進行內省的困難：

我搞不懂為什麼，我搞不懂為什麼；
我搞不懂為什麼我搞不懂。
我搞不懂為什麼我搞不懂為什麼；
我搞不懂為什麼我搞不懂！

大家都繳了卷。到下一堂課，老教授在班上唸了其中一篇：「墨波獲卡墨波……」我完全沒法搞懂那位同學寫些什麼。他又唸另一篇：「墨卡獲卡墨波獲卡獲卡……」這一篇我還是聽不懂；但到了結尾，他唸：

獲卡波刀惟深哥，獲卡波刀惟深哥；
獲卡波刀惟深哥獲卡波刀。
獲卡波刀惟深哥獲卡波刀惟深哥；
獲卡波刀惟深哥獲卡波刀！

「啊哈！」我說：「那是我的論文！」我真的聽到結尾，才把自己的文章認出來！

功課應付過去之後，我的好奇心卻停不下來，每次入睡時仍會觀察自己。一天晚上，我發現在夢中也可以自我觀察，我已深入到睡眠的層次了！

我身處一列火車的車頂上，火車正要走進山洞裡。我害怕了，拚命趴下來，呼的一聲連人帶車進了隧道！我跟自己說：「原來在夢中也可以有害怕的感覺，車子進入隧道時，也能聽到聲音的改變。」

我也注意到夢裡有顏色。有些人說他們的夢是黑白的，但我的夢是彩色的。

現在我又在火車廂內，甚至感覺到火車的晃動。我跟自己說：「看來還能有運動的感覺呢。」我往車尾走去，有點舉步維艱。突然我看到一面大窗戶，好像櫥窗一般。後面是三個穿泳衣的女孩——是真的女孩，而不是模型那種，她們看起來漂亮極了！

我繼續走到另一節車廂，邊走邊抓緊車上的吊環，這時我跟自己說：「嘿！如果現在能興奮起來——在性方面，那一定很好玩，那麼我應該回去剛才那節車廂。」我發現我能夠轉過身來，穿過火車走回去。換句話說，我能控制夢的方向。我回到有特別窗戶的車廂，卻看到那裡只有三個老頭在拉小提琴，但他們立刻變回女孩子！

因此我確實可以改變夢的方向，但並不那麼隨心所欲。

我真的覺得很興奮，但除了性方面之外，部分是因為我跟自己說：「嘩！這是可能的！」然後就醒過來了。

我在夢中還有其他的觀察，除了不停的問自己：「我的夢真的是彩色的嗎？」我還會很好奇：「夢裡能看得多清楚？」

在下個夢裡，我看到一個紅髮女孩躺在草地上。我努力嘗試能不能看清楚她的每根頭髮。我發覺我連繞射效應——太陽照射的地方出現一點點彩色光，都能夠看到！似乎在夢中你要看得多清楚都可以，這簡直是完美的視力！

另一次夢裡，有個圖釘釘在門框上。我伸手順著門框摸，感覺到圖釘的存在。因此我認為腦袋中的「視覺部門」跟「觸覺部門」似乎是相互關聯的。但我問自己：它們可不可能分隔開？我再看門框，圖釘不見了，但當我順著門框再摸一遍時，卻依舊能感覺到有圖釘！

還有一次，我在睡夢中聽到「篤篤、篤篤」的敲擊聲。敲擊聲跟夢中的情節切合，但又不那麼吻合，聲音好像來自外面。我想：「這敲擊聲絕對是來自外面，不是夢裡頭的，我只不過聽到聲音才製造出這個夢而已，我要醒來看看這到底是什麼東西。」

敲擊聲仍然持續，我醒過來……一片死寂，什麼也沒有，這聲音跟外面環境無關。有人告訴過我，他們把外面的聲音編到夢裡去；但是在我這次的經驗中，我很小心的「在裡頭觀察」，而且很確定聲音來自夢外面，結果卻不然。

在所有這些實驗裡，我覺得醒過來是個頗為可怕的過程。剛開始醒來時，你會感到全身僵硬，好像被很多層棉花壓著一樣；這感覺很難解釋清楚，但有一剎那，感覺自己好像逃不出來了。於是在醒過來之後，我告訴自己：那太荒謬了，我還未聽過有哪種病是令人自然入睡後醒不過來的。而我那樣告訴自己很多次之後，我不那麼害怕了。事實上，我發現醒過來這個過程還滿刺激呢，有點像坐雲霄飛車；當你不害怕以後，才開始懂得享受其中滋味。

大家也許有興趣知道，我後來如何停止這種實驗。有個晚上，我像平常一樣做夢、進行觀察，看見面前的牆上掛了一面三角形的旗子。我大概已經回答過自己幾百次了：「是的，我的夢是彩色的。」突然意識到我的頭一直睡在一根銅桿上。我伸手去摸後腦杓，感覺軟軟的。我想：「呀哈！那就是為什麼我能夠在夢裡觀察到這麼多的原因了，這根銅桿擾亂了我的視覺中樞。只要我睡在這根銅桿上，就隨時有辦法進行實驗了。我想不必再觀察了，睡覺吧。」

等我醒過來後，那裡沒有銅桿，我的後腦杓也沒有軟軟的。不知怎的，我厭倦了觀察這些事情了，便發明出這些藉口，做為停止觀察的理由。

夢的解析

根據這些觀察，我想出了一點理論。我之所以喜歡研究夢，是因為我很好奇人類怎麼能夠在眼睛閉上、沒有外來訊號輸入的情況下，卻還能看到影像？也許你說，那只不過是腦神經隨機出現的活動；但事實上，你醒著的時候，反而沒法控制腦神經，讓自己能像在夢裡看得那樣清楚。那麼，為什麼我們在睡眠時能「看」到彩色，而且「看」得清楚？

我的結論是，我們腦袋中一定有個「解讀部門」。當你實際在看東西時，你不會單看到一塊塊的顏色；有些東西會告訴你，你在看著什麼。一切都必須被解讀；當你做夢時，解讀部門仍在運作，但變得亂七八糟。它會告訴你，你在看著這個人，而且看得很清楚；實際上卻什麼也沒有。它只是把所有跑到你腦袋中的雜七雜八資訊，都解讀為很清楚的影像！

還有一件跟夢有關的事。我有個朋友叫岱殊，他太太來自維也納一個心理分析學家的家族。一天傍晚，我們促膝長談夢的種種，他告訴我夢的重要性：夢裡出現的符號都可以解釋。我不相信這個說法，但那天晚上我做了個很有趣的夢：我們在玩撞球。那裡有三顆球，顏色分別是白色、綠色及灰色，遊戲的名稱居然是「奶頭」，規則是把球打到球袋裡。在夢裡，白球和綠球都很好對付；但灰球呢，我怎麼打都不成功。

醒過來以後，我發現這夢很容易解釋：遊戲的名稱指的當然是女孩子！其他的也不難解釋，白球是個在餐廳裡工作的出納員，她是個有夫之婦；但我那時偷偷跟她約會，而她的制服是白色的。綠球代表了兩天前晚上，跟我一起去汽車露天電影院看電影的女孩子，她穿的正是綠裙子。但灰球呢？那代表什麼？我曉得它一定代表了某個人，我甚至都可感覺到了。這有點像你在回憶某個名字，已經在你舌尖上，卻差那麼一點點沒法記起來。

我想了老半天，才記起來大約在兩、三個月前，我才跟一個我很喜歡的女孩子分手。她去了義大利，她人很好；我也打定主意當她回來以後，我會再跟她交往。我記不清楚她有沒有灰色的衣服，但我一想到她，就覺得她一定是灰球了。

我跑去找岱殊，告訴他，「夢的分析」的說法是有道理的。但等到他聽我描述那個有趣的夢時，卻說：「不，那樣分析太簡單、太膚淺了，你要更深入分析才行！」

偉大的化學部主任

從麻省理工學院畢業的那年暑假，我想找個暑期工。之前我已應徵過貝爾實驗室兩、三次，也拜訪過他們。蕭克萊（William Shockley，一九五六年諾貝爾物理獎得主）在麻省理工的實驗室裡見過我，每次到貝爾實驗室時，他總會帶我到四周參觀；我參觀得很過癮，但他們都沒有錄用我。

我的教授替我寫了推薦信給兩家公司，一家是博士倫（Bausch and Lomb）公司，工作是研究透鏡的光線進程；另一家是位於紐約的電氣檢驗實驗室。那時候，沒有人知道物理學家到底是什麼，工業界更不會提供物理學家任何職位。工程師可以；但物理學家呢？大家根本不曉得該怎麼去「用」他們。有趣的是過不多久（在二戰以後），情況整個逆轉過來，到處都想聘請物理學家。但在大蕭條的日子裡，我這個物理學家卻處處碰壁。

大概在那時候，我在老家法洛克衛鎮的海灘上，碰到一個老朋友。我們是一起長大的，十一、二歲時在同一家學校念書，是很好的朋友，而且我們都是科學型思考的人。他有一間

「實驗室」，我也有，我們經常玩在一塊，討論事情。

我們也常常為鄰近的小孩表演魔術——利用化學原理的魔術。我這朋友很會表演，我也覺得那樣很好玩。我們在一張小桌上表演，桌上兩端各有一個本生燈（Bunsen burner），上面放了盛著碘的小玻璃碟子。表演時，它們冒出陣陣美麗的紫煙，棒極了！

我們玩了很多花樣，像把酒變成水，又利用化學顏色變化來表演。壓軸是我們自己發明的一套戲法。我先偷偷的把手放在水裡，再浸進苯裡面，然後「不小心」掃過其中一個本生燈，一隻手便燒起來。我趕忙用另一隻手去拍打已著火的手，兩隻手便都燒起來了。（手是不會痛的，因為苯燒得很快，而皮膚上的水又有冷卻作用。）於是我揮舞雙手，邊跑邊叫：「起火啦！起火啦！」所有人都很緊張，全部跑出房間，而當天的表演就那樣結束了！

後來念大學時，我告訴兄弟會的兄弟這些故事，他們都不相信：「胡扯！不可能的！」為了說服他們，我經常必須做各種示範表演。像有一次，我們爭論尿液是不是由於地心引力作用而排出身體外，我是持反對意見的一方。為了證明，我便一邊倒立、一邊小便給他們看。另外一次，有人說如果阿斯匹靈跟可口可樂一起吞下去，你會立刻昏倒；我跟他們說這真是廢話連篇，便提議試給他們看。接著，他們卻開始爭論到底要先吞阿斯匹靈再喝可樂，或者先喝可樂再吞阿斯匹靈，還是把阿斯匹靈溶在可樂裡喝。於是我找來六顆藥片和三瓶可樂：第一回，吞了兩顆阿斯匹靈，然後喝可樂；第二回，我把阿斯匹靈溶在可樂裡喝掉；最後，我把第三瓶可樂喝下去，再吞阿斯匹靈。每一回，那些呆瓜都站在我身旁，預備我昏倒時把我扶住；但什麼也沒有發生。我倒是記得，那個晚上我睡得不怎麼好，最後起來做了很多功課，證明了好幾條黎曼ζ函數（Riemann Zeta-function）。

我說：「好吧，各位兄弟，我們去找些苯回來吧！」

他們把苯找來，我把手放在水裡浸，再放在苯裡，然後點火——卻痛得要命！原來，隔了那麼多年，我手背上長出毛來了，它們就好像燈芯的作用一樣，吸收苯而燃燒；但小時候表演時，手上根本沒有毛！不過，在眾多兄弟面前表演過後，我的手背上的毛也沒有了。

權充化學家

我和那位童年老友在海灘上碰面之後，他告訴我，現在他懂得一套在塑膠上鍍金屬的方法。我說這不可能的，因為塑膠不導電，你無法接上電線的。但他說他可以在任何材料上鍍上金屬；為了要讓我心服，他還撿起沙裡的一個桃子的核，說他能在表面鍍上金屬。

整件事情最棒的是，他安排我到他的小公司工作。公司位於紐約一幢房子的頂樓，全公司總共才四位員工，他的父親負責籌措資金，是公司的——我想是「總裁」。我的朋友則是「副總裁」，另外一個傢伙負責推銷，我則是「化學研究部主任」，他那不怎麼聰明的弟弟負責洗刷瓶子什麼的；公司裡有六個金屬電鍍槽。

他們的電鍍程序是這樣的：首先在硝酸銀溶液裡加入還原劑，再讓由此產生出來的銀沉濺在要鍍的物體上，情形就好像在製造鏡子一樣；接下來把鋪著銀的物體放在電鍍槽裡，金屬就可鍍到銀上面。問題是，那層銀會一直黏在物體表面嗎？

答案是不會，它剝落得才容易呢。因此在中間往往要多加一道手續，因材料而異。比方說，像電木（酚醛樹脂）這種當時很重要的塑膠材料，我的朋友就發現，他只要先把電木噴砂打磨過，再把它放在氫氧化亞錫溶液裡泡上幾小時，讓溶液滲進電木表面的小孔隙裡，那麼在電鍍之後，銀層就會牢牢的附在電木上。

但這個方法只適用於少數幾種塑膠，而當時新塑膠材料不斷出現，例如甲基丙烯酸甲酯這種我們稱為壓克力的塑膠材料，開始時簡直無法電鍍。又像價錢便宜的醋酸纖維素，起初也是無法處理。後來我們發現可以先把它放到氫氧化鈉溶液裡泡一下，再放進氫氧化亞錫溶液裡，電鍍效果就會很好。

我在那裡當「化學家」當得還滿成功的。我的優勢是我那朋友從未學過化學，從來沒做過什麼實驗；他做的很多事情都是碰巧做對、無法重做一次的。我則把不同材料的球放在瓶子裡，把各種化學品倒進去，詳細記錄，因而找到方法，能電鍍更多種類的塑膠材料。

我也試著簡化他的方法。根據書上所說，我改用甲醛為還原劑，因此能夠立刻釋出百分之百的銀，而不像以前那樣，往往要等好一會，才能回收溶液裡的銀。此外，在準備氫氧化亞錫溶液時，我在裡面加了一點鹽酸，使氫氧化亞錫能在水裡溶得更容易、更快，這是我從大學的化學課堂學來的。結果以前要花上幾個小時的步驟，現在只要五分鐘就夠了。

我的實驗不停被擔任推銷員的傢伙打斷，因為他每次回來，都從正在爭取中的客戶那裡帶回來一些塑膠材料。往往當我把瓶子排好，全都做好標記時，突然，「你要停下所有的實驗，先替行銷部做這件『超級案子』！」許多實驗都要重做許多次。

有一次，我們碰到前所未有的大麻煩。有個藝術家替人設計雜誌封面，題材是汽車，他很小心的造了個塑膠車輪。不知怎的，這個推銷員告訴他，我們什麼都能電鍍；藝術家便要我們把輪轂鍍上金屬，好讓它閃閃生光。但這是一種新塑膠材料，我們並不很清楚如何電鍍它。事實上，那個推銷員從來搞不清楚我們能鍍什麼、不能鍍什麼，他永遠隨便答應人家！我們的第一次嘗試便失敗了。這時候我們要把輪子上的銀弄下來，但那很不容易。最後我決定用濃硝酸去溶解它；結果沒錯，把銀層弄掉了，但同時也在塑膠上留下許多坑洞。那時真的身陷水深火熱之中呢！其實，類似的「水深火熱實驗」，我們也做了不只一次。

有一陣子，公司的其他人覺得我們應該在《現代塑料》雜誌上刊登廣告。我們有幾樣東西電鍍得很漂亮，在廣告裡看起來棒極了。公司也設了一個展示櫃，裡面放了幾件東西讓來訪的潛在客戶參觀。不過，沒有人能把廣告上或展示櫃內的成品拿下來，仔細看看電鍍部分是否牢靠耐久。有些確實鍍得很不錯，但基本上它們都是經過特別精心泡製的，不是平均水準的出品。

暑假結束後，我離開了這家公司到普林斯頓大學；而他們隨即接到一宗大生意，做的是塑膠「鋼」筆。於是大家可以買到又輕便、又便宜、銀光閃閃的筆了。這種筆銷路很好。看到周圍的人帶著這種筆走來走去，而且又知道它們從哪裡來，著實令人興奮。

但是他們公司處理這種塑料的經驗實在不足——又或者是在處理塑料的填料上，經驗不足（大部分的塑料都不是純淨的，它們使用了填料；那些時候，大家對填料的特性都不大能有效控制），結果塑膠筆上會出現一些泡泡，而如果你手上有件東西，它開始出現小泡泡並且剝落，你會忍不住去弄它；因此，周圍都看到有人撕筆上剝落下來的金屬碎屑。

這時公司陷入緊急狀況，必須想辦法補救。我的朋友覺得他們需要一部大顯微鏡。事實上，他並不知道要看些什麼，或為什麼要看；但這項盲目的研究卻花掉公司很多錢，最後他們還是沒能解決問題。公司失敗了，只因為他們接的第一宗大買賣，居然大大失敗了。

有眼不識泰山

幾年後，我在羅沙拉摩斯工作，碰到一個叫狄霍夫曼（Frederic de Hoffman）的人。他也算是科學家，但他更擅長管理；雖然沒受過多少訓練，他卻很喜歡數字，也很用功，這彌補了他在訓練上的不足。後來他成為通用原子（General Atomics）公司的總裁或副總裁什麼的，之後一直是工業界的大人物。不過那時候，他只是個活力充沛、機靈和幹勁十足的小伙子，盡其所能的為原子彈計畫貢獻力量。

有一天我們在富勒小館吃飯，狄霍夫曼提到來羅沙拉摩斯之前，他都在英國做事。

我問：「你在那裡做些什麼工作？」

「我是實驗室裡的研究人員，我研究塑膠的金屬電鍍方法。」

「你們進行得怎麼樣？」

「還算順利，但我們碰到不少困難。」

「哦？」

「正當我們開始研究出我們的方法時，紐約有家公司……」

「紐約的什麼公司？」

「它的名字是金塑企業（Metaplast Corporation），他們的進展比我們快。」

「你們怎麼曉得？」

「他們一直在《現代塑料》雜誌裡刊登全頁廣告，炫耀他們鍍出來的成品，我們就明白他們進度比較快了。」

「你們有拿過他們的東西來看嗎？」

「沒有，但從廣告就看得出來，他們的技術領先我們太多了。我們的方法也不錯，但要跟美國人那一套拚，是拚不過的。」

「你們實驗室裡有多少個化學家？」

「我們有六個人。」

「你覺得金塑企業會有多少個化學家在工作？」

「噢，他們一定設有真正的化學部門！」

「你能不能形容一下，在你心目中，金塑企業的化學研究部主任是什麼模樣？他們的實驗室又是什麼樣子的呢？」

「我猜他們一定有二十五名或五十名化學家，化學研究部主任有自己的專屬辦公室——很特別、裝了玻璃的那種，你知道，就像電影裡看到的那樣。不停有下屬跑進來，手裡拿著研究計畫的資料，向他請教，再衝回去深入一點研究。辦公室總是人來人往的。他們有二十五名或五十名化學家，我們怎麼拚得過他們？」

「你一定很有興趣知道、也會覺得很好笑，現在跟你聊天的就是——金塑企業的化學研究部主任；而他當時的部下呢，總共只有一個洗瓶子的工人！」

第二部

誤闖普林斯頓

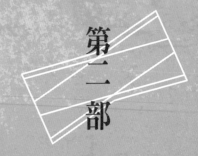

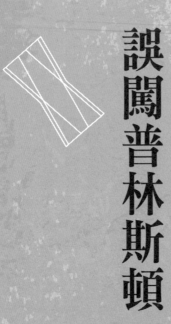

「別鬧了，費曼先生！」

在麻省理工學院念書時，一切都愜意極了。我覺得那是一所很棒的學校，因此很自然的想留在那裡繼續念研究所。然而當我把這個想法告訴史萊特（John C. Slater）教授時，他說：

「不，我們不會讓你留在這兒。」

我大叫起來：「什麼？」

史萊特說：「你為什麼覺得應該留在這裡念研究所？」

「因為麻省理工是全美國最適合念科學的學校呀！」

「你真的這樣想？」

「當然。」

「這正是為什麼你應該去別的學校。你應該看看其他地方長什麼樣才對。」

這就是為什麼我去了普林斯頓大學。千萬別誤會我的意思，事實上，普林斯頓大學是很優雅的學府，從某個角度來說，他們很有英國的傳統。我在麻省理工兄弟會的哥兒們（他們都很清楚我不修邊幅、隨便的性格），卻開始調侃我：「等他們弄清楚來普林斯頓的是誰，可有得瞧了！那時候他們才明白犯了多大的錯誤！」當下我便決定，到了普林斯頓大學之後一定要好好表現一番。

父親開車送我到普林斯頓，看著我搬進宿舍後便離開。我在那裡待不到一個小時，便有人來找我，帶著濃重的外國口音說：「我是這裡的舍監。今天下午院長舉辦茶會，他希望你們每個人都來參加。也請你通知你的室友——薛瑞特先生。」

就這樣我被引進普林斯頓大學的研究學院了。這裡的特色是，所有研究生都住在一起，整體說來有點像牛津或劍橋的翻版，各種外國口音一應俱全，例如舍監是法國文學的教授。宿舍的房間很舒適，樓下有門房。每天，所有人都要穿上學生袍，在鑲滿彩色玻璃的大禮堂一起進餐。

總之，我到普林斯頓的第一天下午，便跑去參加院長的茶會，不過當時我連「茶會」是什麼都沒弄清楚，更不用說聚會的用意何在了。我是個社交白痴，在這類事情上毫無經驗。

抵達聚會地點時，艾森赫（Luther P. Eisenhart）院長站在大門口，跟新生打招呼：「噢，你就是費曼先生了，很高興你來普林斯頓。」那令我覺得好多了，因為他一眼就認得我；不管他是怎麼把我認出來的。

穿過大門，看見一些女士和年輕女孩。那是個很正式的場合，我開始擔心自己的言行舉止，腦袋中光想應該往哪兒坐，要不要坐在這個或那個女孩身旁。突然背後有個聲音響起：

「費曼先生，你的茶要加牛奶還是檸檬？」原來是艾森赫夫人在跟我說話，她正在替我們倒茶。「哦，兩樣都加吧，謝謝。」我一邊說，一邊四面張望，想找個地方坐下來，忽然聽到她說：「嘻嘻嘻，別鬧了，費曼先生！」

別鬧了？我剛剛說了些什麼來著？然後我立即醒悟，自己又做了什麼好事！這就是我生平第一次的茶會經驗了。

在普林斯頓大學待了一段日子之後，我才深切體會出這「嘻嘻嘻」的真正意義。其實，就在那次茶會上，當我要離開時，我就明白那代表「你犯了社交錯誤」。之所以會這樣說，是因為我再聽到艾森赫夫人的「嘻嘻嘻」，是有個人在向她告辭時，吻了她的手。

又有一次，也許在一年以後，我在茶會中碰到維爾特（Rupert Wildt）教授。他專攻天文學，曾經提出關於金星大氣雲層的理論。根據他的說法，金星雲都是甲醛——他全弄清楚了，像甲醛如何凝結等等，這很有趣。我們正談得起勁，一位個子瘦小的女士跑來對我說：「費曼先生，艾森赫夫人要見你。」

「好，等一會兒……」我繼續和維爾特談話。

過一會兒，瘦小婦人再度走過來說：「費曼先生！艾森赫夫人要見你。」

「好啦！好啦！」我走到艾森赫夫人身邊，她正在替客人倒茶。

「你要不要喝點咖啡或茶呢，費曼先生？」

「那位夫人說妳要見我。」

「嘻嘻嘻嘻。你要喝點咖啡，還是要喝點茶呢，費曼先生？」

「茶，」我說：「謝謝妳。」

過了一會兒，艾森赫夫人的女兒和她的同學走過來，艾森赫夫人介紹我們認識。這時我才搞清楚她「嘻嘻嘻」的真正意思：艾森赫夫人並不是想和我談話，她只不過是要在她女兒和朋友過來時，我剛巧站在那裡等著喝茶，好讓她們有個談話對象。從頭到尾，就是這麼一回事。到這時候，我早已受到制約，每當聽到「嘻嘻嘻」時便知所進退。我不會再問：「什麼意思嘛？『嘻嘻嘻』？」我明白「嘻嘻嘻」代表了「失禮」，最好趕快乖乖自我糾正。

這裡很合我的胃口

每天傍晚，我們都得穿上學生袍進餐。頭一個晚上我真的嚇壞了，因為我最討厭形式。但過不多久，我發覺那些長袍好處甚多。剛剛還在外面打網球的小子可以趕回房間，抓起長袍往身上一罩，直奔餐廳；大家不必花時間換衣服或洗澡。因此在長袍之下，光著手臂、圓領衫，什麼都有。而且，學校還規定長袍不准洗；因此單用看的，便可以看出誰是新鮮人，誰是二年級生，誰已在研究學院待了三年，也可以看出誰是髒豬！新鮮人的學生袍都很新；到了第三年，它會看來像披在肩上的硬紙，上面掛著幾條破布。

於是，在那個星期天——我到普林斯頓大學的第一天，下午參加了茶會，晚上穿上長袍在研究學院內吃晚餐。到了星期一，我想做的第一件事，是去看迴旋加速器。

還在麻省理工念大學部時，他們剛巧建了一座新的迴旋加速器，那真是美極了！加速器的主體在一個房間內，所有控制看板則在另一房間，接線由控制室經過地下管道通往加速器，整個工程設計精巧無比，我稱之為「鍍金加速器」。

這時我早已讀過很多利用迴旋加速器做出來的研究論文。不過，可能是由於麻省理工尚在起步階段，大部分的論文都來自其他學校，例如康乃爾、柏克萊，特別是普林斯頓；因此我真正渴望想看的，是普林斯頓的迴旋加速器。在我想像中，那一定是個了不起的地方。

我跑到物理館去問：「迴旋加速器在哪裡？哪幢建築？」

「在樓下地下室裡，走廊盡頭的地方。」

在地下室？這幢房子很老舊了呢！地下室哪會有地方放得下一座迴旋加速器？我走到走廊盡頭，開門走進去。不到十秒鐘，我就知道為什麼普林斯頓大學很合我的胃口了：房間裡四周爬滿電線！許多開關懸在電線上，冷卻水從水閥不住的滴出來，雜七雜八的東西周圍亂放，桌上堆滿了各式各樣的工具。這是前所未見的一團糟。不錯！整部迴旋加速器都在房間內，但它是混沌一片！

它使我想起家裡的實驗室。在麻省理工，任何事物都不會令我想起家裡的實驗室。剎那間，我醒悟到為什麼普林斯頓大學能夠取得那麼多的研究成果——他們是確確實實的在使用這部儀器。這些人親手把儀器安裝起來，知道一切的來龍去脈以及每一部分的功能，而不是把一切都丟給工程師。普林斯頓大學的迴旋加速器比麻省理工那部小得多了，更談不上「鍍金」——剛好相反哩！當他們要處理真空防漏等問題時，就往上加甘馱樹脂，因此地上也留下了斑斑點點的痕跡。但這真是棒極了！這才叫使用儀器，而不單是坐在隔壁房間裡按鈕！

不過，由於房間裡雜亂無章、電線太多，那裡曾經發生過火災，連加速器也燒毀了。但我最好不要提這件事！

後來到了康乃爾大學之後，我也跑去看他們的迴旋加速器。那部儀器直徑不到一公尺，跑遍全世界也找不到更小的了，因此它占不到一個房間；但他們的研究成果卻極為優異。那裡的人知道各種特殊的技巧和訣竅：如果他們需要改變D形盒（dees，半月鐵，粒子在其中繞轉）裡面的組件時，就拿起螺絲起子，把D形盒拆下，修改好再裝回去。同樣的修改在普林斯頓就比較麻煩；在麻省理工呢，你必須讓天花板上的吊臂開動到迴旋加速器上方，放下吊鉤——實在是勞師動眾至極！

向後轉？向前轉？

我從不同的學校，學到的東西也各有千秋。麻省理工學院是很好的學校，我絕對無意貶低它，事實上我還深愛著它。麻省理工有它獨特的精神，學校裡的每個人都認為它是全世界最美好的地方，相信它是全世界（至少是全美國）科技發展的中心。那好像紐約客看紐約市的情形一樣；他們完全忘記了美國還有其他地方。然而，雖然在麻省理工的人，不大有裡外大小的觀念，你卻會有一種和它共生的奇妙參與感，很想繼續參與下去——他們都覺得自己是得天獨厚的一群，運氣好才能待在那裡。

麻省理工無疑是好學校，但史萊特把我趕到另一所學校也是對的。現在我也經常給學生同樣的建議：看看世界其他地方長得怎麼樣。學習不同的事物，是很值得的。

我在普林斯頓大學的迴旋加速器實驗室，做過一項實驗，結果十分驚人。在流體力學課本中，有一道所有物理系學生都碰到過的題目：考慮一只S形草坪噴水器——一根S形水管安裝在旋轉軸上。水噴出來時跟旋轉軸成直角，使得噴水器以一定的方向旋轉。誰都知道它會怎樣轉動；它的轉動方向與噴出來的水柱方向相反。問題是：如果你把噴水器浸在大量的水裡，例如湖裡或游泳池裡，不要用噴的，而是把水吸進來，它會怎樣旋轉？會像它在空氣中噴水那樣旋轉呢？還是朝另一個方向旋轉？

猛一想，答案是很明顯的。麻煩在於，某些人覺得它會這樣轉，另外一些人卻認為它會朝相反方向轉；因此大家議論紛紛。

記得在某次研討會或茶會上，有人去問惠勒（John Wheeler）教授：「您認為噴水器會怎麼個轉法？」

惠勒說：「昨天費曼剛說服我，說它會朝後轉；今天他卻說服我，相信噴水器會朝前轉。我不知道明天他會說服我相信些什麼新的說法？」

讓我告訴你一種說法，讓你相信它會朝一個方向轉動；然後再提出另一種說法，說服你相信它會朝另一方向轉，好不好？

頭一種解釋是，把水吸進來時，水從噴嘴進入，這有點像讓噴嘴追著水跑，把水吞進去，因此它會向前轉；換句話說，跟在空氣中噴水的情形相反。

但又有人走過來說：「如果我們把噴水器抓緊，不讓它動，再考慮我們加諸於它的力矩大小。當水往外噴出時，我們都知道必須在噴水器彎管的外緣處抓著它，因為水流的離心力沿著彎管作用。而當水柱換方向向裡流時，作用於彎管上的離心力還是一樣；因此兩個情況是一樣的，噴水器轉的方向相同！」

一動手，石破天驚

我想了很久，決定了自己的答案該是什麼之後，做了個實驗證明我的想法。

在普林斯頓大學的迴旋加速器實驗室裡有一大瓶水，很適合進行這項實驗。我找到一截銅管，把它彎成S形，在銅管中央打了個洞，把一條橡皮管嵌進洞裡，讓橡皮管穿過水瓶頂上軟木塞中的孔道。我在軟木塞上打了另一個孔道，讓另一根橡皮管穿進去浸在水裡，管子另一端接到實驗室裡的空氣壓縮機。把空氣打進瓶裡，我便能把水壓進銅管中，就如同把露在空氣中的橡皮管啣在嘴裡、用力把水吸進嘴裡一般。不過，在我的實驗裡，S形銅管並不會像噴水器那樣旋轉，而會扭動（因為橡皮管是軟的）。只消觀測水流噴出多遠，便可計算出水流的速率。

一切都準備好，我開動空氣壓縮機，「噗」的一聲，瓶口的軟木塞被吹得跳起來了。我把它重新裝好綁緊，確定軟木塞不會再被吹走，之後實驗便進行得很順利了。水繼續流了出來，橡皮管正常扭動；我又加了點氣壓，讓水流加速，以提高數據的準確度。我仔細測量角度與距離，然後再提高氣壓。

忽然之間，砰然一聲巨響，大水瓶炸得粉碎，水和玻璃朝四面八方飛射，濺遍了整間實驗室。有個來看我做實驗的傢伙，衣服全溼了，不得不回去更衣；還好他奇蹟般的沒被玻璃刺傷。然而，一大堆用迴旋加速器耐心拍下來的雲霧室底片，全弄溼了；但不知為什麼（或許我站得夠遠，或許也跟位置有關），我身上並沒怎麼弄溼。但我永遠記得，主管迴旋加速器實驗室的那位偉大的岱爾沙蘇（Del Sasso）教授跑過來，一板一眼、很嚴峻的跟我說：「大學一年級的實驗，應該在大一的實驗室裡做！」

我啦！我啦！

每個星期三，總有各式各樣的人應邀到普林斯頓大學研究學院來演講。通常主講人都很有趣，而在演講之後的討論，更是最好玩的部分。例如有一次，來演講的是位宗教界人士，而研究學院的反天主教激烈份子，卻事先把一些刁鑽問題分給大家，結果弄得那位主講人十分狼狽。

另外一次，有人來普林斯頓談「詩」。他談到詩的結構，以及隨之而來的各種感覺，把一切都分門歸類。在隨後的討論中，他突然說：「艾森赫博士，那不是跟數學很相像嗎？」

除了身為研究學院院長之外，艾森赫博士也是極出色的數學家，而且他很聰明。他轉頭看看我，說：「我想聽聽費曼從理論物理學的角度，如何回答這個問題？」他經常在這種情況下趁機捉弄我。

我站起來說：「是的，它們之間可說關係密切。理論物理的方程式就相當於文學的詩，而詩的結構就相當於理論物理內的什麼什麼和什麼之間的關係……」我借題發揮，舉出一大堆十分完美的對比，主講人聽得眉飛色舞，笑逐顏開。

然後我又說：「事實上，無論你說的是詩的哪一方面，我總有辦法從任何事物的角度說出一大堆對比關係，就像剛剛的理論物理一樣。不過，我並不覺得這些對比有任何意義！」

自告奮勇

我們每天穿著日漸褪色的學生袍，在那鑲著彩色玻璃窗的大餐廳內吃晚飯。進餐之前，艾森赫院長都會用拉丁文禱告；而在飯後，他也經常會站起來宣布某些事情。有一個晚上，他說：「再過兩星期，一位心理學教授將會來這裡演講催眠術。這位教授覺得實際的催眠示範比單靠討論的效果好得多，因此他要找些自告奮勇、願意接受催眠的人……」

我感到十分興奮：我絕對要深入了解催眠是怎麼的一回事。這個機會棒極了！

艾森赫院長接著說，最好有三、四個志願者，讓催眠師先試試看誰可以接受催眠；因此，他很鼓勵我們報名參加。（天哪！他嘮嘮叨叨的，真會浪費時間！）

艾森赫院長的座位在大廳的盡頭處，而我則坐在遠遠的另一頭；餐廳裡一共坐了好幾百人。我很焦急，因為大家都一定很想報名參加，我最害怕的是我坐得這麼偏遠，院長看不到我。但我非得參加這次催眠的示範表演不可！

最後艾森赫院長說：「那麼，我想知道有沒有志願參加的同學……」

我立刻舉手，從座位上跳起來，用盡全身力氣大聲尖叫：「我啦！我啦！」

他當然聽見了，因為只有我一個人在叫！那一聲「我啦」迴盪在偌大的餐廳內，山鳴谷應，使我感到難為情極了。艾森赫院長的立即反應是：「是的，費曼先生，我早就知道你會志願參加。我想知道的是，還有沒有其他同學有興趣？」

被催眠的滋味

最後，另外跑出來好幾名志願軍。示範表演的前一星期，那位心理系教授先過來找我們做試驗，看看誰是適當的催眠對象。我知道催眠這個現象，但我並不知道被催眠到底滋味如何。他開始拿我做催眠對象，過不多久，我進入了某種狀態，他對我說：「你再不能睜開眼睛了。」

我對自己說：「我敢說我可以睜開眼睛，但我不要破壞現狀，先看看進一步會怎麼樣吧。」當時的情形很有趣：我只不過有一點迷迷糊糊；雖然如此，我還是很確定眼睛可以睜得開。但由於我沒有睜開眼睛，因此從某種角度來說，我的眼睛確實睜不開。

他又玩了很多把戲，最後決定我很符合他的要求。

到了正式示範時，他要我們走到臺上，當著普林斯頓研究學院的全體同學面前，催眠我們。這次的效應比上次強，我猜我已「學會」了如何被催眠。催眠師做出各種示範表演，讓我做了一些平常做不到的事；最後還說，當我脫離催眠狀態之後，不會像平常習慣般直接走回座位，而先會繞場一周，再從禮堂的最後方回到座位上。

在整個過程中，我隱隱約約知道發生什麼事，而且一直都依著催眠師的指示來動作。但這時我決定：「該死的，我受夠了！我偏要直接走回座位上。」

時候到了，我站起身來，走下臺階，向我的座位走過去。可是突然一陣煩躁不安的感覺籠罩全身，我覺得很不自在，無法繼續原先的動作，結果乖乖的繞場走了一圈。

後來，我又接受過一名女子的催眠。當我進入催眠狀態之後，她說：「現在我要點一根火柴，把它吹熄，緊接著讓它去碰你的手背，而你不會有任何燒痛的感覺。」

我心裡想：「騙人！不可能的！」她拿了根火柴，點著它，吹熄、立刻把它抵在我手背上，而我只感到一點溫溫的。由於在整個過程中，我的眼睛都是閉上的，因此我想：「這太容易了！她點著這根火柴棒，卻用另一根火柴棒來碰我的手。這沒什麼啦，都是騙人的！」

可是當我從催眠狀態中醒過來後，看看手背，我真的訝異極了——手背上居然燒傷了一塊！後來，傷口還長了水泡，但一直到水泡破掉，我始終都沒有感覺到任何痛楚。

我發現，被催眠的經驗確實非常有趣。在整個過程中，你不停的對自己說：「我當然可以做這、做那，我只是不想那樣做而已！」但那也等於說：你做不到。

有沒有貓體構造圖？

在普林斯頓研究學院的餐廳裡吃飯、聊天時，大家總喜歡物以類聚的坐在一塊。開始時我也跟物理學家坐在一起，但不久我就想：看看世界上其他人在做些什麼，一定也很好玩。因此，我輪流和其他小組的人一起用餐，每一、兩個星期轉移陣地一次。

當我轉到哲學家的小組時，聽到他們很嚴肅的在討論懷海德（Alfred North Whitehead）所著《歷程與實在》一書。他們的用語很奇怪，我不大聽得懂他們在說些什麼，但我不想打斷他們的談話，嘮嘮叨叨的要他們為我說明。其實有幾次當我真的問問題，而他們也試著解釋，我還是摸不著頭緒。最後他們乾脆邀請我去參加他們的研討會。

他們的研討會很像在上課，每週固定一次，討論《歷程與實在》的其中一章，方式是由某些人報告讀後心得，之後再進行討論。在參加這個研討會之前，我拚命提醒自己，我只不過是去旁聽，千萬別開口亂說話，因為我對他們的題目一無所知。

研討會上發生的事，卻是很典型的——難以置信的典型，但千真萬確的發生了。首先，我安安靜靜的坐在那裡一句話也沒說，這也是很難置信的事，但也是真的發生了。接著一位同學就討論的一個章節發表報告。在這一章內，懷海德不停使用「本質物體」這個名詞，用法很專門，也許他曾在書中對這個詞下過定義，但我完全搞不懂那是什麼東西。

略微討論過「本質物體」的意義之後，主持研討會的指導教授講了一些話，意圖澄清觀念，又在黑板上畫了些像是閃電的東西。「費曼先生，」他說：「電子是不是一種『本質物體』呢？」

於是，我又惹上麻煩了。我解釋說，由於我沒有讀過那本書，因此我壓根兒不曉得懷海德所指為何，而且我只是來旁聽的。「不過，」我說：「如果你們先回答我一個問題，讓我多了解『本質物體』這個概念，我就可試試回答教授的問題了。請問磚塊算不算是一種本質物體呢？」

我想弄明白的，是他們會不會將理論上的構想歸為本質物體。其實電子只不過是我們使用的一種理論，但對於幫助我們了解大自然的運作十分有用，有用到我們簡直認為電子是真實無訛的。而我當時是想用對比的方法，來說明「理論」這個概念。在磚塊的例子中，接下來我要問的是：「磚塊的內部又如何呢？」然後我會指出，從來沒有人看過磚的內部。每當你劈開一塊磚，你看到的只是另一個表面，「磚塊有內部」只不過是個可以協助我們了解事物的簡單理論。電子理論也有類似之處，因此我問：「磚塊算不算是一種本質物體？」

答案傾巢而出。有人站起來說：「一塊磚就是單獨的、特別的磚。這就是懷海德所說的本質物體的意思。」

可是又有人說：「不，本質物體的意思並不是指個別的磚塊，而是指所有磚塊共有的普遍特性，換句話說，『磚性』才是本質物體。」

另一個傢伙站起來說：「不對，重點不在磚的本身。本質物體指的是，當你想到磚塊時內心形成的概念。」

他們一個接一個的起立發言，我發現這是我出生以來，第一次聽到那麼多關於磚的天才說法。後來，就像所有典型的哲學家一般，場面一片混亂。好笑的是，在先前那麼多次的討論中，他們從來沒有問過自己，究竟像磚塊這類簡單物體是不是「本質物體」？更不要說電子了！

外行人問內行話

之後，在吃晚餐時，我轉移到生物學家那一組去。我一向對生物學深感興趣，而他們的話題也十分有趣。其中一些人還邀我去旁聽即將開講的「細胞生理學」。雖然我學過一點生物學，但「細胞生理學」卻是研究所程度的課呢！「你們覺得我聽得懂嗎？教授會讓我旁聽嗎？」我問。

他們替我問主講教授哈維（E. Newton Harvey），他曾經做過很多關於「發光細菌」的研究。哈維答應了，條件是我必須跟班上其他同學一樣，完成所有的作業及論文報告。

上第一堂課之前，邀我聽講的幾位同學要我看一些植物細胞。透過顯微鏡，我看到許多不停在移動的綠色斑點，那是在陽光照射之下製造出糖的葉綠體。我抬起頭問：「它們如何運行？是什麼力量在推動它們？」

沒有人曉得答案。後來我才知道，這在當時還是未解之謎。就這樣，我學到一點關於生物學的特性：你可以很輕易便提出一個非常有趣的問題，而沒有人知道答案。但在物理學，你必須先稍微深入學習，才有能力問一些大家都無法回答的問題。

上第一課時，哈維教授首先在黑板上畫了一個很大很大的細胞圖，並且標示出它的內部結構，然後逐一講解；他說的我大部分都聽得懂。

下課之後，邀我旁聽的同學問：「怎麼樣，你喜歡這堂課嗎？」

「還不錯，」我說：「唯一沒聽懂是有關卵磷脂（lecithin）的部分。什麼是卵磷脂？」

那傢伙就用他那單調無味的聲音說：「所有生物無論是動物或植物，都是由小小磚塊一樣的好東西，叫做『細胞』所組成的……」

「聽著，」我不耐煩的說：「你說的那些我統統知道，否則我也不會來聽課。卵磷脂到底是什麼？」

「我不知道。」

我跟其他人一樣讀論文、做報告。第一篇指定給我讀的是〈壓力對細胞的影響〉，哈維教授特別挑了這篇論文給我，因為其中牽涉到一點物理。我完全理解這篇論文的內容，可是當我在班上宣讀我的讀後心得時，卻把所有的專有名詞都唸錯了；當我心中想的是「裂球」（blastomere），口中卻唸出「囊胚」（blastosphere）時，班上同學簡直是笑得人仰馬翻，直不起腰來。

第二篇指定給我的是阿德里安（Edgar Adrian，一九三二年諾貝爾生理醫學獎得主）和布朗克（Detlev Bronk）的論文。他們證實了神經衝動是尖銳的單脈衝波現象。以貓為實驗對象，他們測量了神經間的電壓。

我開始研讀這篇論文。它不停的提到伸肌、屈肌或腓肚肌等等。這個肌、那個肌我都唸得出口，可是我完全不曉得它們位於貓的什麼部位，或者跟其他神經的相關位置。因此，我到圖書館放生物圖書的區域，隨便抓著一個館員，請她替我找一幅貓體構造圖。

「貓體構造圖？」館員花容失色的說：「你指的是動物分類表吧？」從那時候開始，話就傳開了，說有一個生物系的笨蛋研究生，跑到圖書館去找「貓體構造圖」。

輪到我做報告時，我先在黑板上畫了一隻貓，並開始將各部分肌肉標示出來。很多同學打斷我的動作：「那些我們都知道了。」

「哦，」我說：「你們都知道？難怪你們念了四年的生物學，我卻還是一下子便追上你們的程度了。」他們把所有時間都浪費在死背名詞上了，而這些東西只要花個十五分鐘，便全都可以查出來。

到加州理工「洗洗碟子」

二次大戰後，每年暑假我都會開車到美國各地旅行。到加州理工學院任教之後，有一年我跟自己說：「這個暑假我不要換另一個地方玩了，不如試試換另一門的學問來玩玩。」

那時候剛好是華森（James Watson）和克里克（Francis Crick）發現去氧核糖核酸（DNA）之後不久，而由於戴爾布魯克（Max Delbrück，一九六九年諾貝爾生理醫學獎得主）的實驗室就在加州理工學院，許多極為優秀的生物學家都聚集在那裡。華森也應邀到加州理工學院演講，討論DNA的密碼系統。他的演講我都去聽了，也參加了生物系的許多場研討會，對生物學充滿濃厚興趣。對生物學而言，那是很令人興奮的年代，而加州理工則是做生物學研究的極佳所在。

我不認為自己有足夠能力應付真正的生物學研究，因此，當我計劃將那個暑假花在生物學領域時，我只不過打算在生物實驗室內走動走動，幫他們「洗洗碟子」，在一旁看看他們做些什麼。可是，等我跑到生物實驗室向他們說明意願時，一位年輕的博士後研究員、同時也是實驗室的主管艾德加（Robert Edgar），說他不會讓我那樣遊手好閒。他說：「你應該跟其他研究生一樣，做些實實在在的研究工作，我們也會給你一個題目去研究。」這樣的建議，我當然樂於接受。

我選了一門討論噬菌體的課。噬菌體是一種含有DNA的病毒，它會攻擊細菌。而在這門課中，我們學習如何做有關噬菌體的研究。很快我就發現，由於懂得物理和數學，學習生物學的時候輕鬆多了。例如，我知道液體中的原子如何運動，因此離心機的工作原理對我而言，不算高深莫測。又由於具備了統計學的知識，我很清楚在盤點培養皿上的斑點時，所牽涉的統計誤差。換句話說，正當其他生物系的同學努力了解這些「新」觀念時，我卻可以專心學習真正跟生物有關的學問。

在實驗室裡，我學會了一項很有用的技巧，到今天還經常用到。他們教我們如何單手拿著試管，而同時用中指和食指把管蓋打開，讓另一手自由活動，做其他事情，例如拿著吸量管，小心翼翼的把氰化物溶液吸進管中……等。現在，我能夠一手拿著牙刷，用另一手拿著牙膏，並把蓋子打開、擠牙膏，再把它旋緊。

實驗毫無所獲

當時生物學家已經發現，噬菌體可能發生突變，以致影響到它們攻擊細菌的能力；我們的任務就是研究這些突變。不過，部分噬菌體會發生二次突變，重新回復攻擊細菌的能力，其中一些經歷兩次突變的噬菌體，跟突變前一模一樣，好像什麼突變都沒發生過；另外一些卻有不同的變化：它們攻擊細菌的速率比正常時較快或較慢，因此細菌的繁殖也較正常速率稍慢或稍快。換句話說，「負負得正」的「回復突變」（back mutation）會發生，但噬菌體回復正常的情形不一定很完美，有時候它們只能恢復一部分的能力。

艾德加建議我做個實驗，看看回復突變是不是在DNA螺旋結構的同一位置上發生。我非常小心的做了很多繁複實驗之後，找到了三個回復突變的例子，發生的位置都很接近（事實上，比大家曾經觀測過的例子都更為接近），而噬菌體原有功能也部分回復了。這是一項冗長的研究工作，整件事情也要靠點運氣，因為你必須耐心等待二次突變的出現——而那是十分罕見的。

我不斷思考如何使噬菌體更常發生突變，以及怎樣能夠更迅速觀測到，但還沒有想到方法，暑假已經過完了，我也逐漸對這項研究題材失掉興趣。

這時，我的休假年快到了。（注：大學教授每授課六年或七年，便可休假一年，在這一年當中，他們可隨意進行自己喜歡的學術活動。）我決定把這一年花在同一間生物實驗室，但選擇不同的研究題材。我跟梅索森（Matt Meselson）做了一些研究，再和一位來自英國、人很隨和的司密斯（J. D. Smith）合作。我們的研究題目跟核糖體（ribosome）有關，核糖體是細胞內的一種胞器，是製造蛋白質的地方，能夠從「傳訊RNA」（傳訊核糖核酸）轉譯合成出蛋白質。利用放射性追蹤劑，我們證實了RNA可以從核糖體分離出來，也可以被放回去。

我很小心的進行每個步驟、測量數據，盡力控制所有可能影響實驗結果的因素。可是過了八個月之後，我才想到其中一個步驟做得太不周密了。在那個年代，從細菌取得核糖體的方法，是將培養好的細菌跟礬土（氧化鋁）放在研缽內研磨。其餘的步驟都是跟化學作用有關的，全都在控制之下。但重點是我們研磨細菌時，推動研杵的動作無法每次都完全一樣，因此我的實驗什麼成果也沒有。

半吊子生物學家

我也必須提一提那次跟藍夫隆（Hildegarde Lamfrom）一起嘗試的實驗。我們想研究的是，豌豆和細菌所使用的核糖體是否相同？換句話說，細菌的核糖體是否能製造出人體或其他生物內的蛋白質？

那時藍夫隆已經設計出一套方案，試圖從豌豆分離出核糖體，再加入傳訊RNA，讓核糖體利用傳訊RNA製造出豌豆蛋白質。我們也意識到，「把豌豆的傳訊RNA加到細菌分離出的核糖體中時，究竟製造出來的會是豌豆蛋白質還是細菌蛋白質？」這將是眾所矚目、意義重大的問題；而我們的實驗也同樣會是眾所矚目，將對遺傳學的基礎帶來巨大影響。

藍夫隆說：「我需要大量的細菌核糖體。」

梅索森和我為了其他實驗，曾經從大腸桿菌萃取了大量的核糖體。我說：「算了，我就把我們的核糖體拿給你吧，我們實驗室的冰箱裡多得是。」

如果我是個真正優秀的生物學家，那將會是一項十分驚人和重要的發現；可惜我不是很好的生物學家。我們的想法很好，實驗構想很好，設備也很齊全，卻全讓我搞砸了。因為我拿給藍夫隆的是受到感染的核糖體，那是在這種實驗中所可能犯的最嚴重錯誤了。我們的核糖體放在冰箱裡將近一個月，早已被其他生物汙染了。如果我重新準備一些核糖體，很認真和小心翼翼的拿去給藍夫隆，嚴格的控制一切，那麼實驗將會很成功，而我們也將成為首先證實生命的一致性的人。我們將證實了在任何生物中，製造蛋白質的胞器（核糖體）和機制都是一個模樣的。當時我們在恰當的時機做著正確的事情，可是我的做事方式和態度完全像個業餘的半吊子，愚蠢而草率。

你可知道這件事讓我想起了什麼？我想到福樓拜（Gustave Flaubert）書中包法利夫人的丈夫，一個呆頭呆腦的鄉下醫師。他想出一套如何醫治畸形足的方法，可是結果卻只令人活受罪罷了。我就像那位沒經驗的醫師！

我始終沒有動筆把噬菌體的實驗結果寫成論文，儘管艾德加不停催促，我卻一直抽不出空來。這也是從事跨行工作的毛病了：我不會認真的看待它。後來，我總算寫了一份非正式的報告給艾德加，他一邊讀一邊笑了起來，因為我沒有依照生物學家慣用的標準格式，先寫實驗程序、再寫……等等，而是寫了一大堆生物學家早已知道的東西。艾德加把我寫的報告改成較為簡潔的版本，我卻全看不懂。我想他們始終沒有拿去發表，我自己也從來沒有直接發表那些實驗結果。

最愛的還是物理

另一方面，華森認為我的噬菌體實驗頗有價值，因此邀請我到哈佛大學一趟。我在哈佛生物系做了一次演講，討論位置十分接近的突變及回復突變。我告訴他們，我的想法是：第一次突變使蛋白質發生變化，例如改變了某個胺基酸的酸鹼度；而第二次突變則改變了同一蛋白質內的另一個胺基酸，但酸鹼度的改變跟第一次突變時剛好相反，因而抵消了第一次突變的部分效應——沒有完全抵消，但足以讓噬菌體恢復部分的功能。用另一種說法，我覺得那是在同一蛋白質內出現的兩次變化，它們的化學效應卻剛好有互補作用。

然而事實卻不是那樣。幾年之後，有人發現（很顯然這些人找到了能迅速引發突變和觀測突變的技巧）：真正發生的是，在第一次突變中，DNA的一個鹼基不見了，如此一來，DNA內的密碼順序與前不同，而無法「解讀」了。第二次突變則有兩種可能的情況：一是一個鹼基被嵌回去，否則就是另外兩個鹼基又被拿走了，總之結果是密碼又可以解讀了。因此，第一次突變和第二次突變發生的位置愈是接近，DNA內被破壞的訊息便愈少，噬菌體的功能就回復得更完整。連帶的，每個胺基酸的密碼有三個「字母」（即三個鹼基）的事實也獲得證實了。

在哈佛大學的那個星期裡，華森提出了一些構想，我們共同做了幾天的實驗。那項實驗沒有做完，但我已從這位生物界的頂尖高手那裡，學到了許多實驗新技巧。那也是我很得意的時刻！我居然在哈佛大學的生物系裡發表演講呢！事實上，這可以做為我一生中的寫照：我永遠會一腳踏進某件事情中，看看到底能做到什麼地步。

在生物學這領域裡，我學到了很多，得到很多寶貴經驗。我甚至連那些古怪的生物名詞也會唸了，更不用說寫論文或做演講時應該避免的錯誤，又或者是醒悟到某項實驗技巧的缺失等等。

可是我真正熱愛的是物理，我總是會回到物理的世界裡去！

菜鳥遇上科學大師

在普林斯頓念研究所時，我曾經當過惠勒教授的研究助理。他給我一個題目，沒想到太難了，做不下去。因此我回過頭來，研究早在麻省理工念大學時便有的一個構想，那就是：電子不會作用於自己身上，而只會和別的電子相互作用。

問題是這樣的：當電子晃動時，它會輻射出電磁波，這等於散發出能量，而損失能量即意謂有某個力作用在電子上。更進一步考慮，晃動一個帶電的電子所用的力，與晃動不帶電的電子所用的力，一定不一樣。因為假使在兩種情形中所施的力完全一樣，但已知在一種情況下粒子損失能量，另一種情況下則不會損失能量——這好像是對同一個問題出現了兩種不同答案，根本是不可能的。

當時的標準理論，是電子對自己作用而產生力，稱為「輻射反應力」。當我在麻省理工開始推敲這個想法時，我並沒有注意到這個問題；我一直認為，電子只會對其他電子施加作用。等我到了普林斯頓之後，才聽說有這些標準理論，也才明白原來的構想碰到大麻煩了。

這時我的想法是：首先讓這個電子晃動；然後根據我的想法，它對附近的電子作用，使它（們）晃動起來。這些被擾動的電子所產生的效應，才是輻射反應力的來源。於是我做了些計算，帶著結果去見惠勒教授。

惠勒教授想也不想，馬上說：「噢，這裡不對，因為你等於說它與其他電子間距離的平方成反比，可是它不應跟這些變量有關。而且，它應該與其他電子的質量成反比，也跟其他電子的電荷成正比。」

使我難過的是，他居然已經做過這些計算了。後來我才明白，像惠勒那樣的大師，你給他一個問題，他可以立刻「看」出其中的重點。

惠勒教授接著說：「而且這會受到延遲，因為輻射波返回較晚，因此你描述的只不過是反射光。」

「哦，當然，」我頹喪的說。

「等一下，」他說：「讓我們假定這反射光是一種超前波，換句話說，這是逆著時間的反應；那麼它會在正常時間返回。我們已知道這個效應跟距離平方成反比，如果有很多電子充滿整個空間，而且電子數目隨距離平方成反比，也許所有的效應便可剛好互相抵消。」

我們發現這個想法確實可行。再次計算的結果非常完美，各方面都對應無誤。在古典物理的範圍內，這個理論很可能是正確的，儘管它跟馬克士威（James Clerk Maxwell）或勞倫茲（Hendrik Antoon Lorentz，一九〇二年諾貝爾物理獎得主）提出的標準理論都有很大差異。

但它沒有電子自我作用理論中出現一些無限大的量造成的困擾；它十分巧妙，且包含了作用量、延遲效應、時間上的向前和向後等物理現象。我們稱這套理論為「半超前——半延遲勢位」。

惠勒和我覺得，下一步是把目標轉向量子電動理論，因為我認為那裡也出現了電子自我作用的困難。我們設想，如果我們能夠克服這個古典物理中的困難，然後從中發展出一套量子理論，等於同時矯正了量子理論的缺失。

我們可以說已弄通了古典的理論部分。這時惠勒對我說：「費曼，你年紀還輕，應該就這題目做一場研討會報告，你需要多練習上臺講演。同時我會把量子理論那部分弄出來，過一陣子再做報告。」那將會是我的第一次學術報告，惠勒去跟維格納（Eugene Wigner，一九六三年諾貝爾物理獎得主）教授說好，把我排進研討會的日程表中。

愛因斯坦也來了

輪到我做報告的前一、兩天，我在走廊上碰到維格納教授。「費曼，」他說：「我覺得你跟惠勒合作的研究很有趣，因此我已請了羅素來參加你的研討會。」羅素（Henry Norris Russell），當代大名鼎鼎的天文學家，要來聽我的報告！

維格納繼續說：「我想馮諾伊曼教授也會有興趣。」馮諾伊曼（John von Neumann）是當時最偉大的數學家。「而剛巧包立教授從瑞士來訪，因此我也請了包立來。」天哪！包立（Wolfgang Pauli），一九四五年諾貝爾物理獎得主，也是很有名的物理學家呢！這時我嚇得臉都黃了。最後維格納說：「愛因斯坦教授很少參加我們每週一次的研討會，可是你這個題目太有趣了，因此我特別去邀請他，他也會來。」

這時我的臉一定變成綠色了，因為維格納還說：「不，不用擔心！不過我得先提醒你，如果羅素教授邊聽邊打瞌睡，而他是一定會睡著的，那不表示你的報告不好，他在每場研討會中都打瞌睡。另一方面，如果包立教授不停點頭，好像表示贊同你說的一切，也不要得意，包立教授患了震顫麻痺症。」

我回去告訴惠勒。當初他要我做演講練習，現在卻有這些科學大師要來聽我的報告，使我很不自在。

「沒關係，」他說：「不用擔心，我會替你回答所有的問題。」

我努力準備報告，到了那天，我走進會場，卻像許多沒有做過學術報告的年輕人一般，犯了同樣錯誤——在黑板上寫了太多方程式。要知道，年輕小夥子都不懂得在什麼時候說：「當然，這跟那成反比，而這會如此這般的演變……」因為事實上，在座的聽眾早已知道這些，他們都「看」明白了；可是只有他自己不曉得。他必須靠實際的推算才得出結論，因此他寫下一大堆方程式。

會前，我就在黑板上上下下寫滿了一大堆，還在寫著，愛因斯坦走進來，和顏悅色的說：「哈囉，我來參加你的研討會。請問你，茶放在哪裡？」

我告訴了他，繼續寫我的方程式。

說大人，則藐之

報告時間終於到了。我面前坐了這些科學大師，全在等我開口講話！我生平第一次學術報告，卻碰上這樣的聽眾！我的意思是說，他們會問很多難題，我將會大大的出醜了！我還清楚記得，從牛皮紙袋抽出講稿時，雙手不住的發抖。

但奇蹟出現了！事實上我很幸運，類似的奇蹟在我一生中一再發生——只要我開始思考物理、必須全神貫注於要說明的問題上，我的腦袋中就再沒有其他雜念，完全不會緊張。因此當我開始報告以後，我根本不知道聽眾是誰了；我只不過在說明這些物理概念。事情就那麼簡單！

報告結束，開始問問題的部分。坐在愛因斯坦旁邊的包立首先站起來說：「我不認為這個理論正確，因為這個，這個和這個……」他轉頭去問愛因斯坦：「你同不同意，愛因斯坦教授？」

愛因斯坦說：「不——，」聲音拉長，帶著濃重德國口音，很悅耳的一聲「不」，很有禮貌。「我只覺得，要替重力交互作用構思一套同樣的理論，必定十分困難。」他指的是廣義相對論，也是他的心愛「小孩」。他繼續說：「由於目前我們還沒有足夠的實驗證據，因此我並不很確定什麼才是正確的重力理論。」愛因斯坦了解，很多想法可能跟他的理論不一樣，他很能容忍別人的想法。

我真希望我當時把包立說的話記下來，因為幾年之後，我發現那套理論用來構築量子理論時，確實不夠。很有可能，偉大的包立早已注意到其中的問題，而且當時已對我說明了；但由於我不用回答問題，心情太過放鬆，以致沒有仔細聽。我倒是記得，跟包立一起走上帕爾瑪圖書館的臺階時，包立問我：「等惠勒自己演講量子理論時，他會說些什麼？」

我說：「我不知道，他沒有告訴我。這部分是他在做。」

「哦？」他說：「這傢伙自己悶著頭在做，而沒有告訴助理究竟他在做些什麼？」他靠過來，用低沉、神祕的語調說：「惠勒不會舉辦那場演講的。」

果然，惠勒一直沒有提出報告。原先他以為輕易便可解決跟量子理論有關的部分，他還以為已經做得差不多了，但事實上並沒有。到了該他做報告時，他明白了他根本不知應該怎樣著手，所以沒什麼可報告的。我也始終沒有解決那「半超前─半延遲勢位」的量子理論。老實說，我還為此花了許多年的工夫呢！

真正男子漢

我經常形容自己是個「沒文化素養的」或「反知識」份子。之所以會變成這樣，我想原因可以回溯到中學時期。那時，我一天到晚擔心自己太過娘娘腔，像個文弱書生。對我來說，真正的男子漢大丈夫，是不會把心思放在詩呀、歌呀這類事情上的。我甚至從沒有想過，到底詩是怎麼寫出來的。也因此我很看不慣那些讀法國文學、音樂或詩等「優雅」事物的男生。我比較欣賞鋼鐵工人、銲工或機器房的技工。我常常覺得，那些在機器房裡工作、能夠製造出東西來的人，才是真正的男子漢！那就是我當年的心態。

在我看來，做個講求實用的人是一種美德，但成為「有文化素養」的或「有知識」的就不是。前一句話當然沒錯，但事實上後一種想法卻極為荒謬。

總之，到了普林斯頓大學的研究學院之後，我還抱持著那種心態，等一下你就會明白我的意思。那時候我經常在一家叫「爸爸小館」的精巧小餐館吃飯。有一天我正在那裡用餐，一個穿著工作服的油漆工人從樓上走下來，坐到我的附近，他是餐廳老闆請來粉刷樓上房間的。我忘記是怎麼開始的，我們交談起來，他提到在油漆這一行，要學的東西還真多。「例如，」他說：「拿這餐廳來說，如果讓你來決定的話，你會用什麼顏色來漆這裡的牆壁？」

我說我不知道，他就說：「在這樣的高度，你要刷一截深色寬條，因為坐在餐椅上的客人，總是會用肘部在牆上磨來擦去。所以這個部分不能用白色，否則很容易弄髒。可是再往上則相反，因為那樣才能讓顧客覺得餐廳很乾淨。」

那傢伙好像很在行，而我就坐在那裡，呆呆的聽他說下去：「你也必須懂得顏色的道理，弄清楚怎樣把油漆混在一起，得出各種顏色。舉個例子吧，黃色是用哪幾種顏色調出來的？」

我不確定如何調出黃色的油漆。如果是光，我就知道是要用綠光和紅光，但他說的是油漆。因此我說：「如果不用黃漆，我便不知道你怎樣調出黃色來了。」

「噢，」他說：「如果你把紅的和白的混在一起，便可以配出黃色來了。」

「你確定不會配成粉紅色嗎？」

「不，」他說：「你得到的是黃色。」我相信了他的話，因為他是個職業油漆工人，而我一直都很景仰這一類型的人，可是我還是不懂他怎麼做到這點。

我突然想到一個主意，說：「那一定是什麼化學變化引起的。你用的一定是某種會引起化學變化、很特別的顏料吧？」

「不，」他說：「什麼顏料都行。你跑去『五分一毛』平價商店買些油漆回來，就是一般的紅漆和白漆，我調些黃色的油漆出來給你看。」

這時我想：「這太奇怪了。油漆我也不是完全不懂，你根本不可能得出黃色來的。但他又很確定可以調出黃色來，這事真有趣，我要看個究竟！」

於是我說：「好，我去買油漆。」

油漆工回到樓上繼續幹活，餐館老闆走過來對我說：「你怎麼還跟他爭？他是油漆工，他已經幹了一輩子的油漆工了。而他說能調成黃色，你還跟他辯幹嘛？」

我覺得很難為情，不曉得該說些什麼。最後我說：「我一輩子都在研究光。我認為紅加白不可能變成黃，而只能得到粉紅色。」

我真的跑到「五分一毛」商店，買了油漆回到餐廳去。油漆工從樓上下來，餐館老闆也跑過來湊熱鬧。我把兩罐油漆放在一張舊椅子上，油漆工就動手調漆。他添一點紅，又加一點白，但看起來還是粉紅的；他繼續加了又加、調了又調。最後他咕咕噥噥的，說什麼「我以前隨身帶著一小瓶黃色的，加進去讓它鮮豔點，然後就變成黃色的了。」

「噢！」我說：「當然了！你加上黃色，當然得出黃色。但是沒有黃色的話，你便做不到了。」

油漆工自顧自回到樓上工作去了。

這時餐館老闆說：「那傢伙膽子真大，居然敢和研究了一輩子光的人爭辯！」

常在不疑處有疑

從這件事可以看出，我是多麼信任這些「真正的男子漢」。那油漆工告訴了我許多很合理的事情，使我相信可能有那麼一個我不曉得的奇怪現象。雖然我預期看到的是粉紅色，可是我卻死腦筋的想：「如果他真的調出黃色來，那一定是很有趣的新方法，我非看個究竟不可。」

在研究物理時，我也經常犯上類似的錯誤。我有時會覺得某個理論並不像它表面上看來那麼完美，覺得不知什麼時候會橫生枝節，把它破壞掉。因此我的態度是「什麼事都可能發生，雖然也許實際上你已經很確定應該發生的是什麼。」

跟數學家抬槓

在普林斯頓研究學院，物理系和數學系共用一間休閒室。每天下午四點鐘，我們都在那裡喝茶。這一方面是模仿英國學校的作風；另一方面也是放鬆情緒的好方法。大家會坐下來下下圍棋，或者討論些什麼理論。在那些日子裡，拓樸學（topology）是很熱門的話題。

我還記得有個傢伙坐在沙發上努力思索，另一個則站在他面前說：「所以，這個這個為真。」

「為什麼？」坐在沙發上的人問。

「這太簡單！太簡單了！」站著的人說，接著滔滔不絕的發表了一連串邏輯推論：「首先你假設這個和這個，然後我們用科寇夫原理的這個和那個；接下來還有瓦芬斯托弗定理，我們再代入這個，組成那個。現在你把向量放在這裡，再如此這般……」坐在沙發上的傢伙勉力掙扎要消化這許多東西，而站著的人則一口氣又快又急的講了十五分鐘。等他講完之後，坐在沙發上的傢伙說：「是的，是的，這真的很簡單。」

我們這些念物理的人全都笑歪了，搞不懂這兩個人的邏輯。最後我們一致認為，「簡單」等於「已經證實」。因此我們跟這些數學家開玩笑說：「我們發現了一個新定理——數學家只懂得證明那些很簡單的定理，因為每個已被證明的定理都是很簡單的。」

那些數學家不怎麼喜歡我們提出的定理，我就再跟他們開個玩笑。我說世上永遠不會有令人意外的事件——正因為數學家只去證明很簡單的事物。

找數學家麻煩

對數學家來說，拓樸學可不是那麼簡單的學問，其中有一大堆千奇百怪的可能性，完全「反直覺」之道而行。於是我又想到一個主意了。我向他們挑戰：「我跟你們打賭，隨便你提出一個定理，只要你用我聽得懂的方式告訴我，它假設些什麼、定理講些什麼等等；我立刻可以告訴你，它是對的還是錯的！」

然後會出現以下的情況：他們告訴我說：「假設你手上有個橘子。那麼，如果你把它切成N片，N並非無限大的數。現在你再把這些碎片拼起來，結果它跟太陽一樣大。這個說法對還是錯？」

「一個洞也沒有？」

「半個洞也沒有。」

「不可能的！沒這種事！」

「哈！我們逮到他了！大家過來看呀！這是某某的『不可量測量』定理！」就在他們以為已經難倒我時，我提醒他們：「你們剛才說的是橘子！而你不可能把橘子皮切到比原子還薄、還碎！」

「但我們可以用連續性條件：我們可以一直切下去！」

「不，不，你剛才說的是橘子，因此我假定你說的，是個真的橘子。」

因此我總是贏。如果我猜對，那最好。如果我猜錯了，我卻總有辦法從他們的敘述中，找出漏洞。

其實，我也並不是隨便亂猜的。我有一套方法，甚至到了今天，當別人對我說明一些什麼，而我努力要弄明白時，我還在用這些方法：不斷的舉實例。

譬如說，那些念數學的人提出一個聽起來很了不得的定理，大家都非常興奮。當他們告訴我，這個定理的各項條件時，我便一邊構思符合這些條件的情況。當他們說到數學上的「集」時，我便想到一顆球；兩個不相容的集便是兩顆球。然後視情況而定，球可能具有不同的顏色、長出頭髮、或發生其他千奇百怪的狀況。最後，當他們提出那寶貝定理時，我只要想到那跟我長滿頭髮的綠球不吻合時，便宣布：「不對！」

如果我說他們的定理是對的話，他們便高興得不得了。但我只讓他們高興一陣子，便提出我的反例來。

「噢，我們剛才忘了告訴你，這是郝斯多夫的第二類同態定理。」

於是我說：「那麼，這就太簡單，太簡單了！」到那時候，雖然我壓根兒不曉得郝斯多夫同態到底是什麼東西，我也知道我猜的對不對了。雖然數學家認為他們的拓樸學定理是反直覺的，但大多數時候我都猜對，原因在於這些定理並不像表面看起來那麼難懂。慢慢的，你便習慣那些細細分割的古怪性質，猜測也愈來愈準了。

不過，雖然我經常給這批數學家找麻煩，他們卻一直對我很好。他們是一群很快樂的傢伙，構思理論就是他們的使命，而且樂在其中。他們經常討論那些「簡單、瑣碎」的理論；而當你提出一個簡單問題時，他們也總是盡力向你說明。

跟我共用浴室的，就是這樣的數學家奧倫（Paul Olum）。我們成了好朋友，他一直想教我數學。我學到「同倫群」（homotopy group）的程度時，終於放棄了；不過在那程度之下的東西，我都理解得相當好。

高中老師因材施教

我始終沒有學會的是「圍道積分」（contour integration）。高中物理老師貝德先生給過我一本書，我會的所有積分方法，都是從那本書裡學到的。

事情是這樣的：一天下課之後，貝德先生叫我留下。「費曼，」他說：「你上課時話太多了，聲音又太大。我知道你覺得這些課太沉悶，現在我給你這本書。以後你坐到後面角落去好好讀這本書，等你全弄懂了之後，我才准你講話。」

於是每到上物理課時，不管老師教的是帕斯卡定律或是別的什麼，我都一概不理。我坐在教室的角落，研讀伍德斯著的這本《高等微積分》。貝德先生知道我念過一點《實用微積分》，因此他給我這本真正的大部頭著作——給大學二、三年級學生念的教材。書內有傅立葉級數、貝色函數、行列式、橢圓函數……各種我前所未知的奇妙東西。

那本書還教你如何對積分符號內的參數求微分。後來我發現，一般大學課程並不怎麼教這個技巧，但我掌握了它的用法，往後還一再的用到它。因此，靠著自修那本書，我做積分的方法往往與眾不同。

結果經常發生的是，我在麻省理工或普林斯頓的朋友被某些積分難倒，原因卻是他們從學校學來的標準方法不管用。如果那是圍道積分或級數展開，他們都懂得怎麼把答案找出；現在他們卻碰壁了。這時我便使出「積分符號內取微分」的方法——這是因為我有一個與眾不同的工具箱。當其他人用光了他們的工具，還沒法找到解答時，便把問題交給我了！

看穿你的心

父親對魔術之類的把戲向來很感興趣，總想知道那是怎麼一回事。他很了解「觀心術」是如何運作的。他小時候住在長島中央，一個叫做帕喬格（Patchogue）的小鎮。有一次，鎮上貼滿了海報，說下星期三，一位觀心術士即將來訪。海報還說，鎮上幾位德高望重的人士，包括鎮長、法官及一家銀行的總經理，會預先將一張五元鈔票藏在鎮上某個地方，到時這位觀心術士會把它找出來。

當觀心術士來到小鎮之後，大家都跑來看他怎麼進行。鈔票是銀行總經理和法官藏的；觀心術士一手牽起總經理的手、另一手牽起法官的手，便往大街的另一頭走。走到一個十字路口時，他拐彎，走進另一條街，然後又走上另一條街，竟走到藏鈔票的房子！接著，他仍牽著這兩個人的手，一起走到這幢房子的二樓，走到正確的房間內，再走到一個櫃子前面，放開他們的手，打開其中一個抽屜，五元鈔票就藏在那裡。整個過程真是戲劇化！

那些年頭，要受到好的教育很不容易，因此觀心術士就被請來當我父親的家庭教師。我父親呢，只不過上了一節課，便問觀心術士鈔票是怎麼找到的。

術士說你只要輕輕的牽著他們的手，一邊走路時一邊略微搖動。當你走到十字路口時，你可以往前、往左或往右走。這時你手稍微往左晃動。如果這方向錯誤，你會感受到某種阻力，因為他們並不預期你會往那個方向走。如果你走對了方向，由於他們下意識認為你可能成功，因此會較易讓路，一點阻力也沒有。所以你必須不斷晃來晃去，檢驗出哪條路最輕鬆。

父親告訴我這個故事時，提到這大概需要很多練習；他自己從來沒有試過這方法。後來，當我在普林斯頓當研究生時，我想拿一個叫伍得瓦的傢伙來做個試驗。有一天，我宣布我是一名觀心術士，能夠看透他在想些什麼。我告訴他，他可以在實驗室內選定某樣物件，然後走出來。實驗室內有很多排的桌子，上面放滿了各種儀器、電路板、工具及其他有用、沒用的東西。我說：「現在我能讀出你心裡在想的事物，把你帶到這物件那裡。」

他走到實驗室內，挑選好一件東西，走出來。我牽著他的手，輕輕晃動。我們走到一排桌子，再走到一張實驗桌前，正正的走到他挑的物件那裡！我們一共試了三次。有一次我一找便找對了——還是藏在一大堆東西之中呢！另一次，我找對了地點，但物件的位置卻差了幾公分的距離。第三次不知哪裡出了些問題。不過，這辦法的效果比想像中好多了，簡直稱得上是容易。

噢，大師！

那以後，大約在我二十六歲時，有一次我和父親一起到大西洋城去，那裡有各種露天的遊樂表演。父親在接洽公事時，我跑去看一個觀心術士的表演。這位術士坐在臺上，背向觀眾，身上穿著長袍，頭裹一條巨大頭巾。他的助手是個小個子，不停在觀眾中穿來插去，口中唸唸有詞的喊：「噢，大師！我這本記事本是什麼顏色的？」

「藍色！」大師說。

「那麼，神明先生，這位女士的名字是什麼？」

「瑪麗！」

有人站起來問：「我的名字叫什麼？」

「亨利。」

我站起來問：「我叫什麼名字？」

他沒有回答。顯然那個亨利是跟他串通好的，但我想不通這個術士怎麼做到其他的把戲？像說出記事本的顏色等。難道他在大頭巾內藏了耳機？

見到父親時，我把這事告訴他。他說：「他們有一套暗號，但我不清楚實際情形怎麼樣。讓我們回去看看是怎麼回事。」

我們回到觀心術士那裡，父親跟我說：「來，給你五毛錢。你到後面那個算命的攤位算算命，半小時後我們再碰頭。」

我知道他要幹什麼。他要跟大法師編個故事，如果我不在旁邊不停的說：「哦！哦！」事情會順利得多，因此他把我支開。

等父親過來找我時，已經把全部的暗號都弄清楚了。「藍色是『噢，大師』，綠色是『噢，無所不知的學者』等等。」父親說：「我跟術士說，以前我在帕喬格鎮做過差不多的表演，也有一套暗號，但我們沒法做多少套把戲，顏色也沒他多。我問他：『你怎麼這樣厲害，能夠傳達這麼多訊息？』」

觀心術士很高興，也很為他的暗號而自豪，居然就把整套祕密告訴了我父親！父親是個推銷員，這種情況他最會應付了，我可沒這種本領呢！

草履蟲・蜻蜓・蟻

我很小的時候就有自己的「實驗室」。當然，如果說要測量什麼或做重要的實驗，那就算不上實驗室了。其實，我只是待在那裡玩而已：我自己做馬達，或者利用光電管做些小玩意，比方說，設計一個小電子玩意兒，有東西在光電管前面晃過時，會啟動另一組零件；我也找來一些矽片玩。總之，我在那裡天馬行空的率性而為。只有在做燈座時，我做過一些計算，看如何利用開關及燈泡來控制電壓。但這些都只能算是應用而已，我還沒真正做過什麼偉大實驗。

我還有一臺顯微鏡，經常沉迷於鏡下的世界；這也需要很大的耐性。我把東西放到顯微鏡下，看個沒完沒了。跟其他人一樣，我看到許多有趣的事物，像矽藻慢慢的從玻片這一頭游到另一頭……等。

一天，我在觀察草履蟲，無意中看到一些在中學、甚至大學課本裡都沒有提到的現象。我經常覺得，這些課本都自以為是的把世界簡化了。他們說：「草履蟲是一種極端簡單的生物，行為更是如此。當牠們碰到其他東西時會退後，轉個角度重新出發。」

但其實不對。首先，許多人也知道，草履蟲有時互相觸碰，交換小細胞核。我感到有趣的是：到底牠們怎樣決定在什麼時候這樣做？（不過這跟我觀察到的事情無關。）

不能盡信課本

我確實看到草履蟲碰到東西之後反彈回來，轉個角度再繼續前進；可是牠們的動作一點都不機械化，不像課本形容的那樣。牠們移動的距離不一，反彈回來的距離也不一，在不同情況下，轉的角度也大小不一；牠們更不一定都向右轉或左轉，一切看起來都是不規律的。事實上，我們並不清楚牠們碰到什麼，更不知道牠們嗅到什麼化學物質。

我想觀察的一個現象是，草履蟲周圍的水乾掉以後，牠會怎樣？據說，草履蟲會變乾、變硬，像顆種子一樣。

於是我在玻片上滴了一滴水，放到顯微鏡下。我看見一隻草履蟲和一些「小草」——對草履蟲來說，這些小草已經像一張巨大的麥稈網了。過了十多分鐘之後，水滴逐漸蒸發，草履蟲的處境愈來愈艱困了。牠前後游動，愈來愈快，直到不能再動，最後牠被卡在「草棒」之間，無法動彈。

然後，我看到一些從未看過、也從沒聽說過的事：草履蟲的樣子變了，居然可以像變形蟲一樣改變形狀！牠緊挨著一根草棒，開始分叉，好像螃蟹的兩根鉗子一般。分到牠身體的一半長度左右，突然牠大概覺得這樣下去沒什麼好處，於是又回復原狀。

因此我的印象是，課本對這些小動物的描述太簡略了。事實上，牠們的行為都不是那樣機械化或沒變化的，這些教科書真應該正確的描述它們才對。而假如我們連單細胞動物的多姿多采，都不大了解，我們就不要奢望能夠明白更複雜的動物行為了。

長腳針來了！

我也很喜歡觀察小昆蟲。大約十三歲時，我讀過一本談昆蟲的書——它說蜻蜓是無害的，也不會叮人。但從小我們就稱蜻蜓為「長腳針」，鄰居都認為被牠們叮到是很危險的；因此，如果我們在外頭打棒球或玩耍時，一有蜻蜓飛近，大家便四散飛奔，找地方躲藏，同時揮手尖叫：「長腳針來了！長腳針來了！」

有一天，我們在海灘上玩耍，一只長腳針飛過來，大家都在尖叫亂跑，我卻在那裡不動如山。「不用怕！」我說：「書上說長腳針不會叮人的！」

牠飛到我腳上，每個人都拚命喊，現場一團糟，只因為這只長腳針「站」在我的腳上。但我這個神奇的科學小子，卻固執的相信牠不會叮我。

也許很多人以為，最後我被叮了——不！這次書上說對了。但我可真的嚇出一身冷汗。

那時候，我還有一臺小小的玩具顯微鏡。我把裡面的放大鏡拿下來，利用它來觀察周圍的事物。在普林斯頓當研究生時，我還經常把這片放大鏡放在口袋裡。有一次無意中拿出來，觀看正在常春藤旁爬來爬去的螞蟻，一看之下，不禁興奮得大叫起來。那裡有一隻螞蟻和一隻蚜蟲。蚜蟲是一種害蟲，可是螞蟻都會來照顧牠們。如果蚜蟲寄生的植物開始枯萎，螞蟻便把蚜蟲搬到別的植物上。在這個過程中，螞蟻也有好處，就是從蚜蟲身上取得稱為「蜜露水」的蚜蟲汁。這些我都知道，因為父親告訴過我，但我從來沒親眼看過。

我看到的情形是：一隻螞蟻走到蚜蟲旁邊，用腳拍牠，在蚜蟲全身上下拍、拍、拍，真是有趣極了！接著，蜜露水便從蚜蟲背部分泌出來；在放大鏡之下，蜜露水看起來像一顆很大、很漂亮、閃閃發光的七彩大汽球。之所以成為球狀，是因為表面張力作用的關係。至於它會發出各種光芒，卻是因為我那玩具顯微鏡並不很好，放大鏡有色差。但總之，那看來真是美極了！

小螞蟻用牠的兩隻前腳，將蜜露水球從蚜蟲背上挪下、舉起來！在牠們這樣微小的世界裡，連水都可以一顆一顆的舉起來！

我猜螞蟻腳上可能有些油膩的物質，因此當牠把水球舉起來時，也不會把球弄破。然後牠用嘴巴把蜜露水球的表面咬破，表面張力便崩潰了，整滴蜜露水就一股腦兒流到牠的肚子裡。整個過程實在太有趣了！

螞蟻如何認路？

我住的宿舍裡有一個凸到外面的窗，窗檻是U字形的。一天，有些螞蟻爬到窗檻上逛來逛去。我突然好奇起來，很想知道：牠們是怎樣找到東西的？到底牠們怎樣知道該往哪裡去呢？牠們能不能互相通報食物在哪裡，就像蜜蜂那樣？牠們對事物的外表有沒有任何知覺？

當然，這些都是外行人才會問的問題，大家都知道答案，只有我不知道，因此我要做些實驗。首先我把一條繩子拉開、綁在窗子的U字形窗檻上，把一張硬紙片摺起來，在上面沾滿糖，然後掛在繩子的中央。這樣做的用意，是要把糖和螞蟻分隔開，使螞蟻不能碰巧找到糖，我要好好控制這個實驗。

接下來，我摺了很多小紙片，這是用來運螞蟻的。紙片放在兩個地方，一些掛在繩上，在糖的旁邊；另一些放在螞蟻出沒的地點。整個下午我就坐在那裡，一邊看書、一邊監視，直到有螞蟻爬到我的紙片上，我便把牠搬到糖那兒。搬了幾隻螞蟻過去之後，其中一隻偶然爬到旁邊的紙片上，我又把牠搬回來。

我想看的是，要過多久其他螞蟻才知道這個找食物的管道。結果是一開始時很慢，後來卻愈來愈快，我運螞蟻運得應接不暇，簡直快發瘋了。

當這一切正在熱烈進行之際，我突然開始把螞蟻從糖那裡送到別的地方去。現在的問題是，牠們到底會爬回去最初的地方，還是會爬到牠剛剛待過的地方？

過了一會兒，我放紙片等螞蟻的地方清閒得很，一隻螞蟻也沒有（如果爬到這些紙片上，經由我的運送，牠們便可以再回到糖那裡）；但在第二個地方，卻有許多螞蟻徘徊找牠們的糖。因此我結論：牠們都爬回去剛剛待過的地方。

另一次，在通往窗檻的糖的通道上，我放了很多顯微鏡玻片，讓螞蟻走在上面。然後，我改變玻片的排列順序，或者是用新的玻片把其中一些舊的替換掉。我證明了螞蟻對物件的外表是沒有知覺的，因為牠們搞不清楚東西在哪兒。如果牠們循著一條路而找到糖，但同時有更短的路可以回來，牠們也永遠找不到這條較短的路。

而重新排列玻片，也清楚顯示了螞蟻會留下一些行跡。接下來，我很容易便安排了許多簡單的實驗，看看這些螞蟻行跡多久會乾掉、是否容易被抹掉等。我也發現螞蟻的行跡是沒有方向性的。如果我撿起一隻螞蟻，轉幾個圈，再牠它放回去，牠往往不知道現在走的方向跟剛剛不一樣，直到牠碰上另一隻螞蟻，牠才曉得走錯了方向。

後來在巴西時，我碰到一些切葉蟻，於是做了同樣的實驗，發現牠們在短距離內分得出自己是向著食物走、抑或走離食物。我猜切葉蟻留下的行跡藏有玄機，可能是連串的氣味系列：氣味A、氣味B、空檔、氣味A……等等。

又有一次，我想讓螞蟻走圓圈。我想這應該不難做到，但我沒有足夠的耐心完成這項實驗。

嗅著同伴氣味回家

這些實驗的困難之一是，我的呼吸會嚇到螞蟻。這一定是從遠古時候，為了逃避某些喜歡吃牠們或騷擾牠們的天敵，而遺留下來的本能反應。我不確定是由於呼吸的溫暖、溼度還是氣味，干擾了牠們。總之，在運送螞蟻時，我得暫時停止呼吸，偏過頭去，以免把牠們搞糊塗或嚇壞了。

我很想弄明白的一件事是：為什麼螞蟻走的路線都那麼直、那麼好看？牠們看來很清楚自己的目的地，好像很有幾何概念似的；但從我的實驗結果看來，牠們談不上有任何幾何概念。

多年以後，我在加州理工學院教書，住在阿拉米達街上的一幢小房子內。有一天，浴盆周圍有一些螞蟻在爬。我跟自己說：「這個機會太難得了。」我在浴盆的另一頭放了些糖，坐在旁邊看了一下午，終於等到有一隻螞蟻找到了糖。（做這項觀察實驗並不難，有耐性就行了。）

一旦螞蟻發現到糖的所在，我就拿起準備已久的彩色鉛筆，跟在牠的後頭畫，這樣便可知道牠走的路線是什麼形狀。

根據以前做過的實驗，我早已知道，螞蟻是不會受到鉛筆痕跡影響的，牠們毫不停頓就走過去；因此我那樣做不會影響到後續實驗的可靠度。不過，由於這隻螞蟻在回家途中好像有點迷路，因此畫出來的路線有點曲曲折折的，不像一般的螞蟻行跡。

當下一隻螞蟻找到糖，開始往回走時，我用另一種顏色的鉛筆來描下牠走過的路徑。值得一提的是，第二隻螞蟻跟隨第一隻螞蟻的回路走，而不是沿著自己來的路回去。我的想法是：當某隻螞蟻找到食物時，牠所留下的行跡要比平常閒逛時，所留下的強烈得多。

這第二隻螞蟻走得很急，大致沿著原來的行跡走。不過由於行跡歪歪曲曲，而牠又走得太快了，因此經常「滑」出行跡之外。但當牠到周圍亂闖時，常常又會找到正確的行跡。總之，第二隻螞蟻走回家的路線，比第一隻螞蟻走的路線直得多。隨著一隻隻匆忙又大意的螞蟻走過這條通道之後，行跡得到了「改進」，愈來愈直了。

用鉛筆跟蹤了八到十隻螞蟻之後，行跡已變成直直的一條線了。這跟畫畫有點像：首先你隨便畫一條線；然後沿著它再畫幾次，一會兒就畫出一條直線了。

我記得小時候，父親告訴過我，螞蟻是多麼奇妙、多麼合群的生物。我也常常仔細觀察三、四隻螞蟻，如何合力把一小塊巧克力搬回蟻穴。有趣的是，第一眼看來牠們確實是效率奇高、合作得很好的小傢伙。但如果仔細看，你會發現完全不是那麼一回事。從牠們的動作來看，巧克力好像是被什麼神奇力量舉起來似的，那幾隻螞蟻各自從不同的方向亂拉，而在搬運途中，其中一隻螞蟻可能還會爬到巧克力上。巧克力不斷搖搖晃晃、左右移動，沒有共同方向——巧克力並不是平順快速的運抵蟻穴的。

巴西的切葉蟻在某些方面很「優秀」，但牠們也有一些很有趣的笨習性。事實上，我很驚訝在演化過程裡，這些習性還被保留下來。切葉蟻要費很大力氣，才在葉片上切割出一條圓弧，拿下一小片樹葉。可是當牠辛苦切割完畢之後，卻有百分之五十的可能性會拉錯地方，使得葉片掉到地上，而不得不重新開始切割另一片葉。

有趣的是，牠們從來不會去撿那些已經被其他切葉蟻下來的葉片。因此很明顯，切葉蟻在這方面並不怎麼精明。

保衛食物櫃

在普林斯頓時，螞蟻還發現了我的食物櫃，找到我的果醬、麵包及其他食物。食物櫃離開窗戶有一段距離，於是經常有這麼一長串的螞蟻雄兵，在房間地板上橫行，向我的食物櫃進攻。這正好發生在我進行各種螞蟻實驗期間，因此我想：有沒有什麼方法阻止牠們侵襲我的食物櫃？當然，我不是指用毒藥之類的方法，因為我們對螞蟻也必須要人道點！

最後，我採用的方法是：首先，我在離牠們進入室內入口處二十公分左右的地方，放了一些糖，但牠們並不曉得這些糖的存在。然後，再度使用我的搬運技術——每當有帶著食物的螞蟻爬到我的運送紙片上，我就把牠帶到糖那裡去。向食物櫃前進的螞蟻，如果爬到運送紙片上，我也把牠撿起來送到有糖的地方。

慢慢的，螞蟻找到了一條從放糖地方走回蟻穴的路，路上的行跡愈來愈強；而原先通到食物櫃的通路，就愈來愈少螞蟻在用了。我很清楚，再過半小時左右，舊路上的行跡就會全部乾掉；再過一個小時，牠們便不會再碰我的食物了。好玩的是，我連地板都不必擦。事實上，我只不過把螞蟻運來運去而已！

第三部

從軍記

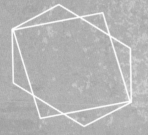

我要報效國家

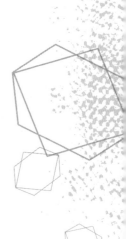

當第二次世界大戰已在歐洲爆發開來，美國仍未正式宣布參戰時，大家開始談論要做好戰爭準備，當個愛國者。報紙上大幅報導，許多生意人自願到普拉茨堡（Plattsburgh）及紐約等地，接受軍事訓練。

我開始想，我也應該有些貢獻才對。這時，我在麻省理工學院兄弟會認識的一個朋友梅爾，已經加入陸軍通訊兵團。大學畢業之後，梅爾便帶我去見陸軍通訊兵團在紐約辦公室的上校。

「上校，我想替國家做點事。我是技術思考型的人，也許有些事可以幫上忙，」我說。

「很好，但你先要去普拉茨堡的軍營接受基本訓練，然後我們才能用你，」上校說。

「難道沒有其他更直接的方法，讓我派上用場？」

「沒有。軍隊就是這樣規定的，按規矩辦事吧。」

走到外面，我坐在公園裡想這件事。我想了又想，覺得也許應該依照他們的方式加入軍隊。但幸好我再多想了那麼一下下，最後決定：「管他呢！我要再等一下。也許出現什麼轉機，讓我能更有貢獻。」

圓了從軍夢

於是我跑去普林斯頓念研究所，到了春季時我再去紐約，向貝爾實驗室申請暑期工作。我很喜歡逛貝爾實驗室。發明半導體的蕭克萊帶著我四處參觀。我記得在一個房間內，有人在玻璃窗上做了許多記號。窗外，可以看到工人正在建造華盛頓大橋，而貝爾實驗室的人一直在觀看工程的進展。當工程人員把橋的主纜索架上時，他們就在窗上依纜索的形狀描下曲線；而當橋梁陸續吊在纜索上、曲線慢慢變成拋物線時，他們記錄下各種細微的差異。這正是我喜歡做的事情。我簡直是崇拜這些傢伙，希望有那麼一天，能跟他們一塊兒工作。

實驗室的人帶我去一家海鮮餐館吃午飯。當他們發現，那天午餐可以吃到牡蠣時，都很高興。住在海邊的我，卻連看也不想看海鮮類食物；我連魚都不敢吃了，更不用說牡蠣。

但我又想：「我應該勇敢些，吃一顆牡蠣看看。」

我吃了，那感覺真恐怖。但我又想：「那還不足以證明我是個男子漢大丈夫。吃第一顆牡蠣之前，你還不知道感覺會有多恐怖，因為在一無所知的情況下吃，還算容易呢！」其他人不斷談論那些牡蠣的味道有多好，於是我再吃了一顆，而這次的感覺，又比上一次恐怖。

這大概是我第四次或第五次造訪貝爾實驗室吧？但這次他們接納了我的申請。我高興極了，在那個年代，要找到能跟其他科學家在一起的工作，並不容易。

另一方面，普林斯頓校園內突然風起雲湧。來自陸軍的楚拉徹將軍，跑來對我們大聲疾呼：「我們一定要聘請物理學家！物理學家對軍隊太重要了！我們急需三名物理學家！」要知道在那些日子，一般人根本不知道物理學家是些什麼東西。例如，連愛因斯坦也被歸為數學家，很少聽誰說需要聘請物理學家的。我想：「這是我報效國家的機會了。」隨即報名替軍隊工作。

我問貝爾實驗室，能不能讓我在暑假時先替軍隊工作；他們說貝爾實驗室也有很多跟戰爭相關的計畫，我要的話可以加入。

不過，當時我正發「愛國熱」，因此喪失了大好機會。事實上，較為聰明的選擇是留在貝爾實驗室。但在那些年代，人很容易愛國愛昏了頭。

第一件差事：研究「恐龍」

我被派到費城的法蘭克福軍械庫，去研究一隻「恐龍」——一部用來引導火炮發射的機械式計算機。當敵機飛過時，炮手利用望遠鏡鎖定它，而這部機械式計算機就靠它的齒輪、凸輪等來預測飛機的航線。這部計算機設計得很巧妙，建造也很精美。它運用的一項重要技巧，是「非圓形齒輪」，也就是說，不是傳統的圓形齒輪；但它們互相咬合，運作良好。由於轉動時，齒輪的半徑會不停改變，因此這個齒輪的轉動，就成為另一個齒輪的函數了。不過，當時這種機械已經日漸沒落，不久，電子計算機便堂堂登場。

至於軍方呢，在說了這麼多關於物理學家的好話後，他們分派給我的第一份差事，卻是按著設計圖查看齒輪造得對不對。這樣做了一段時間之後，負責這部門的傢伙逐漸發現我會的遠不只這些，在很多事情也可派上用場，因此他花在跟我討論問題的時間，也愈來愈多。

法蘭克福有個機械工程師，不停的設計新東西，卻沒有一件成功。有一次，他設計了個箱子，裡面滿滿都是齒輪，其中有一個直徑達二十公分，有六根輪輻伸出來——像隻八爪章魚般的大齒輪。那傢伙很興奮：「老闆，你看這怎麼樣？這設計好不好？」

「很好！」我們的上司說：「現在你只要給每條輪輻加一個『過軸器』，讓齒輪能轉就好了！」原來這位仁兄設計的軸正好卡在兩根輪輻之間！

老闆接著告訴我們，過軸器是真有其事的；原先我還以為他在開玩笑呢。他說那是德國人發明的玩意，用來防止英國掃雷艇掃走他們布置在海底的水雷。這些水雷由纜索固定，懸浮在海底某個深度；有了過軸器，德國水雷的纜索就可以讓英國掃雷艇的纜索通過，就像通過旋轉門一樣。因此，給所有的輪輻安上過軸器是可能的。但其實我們老闆並沒有真的要那位機械工程師這樣做，而是要他重新設計軸的位置。

別讓中尉亂說話

每隔一段時間，陸軍會派一位中尉來查看我們的情況。老闆說由於我們屬民間單位，中尉的地位就比我們任何人都高；因此，「什麼也別告訴中尉，」他說：「一旦他認為他知道我們在做什麼，他就會亂發號施令，把所有事情都搞砸。」

那時，我也在設計一些東西，但當這位中尉跑過來看時，我裝出一副不知道自己在做什麼的樣子，讓他以為我只不過是依令行事。

「你在這裡幹什麼，費曼先生？」

「哦，他們要我沿著各個角度畫一組直線，然後按照這張表，從中心點量出不同距離，再把它們……」

「這到底是什麼東西？」

「我想這是個凸輪吧。」事實上，這個東西從頭到尾都是我設計的，我卻裝出一副別人說什麼，我就做什麼的樣子。

中尉從任何人口中都套不出什麼來；我們就繼續逍遙快活、相安無事的過下去，繼續研究那具機械計算機，不受任何干擾。

有一天中尉跑過來，問我們一個很簡單的問題：「假如負責觀測和追蹤飛機的人，跟炮手不在同一位置，那會怎麼樣？」

大家都嚇了一大跳，因為我們在設計這部東西時，想的都是極坐標——就是說，標示位置時，都是用角度及距離中心點有多遠等。如果我們使用一般的X—Y坐標，中尉的問題便很好解決，計算機只須加加減減便好了。但是用極坐標來處理的話，便簡直是一團糟了！因此，我們拚命防止這位中尉亂說話，要我們做這做那；可是到頭來，他卻說了很有用的話，提醒我們在設計這部機器時忽略的重點。後來我們費了很大的力氣，才解決這個問題。

夏天快結束時，他們分派給我一件真正的設計工作。那時英國發明了用來追蹤飛機位置的儀器，就是「雷達」。每十五秒，雷達會在畫面上出現一點；我要設計的儀器，就是能根據這些點而畫出連續的曲線。這是我頭一次設計這種機器，多少有點膽怯。

我跑去請教一位同事：「你是機械工程師，我對機械工程一竅不通，但我剛接下這份工作……」

「這沒什麼啦，」他說：「來，讓我教你。設計這些機器時，你只要記住兩條規則便行了。首先，每個軸承的摩擦力是多少多少……齒輪咬合的摩擦力又是多少多少。根據這些，你便可以計算出需要多少力，才能驅動它。第二，如果你知道齒數比，比方說二比一，而你在想是否應該採用十比五、二十四比十二、或是四十八比二十四，那麼你怎麼決定呢？你可以翻開《波士頓齒輪目錄》，選擇列在表內中央部分、齒數不多也不少的齒輪便可以了。齒數太多的齒輪很難製造，齒數太少的又很容易斷裂，中庸之道準沒錯。」

後來實際設計那部機器時，我覺得好玩極了，只要挑選列在表內中央部分的齒輪，再利用他給我的兩個數據，我就可以當機械工程師了。

陸軍方面，並不希望我過完暑假就回去普林斯頓繼續修學位，他們不斷跟我灌輸愛國思想，又說如果我願意留下來的話，他們可以讓我獨力統籌計畫，設計另一部稱為「指揮家」的機器。不過，我覺得這項計畫比較簡單，因為在這個設計裡，炮手同樣坐在飛機裡，跟敵機在同一高度飛行。炮手將飛行高度以及跟敵機間的距離估計值，輸進「指揮家」內，「指揮家」就自動將火炮對準敵機，點燃引信。

做為計畫主持人，我必須經常去另一座軍營查閱開火資料；他們已有若干初步數據。而我注意到，在那些戰鬥機經常巡行的高空中，卻少有開火紀錄。當我追問原因時，才發現炮手使用的不是定時引信，而是火藥條引信。這種火藥條引信在那種高度不能發揮作用——它們在稀薄空氣中，「嘶」的一聲就熄掉了。

原先，我以為只要依據不同高度的空氣阻力，加以校正就行了；可是後來我發現，我的任務是要設計一部讓炮彈在正確時刻（換句話說，當火藥條引信熄滅時）爆炸的機器！

我覺得那太困難了，於是打道回普林斯頓。

警犬能，我也能

在羅沙拉摩斯工作期間，一有空檔，我便到阿布奎基（Albuquerque）去探望妻子。當時她已住在醫院裡。從羅沙拉摩斯開車到阿布奎基，只要數小時。

有一次我去看她，但還不能立刻進她病房，我就到醫院的圖書館去看書。我在《科學》期刊上看到一篇討論「大警犬」（bloodhound）的文章，提到牠們的嗅覺是多麼敏銳。作者敘述了他們做過的實驗，像大警犬能夠辨認曾經被人摸過的東西等等。我於是想：大警犬真厲害，不知道我們人類的嗅覺有多靈敏呢？

等探病時間到了，我進去探望妻子，對她說：「讓我們來做個實驗。那邊的六個可樂瓶子（她留下半打可樂空瓶子，等清潔工來拿走），妳這兩天都沒去碰它們了，對不對？」

「沒錯。」

我把空瓶子提到她身邊，完全沒有碰到它們，然後說：「好，現在我到外面去。等我出去之後，妳拿個空瓶，握在手裡兩分鐘左右再放回去。我回來後，看看能不能認出是哪一個空瓶子。」我走出去，她拿起一個瓶子，摸弄了好一會——這已算很久了，因為我不是大警犬！根據那篇文章所說，大警犬甚至能夠辨認出你才剛碰過的東西。

我回去一看，這太明顯了！我甚至聞也不用聞，因為它的溫度跟其他瓶子不一樣，而它的味道聞起來也明顯的不同。如果你把臉湊過去，就會感覺到它的溼氣比其他瓶子重，也較暖。結果實在太明顯了，使得這個實驗失去預期的功效。

然後我看到書架，說：「那些書妳也很久沒看了，對不對？這次，等我出去之後，從上面拿一本書，打開它——妳只要打開一下就好，再把它闔起來放回去。」

我出去之後，她就照我所說，拿一本書，打開、闔起來、放回去。我回來時發現，這一點也不困難，你只要聞一聞那些書便可以了。這很難說得清楚，因為我們平常很少談類似的事，但你只要把每本書放到鼻子上聞幾下，就能夠說得出是哪一本了——它跟其他書有點不一樣：書架上放了很久的書有一種乾乾的、很單調的味道；但如果它被人手碰觸過，它就有一股溼氣，味道也不同。

如大警犬般的嗅覺

我們再做了幾個實驗，我發現大警犬固然是很了不起，但人類也不像他們自認的那樣無能。事實上，這只不過人們的鼻子離地面太高而已！

在家裡，我注意到我的狗能嗅出我的腳印，知道我走過的路，特別是當我光腳的時候。因此我也試著那樣做：趴在地毯上用鼻子嗅，看看能不能分得出我走過、跟沒走過的地方有什麼不一樣？結果卻發現一點也分不出來。因此在這方面，狗確實比我強多了。

許多年以後，那時我剛到加州理工學院不久，有一次參加巴查（Robert Bacher）教授家裡的聚會，學校裡很多人也在那裡。忘記是怎麼開始的了，但我跟他們談到聞空瓶子及聞書本的事情。他們當然一個字也不相信，因為我老是被認為是無中生有的專家；我只好當眾表演一下。

我們從書架上拿下來八、九本書，很小心的避免雙手跟書本直接碰觸，然後我走出去。有三個人分別碰過三本書——他們各自撿起其中一本書，打開、闔上，再放回去。

之後我跑回來，聞遍所有人的手，也聞過了每本書——記不得是先聞手還是先聞書了。我把三本書都找出來，而只認錯了一個人。

他們還是不相信我，以為這是什麼魔術，拚命推敲我是如何把書和人認出來的。事實上，很多人都知道類似的把戲：你在人群中預先安插好同夥，按照他給你的暗號，便可以得知答案。因此他們拚命在猜誰是我的同謀者。

從那時候起，我就想到一個很好的撲克牌魔術。你可以給觀眾一副撲克牌，自己走到隔壁房間，讓他從中抽出一張再放回去，然後你說：「我會把那張撲克牌找出來，因為我是一頭大警犬，我只要用鼻子嗅一嗅這些撲克牌，就可以告訴你，剛才你抽的是哪一張了。」當然，聽了這套咒語似的聲明，他們怎麼也不會相信，實際上你正是要那樣做！

人手的氣味差異很大，那是為什麼狗能辨認出不同的人。你真的應該自己試試！所有的手都有某種潮溼的氣味，吸菸的和不吸菸的手所散發的氣味差異最大；女生的手又往往有化妝品的味道。甚至，如果某人的口袋裡有些硬幣，而他又曾經捏著那些硬幣把玩，你也可以從他的手上聞得出來！

原子彈外傳

常常，當我說「大人物不知道羅沙拉摩斯的另一面」時，我是實話實說。雖然在我的本行來說，今天我算是小有名氣；但在當時，我只是個無名小卒。事實上，剛加入曼哈坦計畫時，我甚至連博士學位都還沒拿到呢。

那時候，我還在普林斯頓念書。有一天，我在房間裡工作，威爾遜（Robert R. Wilson）跑進來，說他拿到一筆經費，要進行一項祕密研究。他又說，本來他是不應該跟任何人透露此事的，但他還是要告訴我，因為他知道，一旦我聽到他要進行的計畫，必定會同意加入。接著他告訴我，他要研究的是如何將鈾的同位素分離出來，最終目的是製造一顆原子彈。那時候，他已經有一套分離鈾同位素的方法（但這和後來正式採用的方法不同），想要進一步發展。然後他說：「有一場會議……」我說我不想參加。

他說：「好，好，會議在三點鐘舉行，我在那裡等你。」

我說：「你把這機密告訴我沒問題，我不會告訴別人，但是我不要參加你的工作。」

我回頭繼續寫我的論文——大概寫了三分鐘，然後我就開始來回踱方步，想這件事：德國有個希特勒，而他們極有可能正在發展原子彈。如果他們趕在我們之前研製成功，那真是一件恐怖至極的事情。最後，我決定三點鐘時還是去參加會議。

到了四點鐘，我已經在一個小房間內，坐在他們替我安排的辦公桌前進行計算，研究這個或那個方法會不會由於離子束的電流不夠而行不通。細節不用談了，總之我坐在桌前拚命計算，好讓那些建造儀器的人能當場做實驗，進行測試。

當時的情形很像電影，還有一套機器「啵、啵、啵」的變大一般。每次我抬頭一看，眼前的景象又不一樣了。那時，大夥都擱下手邊的研究工作，全心投入原子彈的研製任務。戰爭期間，除了在羅沙拉摩斯之外，其他地方的科學研究全都停頓下來了；可是在羅沙拉摩斯那兒根本也談不上什麼科學研究，大部分只能算是研發工程技術罷了。

從各個研究小組運來的儀器，全都組裝在一起，成為一部嶄新儀器——用以分離鈾同位素的裝置。我也把手頭上的工作擱置下來；雖然不久之後，我請了六星期的假，剛好在往羅沙拉摩斯之前拿到博士學位。因此實際上，我在羅沙拉摩斯的地位，也不全然像我剛剛說的那般低。

剛加入曼哈坦計畫時，有不少好玩的經歷，其中之一是跟大人物接觸。之前，我從來沒有見過幾個有名的人物。當時有一個評估委員會從旁指導，最終目的在協助我們挑選分離鈾同位素的方法。委員會中有康普頓（Arthur Compton，一九二七年諾貝爾物理獎得主）、托曼

（Richard Tolman）、史邁斯（Henry D. Smyth）、游理（Harold Urey，一九三四年諾貝爾化學獎得主）、拉比（I. I. Rabi，一九四四年諾貝爾物理獎得主）和歐本海默（J. Robert Oppenheimer）這等人物。

由於我很清楚分離同位素的相關理論，因此他們開會時，我也經常列席，偶爾他們會問我問題，一起討論。一般的討論方式，是有人提出一個觀點以後，另一人（比方說康普頓）提出另一種看法，說應該如何如何。聽來也很合理，然後又有人說：「唔，也許吧，但我們還是應該把這些和那些可能性納入考慮才對。」

因此在會議桌上，往往各有各的意見，互相分歧。最使我驚訝和納悶的，是康普頓不會回過頭去強調他剛剛提出的觀點。最後，會議的主席托曼會說：「好，我們都聽到了這許多意見，我想還是康普頓提出來的方法最好，讓我們照著進行吧。」

這種場面太令我震驚了：這群人——提出一大堆想法，各自考慮不同的層面，卻同時記得其他人說過些什麼，到了最後，又能就哪個想法最佳，做出決定，並綜合全體意見，不必什麼都重複三遍。這些人實在很了不起！

最後的決定，卻是不採用我們所提出的方法來分離鈾同位素。我們獲得通知暫停一切，因為他們要在新墨西哥州的羅沙拉摩斯，實際展開原子彈的建造。我們全都要到那裡參與工作，那裡將會有許多實驗或理論研究。我分到理論的部分，其他人則被編派到實驗部分。

奉命到芝加哥

問題是，現在該做什麼呢？當時，羅沙拉摩斯還沒有準備好讓我們過去。為了充分利用這個空檔，威爾遜想出了許多主意，其中之一是派我去芝加哥，蒐集一切有關原子彈原理與問題的資料。另一方面，在我們自己的實驗室裡，可以開始裝配某些設備或各種計量儀器，一到羅沙拉摩斯便可以立刻派上用場。因此我們沒有浪費一點時間。

我在芝加哥的任務，是跑到各個研究小組那裡，跟他們一起工作一段時間，讓他們告訴我正在研究的題目，直到我充分了解相關的細節，能夠獨力研究下去為止。弄清楚一個題目之後，我便可以跑到另一個小組重新學習，那樣我便會明白所有的細節。

這個主意很好，但我有點內疚。因為他們花了那麼多力氣為我說明問題，我卻在明白以後，轉身而去，沒幫上什麼忙。不過我的運氣往往很好，當他們向我解釋碰到的困難時，我會衝口說出：「為什麼不試試積分符號內取微分的方法？」在半小時後，他們忙了三個月的問題，居然就這樣解決了。因此，靠著我那與眾不同的數學工具，我也做出小小的貢獻。

從芝加哥回來以後，我向大家報告：實驗中釋放出多少能量，原子彈將會是什麼樣子等等。

隨後，跟我搭檔研究的奧倫來跟我說：「如果以後他們拍關於製造原子彈的電影時，裡面會有個小子從芝加哥回來，向普林斯頓的人報告原子彈的原理與實驗細節。但他肯定是西裝革履、拿著公事包，神氣十足。看看你這副模樣，衣服袖口髒兮兮的、隨隨便便的，就在談論這件驚天動地的大事情！」

移師羅沙拉摩斯

羅沙拉摩斯的進度仍然落後，威爾遜乾脆跑去那邊，看看問題到底卡在哪裡。抵達之後，他發現營建公司很費力的把戲院以及其他幾個他們懂得如何蓋的建築先蓋好；可是一直沒有接到指示要怎麼蓋實驗室，像需要多少煤氣管、多少水管等等。威爾遜當機立斷，決定應該怎樣蓋，好讓他們立刻開始施工。

他回來時，我們早已萬事俱備，隨時可以動身，而且等得有點不耐煩了。最後，大家會商之後，決定不管羅沙拉摩斯準備好了沒有，我們先過去再說。

順便提一下，我們都是由歐本海默等人網羅來參加這項工作的，而歐本海默是個很有耐性的人，又很關心大家的個別問題。他很關心我那患了結核病的太太，擔心羅沙拉摩斯附近有沒有醫院等等。這是我第一次跟他做私人接觸，他確實是個很難得的好人。

我們奉命事事都要格外謹慎，比方說，不要在普林斯頓買火車票；因為普林斯頓是個小車站，如果每個人都在這裡買車票去新墨西哥州的阿布奎基，就很容易引起別人注意，大家會猜想發生了什麼重大事情了。因此大夥都到別的地方買車票，除了我。因為我想：如果大家都去別的地方買車票，那麼我就……。

我跑到火車站，說：「一張到新墨西哥州阿布奎基的車票。」售票員說：「噢，那麼這些東西全都是你的囉！」原來我們將一箱箱的儀器從普林斯頓託運到阿布奎基，已經連續好幾個星期了，還希望不要惹人注意呢！因此誤打誤撞的，我的出現反而替這些儀器找到一個合理解釋。

我們抵達時，發現很多建築、宿舍都還未完工，事實上，甚至連實驗室都還沒有準備就緒。我們提早前來，把他們逼慘了，他們只好瘋狂的把附近的牧場房屋全租下來給我們住。起初我們就住在一間牧場房屋裡，早上開車到營區。

第一天清晨，路上的景色使我印象深刻。對於我這個很少出遠門的東部人來說，景色之美實在令人心曠神怡。那裡有你也許在照片中看過的雄偉峭壁。從低處一路往上攀爬，突然登上一個高聳臺地時，會發現景象十分驚人。對我來說，最好玩的是一路上我都在說，也許以前有印第安人在這裡居住過；於是那個駕車的朋友就把車子停下來，帶我繞過一個拐角，為我指出一些印第安人的洞穴。

剛抵達營區時，我注意到有一處以後將會用圍牆圍起來的工作區域，此外還會有一個小鎮，在這些區域外又會有一道更大的圍牆，把整個小鎮團團圍住。不過那時，這些全都在施工中，而我的數學家朋友奧倫（他也是我的助理）站在閘門口，手裡拿著記事板，登記進出營區的卡車，告訴他們什麼東西應該送到什麼地方。

「不，不，你錯了」

跑進實驗室裡，碰到的都是平日聽說過、但從未見過面的人，許多名字只是在《物理評論》期刊裡讀他們發表的論文時才看過。「這是威廉斯，」他們會這樣介紹。然後又有個人從一張滿是藍圖的桌子後面站起來，捲起衣袖，面對窗外大吼，指揮滿載建築材料的卡車應該開往哪裡。換句話說，在房子蓋好、儀器裝置好之前，這些實驗物理學家實在無事可做，於是他們乾脆自己動手，或至少幫忙蓋這些建築。

至於理論物理學家呢，卻可以馬上投入工作。因此後來決定他們無須住在牧場裡，全都可以搬到營區內；之後，我們便立刻開始研究工作。當時牆上連黑板也沒有，只有一塊裝有輪子的黑板，可以推來推去；薛巴（Robert Serber）就用這塊活動黑板，為我們說明他們在加州大學柏克萊分校，所有想到過的原子彈原理及核物理理論。我對這些所知不多，因為我一直都在研究別的東西，因此我必須拚命惡補。

每天我都在研究、閱讀、研究、閱讀，那真是非常忙碌緊湊的時刻。但我的運氣不錯，除了貝特（Hans Bethe，一九六七年諾貝爾物理獎得主）之外，所有的科學巨擘剛巧都不在鎮上。而貝特最需要的，卻是談話對象，因此他要找個人來唱唱反調，看看他的想法是否禁得起考驗。

這一天，他跑到辦公室來，找上我這個小人物說明他的想法，而且爭論起來。我說：「不，不，你瘋了。應該是這樣這樣才對。」貝特便說：「等一下，」然後解釋為什麼不是他瘋，我才瘋了。我們就這樣爭吵下去。要知道，每當我聽到物理的一切時，我便只想到物理，甚至連交談對象是誰都完全忘記，因此我會口不擇言的說：「不，不，你錯了」或者「你瘋了」之類的傻話。但沒料到這剛好是貝特期待的態度，因此我被擢升一級，成為貝特手下的小組長，負責督導四名研究人員。

掀起入宿風波

前面提到，當我剛抵達羅沙拉摩斯時，宿舍還未完工，但是理論物理學家還是得住在營區。起初，他們安排我們住在一座舊男童校舍內，我們全擠在那裡睡雙層床。這樣的安排很不好，因為已婚的物理學家克利斯帝（Robert Christy）和他太太如果要用浴室時，必須先穿過我們的寢室，大家都很不方便。

宿舍終於蓋好了。我跑去分配宿舍的辦事處，他們跟我說，你可以挑自己喜歡的房間。你猜我動了什麼腦筋？我查到女生宿舍的位置，然後挑了一間和她們正對面的房間。不過，後來我發現這個房間的窗外正好有一棵樹，視線全被擋住了！

他們告訴我，每個房間暫時住兩個人，兩個房間共用一間浴室。寢室內設的都是雙層床，可是我不想跟另一個人住在同一房間內。

搬進宿舍當晚，只有我一個人在，我決定獨占那間寢室。當時我太太患了結核病，住在阿布奎基，她有好幾箱衣物在我那裡。我便拿出一件她的小睡衣，把上層床的被子掀開，將小睡衣不經意的丟在上面，又拿出一雙拖鞋，在浴室地板上撒了一些粉，讓房間看起來好像還有其他人住似的。你猜發生了什麼事呢？按規定這是個男生宿舍，但是那天晚上我再回去時，發現我的睡衣整整齊齊的摺好，放在下鋪的枕頭下面，拖鞋則放在床底下。那件女睡衣也疊得好好的，放在上鋪枕頭之下。浴室裡的香粉也已清理乾淨，上層床鋪沒有其他人睡。

第二天晚上，我故技重施，把上鋪弄亂，女用睡衣隨便丟在上面，浴室裡撒些粉等等。一連四個晚上之後，大家都搬進來住定了，他們大概也不會安插一個人來跟我同住，危機於是解除了。在那幾個晚上，都有人替我把房間收拾好，但事實上這是個男生宿舍。

那時我想也沒想過，這件小小詐欺事件會把我捲進一場「政治糾紛」之中。很自然的，營區中出現各種派別：主婦派、機械技工派、技術人員派等。好了，宿舍裡的單身漢和單身女郎覺得他們也應該另組一派，原因正好是因為新近頒布的規定：女生不得進入男生宿舍！這實在是絕頂荒謬，畢竟我們全都是大人了，這是什麼廢話嘛！我們必須採取行動。於是大家針對此事進行辯論，然後我被推舉為出席鎮議會的宿舍代表。

大約一年半後，有一次我跟貝特聊天。那段期間，他一直都在管理委員會裡擔任職務，我告訴他，我利用太太的睡衣和拖鞋，施了詐術。他大笑起來，「原來你是這樣被選進鎮議會的！」他說。事情的經過是這樣的——宿舍的女清潔工打開房門，突然發現出了麻煩：有女生在男生宿舍裡過夜！她向女工領班報告，領班向中尉報告，中尉向少校報告；經過好幾位將軍，最後一路報告到管理委員會。

他們該怎麼辦呢？他們決定要從長計議，就這樣而已。可是在此期間，他們要如何指示少校、少校要如何指示中尉、中尉要如何指示領班、領班又要如何指示女工？「就叫他們把東西放回原位，打掃乾淨，靜觀其變。」到了第二天，他們接到報告說，情況沒變。一連四天，這些高層人物全都憂心如焚，不曉得該怎麼辦，最後他們頒布禁令：女生不得進入男生宿舍內！沒想到這道禁令在基層引起軒然大波，最後還要推舉代表……。

保密防諜？

接下來我想談談羅沙拉摩斯的「保密防諜」。那時候他們實施了一項絕對是違法的做法，就是檢查我們的往來信件。但是他們實在沒有干涉通信的權利。因此他們採用巧妙的方式，美其名為「自願制度」：我們全都「自願」同意寄信時不封口，也同意他們可以隨意拆開寄給我們的信。等他們覺得信件沒問題，才替我們把信件封起來寄出。如果他們覺得有問題，便會把信退回來給我們，附張小便條，說明哪一段違反了我們「協議」內的某條某款。

就這樣，他們很巧妙的在我們這些偏向自由思想的科學家群體裡，建立起一套名目繁多的檢查制度。不過，我們可以批評當局的管理方式，因此如果真有什麼不滿，我們也可以寫信給自己州的參議員，表達不滿。當局答應如果查出什麼問題，會通知我們。

一切都安排好了，保密防諜第一天：鈴……鈴！電話鈴響！

我問：「什麼事？」

「請你來一趟，」我跑去了。

「這是什麼？」

「這是我父親寫來的信。」

「上面都是些什麼？」

那是一張有橫線的紙，線條上下有很多小點——四點在線下、一點在上、兩點在下、一點在線的上方，點下又有點……

「這些是什麼？」

我說：「這是密碼。」

他們說：「是呀，這是密碼，但代表什麼意思？」

我告訴他們：「我不曉得。」

他們問：「如何解碼呢？你怎麼把它翻譯出來？」

我回答：「唔，我不曉得。」

他們問：「這又是什麼？」

我說：「這是我太太的來信，上面寫著TJXYWZTWIX3。」

「那又是什麼？」

我說：「另一組密碼。」

「如何解碼？」

「我不曉得。」

他們火了：「你收到一大堆密件，而你說不曉得如何解碼？」

我說：「答對了。我們在玩遊戲，我跟他們挑戰，說我可以破解任何密碼，明白了沒？因此他們拚命編些密碼寄來，但不告訴我如何解碼。」

信被剪了一個洞

檢查制度中有一條是：他們不能更動來往的信件，因此他們說：「好，請你告訴他們，把解碼方法跟信一起寄來。」我說：「但我不想看到解碼方法。」

他們說：「那麼，到時我們把解碼方法拿掉好了。」

終於達成協議。一切清楚了吧？第二天，我收到妻子寄來的信，信上說：「下筆很困難，因為我總覺……在監視我。」當中那些字被墨跡修正液洗掉了，留下一塊痕跡。

我跑到檢查局去，說：「就算你們不喜歡信的內容，也不應去動它。信你們可以看，但不可以塗改。」

他們說：「別傻了。你以為檢查員會用墨跡修正液？他們會乾脆把字句剪掉。」

我說「好吧」，寫信給妻子時，我問：「信裡有用墨跡修正液嗎？」她回信說：「我沒用過墨跡修正液，一定是（　）……」紙上被剪了一個洞。

我去找負責這些事的少校投訴。當然這滿費時間的，但我覺得有義務替天行道，伸張正義。少校跟我解釋，這些人都是職業檢查員，受的訓練都是那一套，他們並不了解我們新辦法的執行方針。

然後，他說：「怎麼啦，你不相信我的誠意嗎？」

我說：「是，你是很有誠意，但你好像沒有什麼權力。」事實上，他負責這工作已經三、四天了。

他說：「你等著瞧！」他拿起電話筒，一切問題迎刃而解了，他們再沒剪我的信。

但是，還有其他的麻煩。例如，有一天我收到妻子的一封信，上面附了一張檢查員的便條，說：「這封信內有些沒有解碼的密件，我們把這部分拿掉。」

當我去阿布奎基探望妻子時，她說：「咦，我要的東西呢？」

我說：「什麼東西？」

她說：「氧化鉛、甘油、熱狗、乾淨衣服。」

我說：「慢著——那是一張清單？」

她說：「是呀。」

「那就是密碼了，」我說：「他們以為那是密碼！」（她要氧化鉛和甘油的目的，是要調黏合劑，來修她的瑪瑙首飾盒。）

類似事件一再發生，過了好幾個星期，我們才把問題擺平。有一天我在玩計算機，無意中發現一些很特別的事。如果用一除以二百四十三，你會得到〇．〇〇四一一五二二六三三七……這很妙，再算下去，到五五九之後，不規則了，但不久又回復那漂亮的循環。我覺得那很好玩。

於是我把這些數字寫在信裡寄出，它被退回來，上面附了一張便條：參看第十七條第B款。第十七條第B款寫道：「所有信件必須以英文、俄文、西班牙文、葡萄牙文、拉丁文或德文……寫成。使用其他文字必須先取得書面許可。」然後是「不准使用密碼」。

我把信再送出去，附了張紙條給檢查員，說我不覺得這是什麼密碼，因為如果你用一除以二百四十三，你真的會得到那些數字，這些數字別無意義……它們就等於二四三分之一，那並不算什麼情報，因此我要求在信內使用阿拉伯數字。最後這封信順利過關。

和檢查員捉迷藏

信件的往來總是免不了麻煩。比方我妻子就一再提到：檢查信件讓她感覺不安，總覺得有人在背後監視她。

但按照規例，我們不能提及「檢查信件」這回事。問題是，我們不能提，但他們怎樣告訴她不要提呢？他們只好不斷給我送便條：「你妻子又提到信件檢查了。」當然她有提到！最後他們給我一張便條說：「請告訴你妻子，不要在信內提及信件檢查的事。」於是我在給她的信內，開頭便說：「我接到指示，要我通知妳不要在信內提及信件檢查的事。」這封信也被退回來了！於是我寫：「我接到指示，要我通知妻子不要提及信件檢查的事。到底我該怎麼辦呢？而且為什麼我要通知她不要提到檢查信件的事？難道你們有什麼隱瞞著我嗎？」

這真是滑稽極了！檢查員必須告訴我：要我告訴我妻子別告訴我……；不過他們也早有解答了。他們說，沒錯，他們正是擔心信件從阿布奎基寄來半路上被偷了，有人因此發現了信件檢查的事；因此她得幫個忙，表現得正常點。

我下一次去阿布奎基時，我跟妻子說：「我們還是不要提信件檢查的事吧。」不過我們實在碰到太多麻煩了，因此最後我們還是設計了一套密碼（儘管這是走法律邊緣）——如果我在簽名後面加上一點，就表示我惹上麻煩，她便會採取下一步行動，虛構一些故事。她的病讓她整天坐在那裡，也因此想出很多主意來。她玩的最後一個花樣，是剪下一幅廣告寄給我，內容看來完全合法。廣告上說：「給你的男朋友一封『拼圖信』吧！你可以跟我們買切割好的空白拼片，把信寫在上面之後拆開，放在信封內寄給他。」我收到這張廣告，上面附著的便條說：「我們沒空玩遊戲。請指示你妻子使用一般寫信方式。」

我們原本還準備好採用加兩點的密碼，但檢查室「及時」改進，我們這個主意便用不著了。我們的主意是，信的開頭寫：「我希望你開信時要小心，因為我將你要用來治胃病的藥粉寄上。」想像中，檢查室的人會急急忙忙的打開信封，粉末灑滿一地，他們會很氣惱，還要把藥粉清乾淨……但我們不必使用那一招。

玩鬧中點出問題

與檢查員打過不少交道後，我很清楚什麼信件能通過，什麼過不了關——再沒人比我更了解他們了，我還因此跟別人打賭，而贏了錢呢。

有一天，我發現有些住在營區外圍的工人，早上上班時，懶得兜個大圈從圍牆的大門口進來，便取巧的把圍牆的鐵網剪開，從那裡出入。於是我從大門走出去，從那個缺口回到營區，再從大門走出去，從缺口走回來；直到守在大門的憲兵開始注意到我，並且很納悶為什麼這個傢伙只走出去，卻不見他從大門走進來？當然，他的直覺反應是報告隊長，把我送進監房。我告訴他，圍牆上有個洞。

你瞧，事實上我經常在幫別人改正錯誤。回到打賭的事情上，我跟別人打賭可以把圍牆上有破洞這件事，寫在信上寄出去，而我也真的贏了。我的寫法是，「你應該來看看他們管理這地方的樣子（這我們可以說），離開某某地方二十公尺的地方有個大洞，洞口有這麼這麼大，人也可以走過去呢……」他們該怎麼辦呢？他們不能對我說那裡沒有洞。那裡有洞是他們倒楣，他們應該做的是把它修好。因此我的信便順利通過檢查了。

在另一封信中，我談到我的小組中，一個叫凱梅尼（John Kemeny）的小夥子，如何被軍方的笨蛋在半夜裡叫起來審問，只因為他們發現，他父親好像是共產黨或什麼其他小事。凱梅尼今天已是大大有名的人了。

還有很多其他的保密防諜小事，跟圍牆上的「洞口事件」一樣，我總喜歡用間接的方式指出其中問題。其中之一是，一開始我們就有很多機密資訊。我們取得了許多研究成果：關於原子彈的及鈾的都有；所有資料全放在一些木頭檔案櫃內，櫃子只用一般的小掛鎖鎖上，頂多是由技工加造一條橫栓，最後還是只用一個小鎖鎖上。如此連鎖也不必打開，就可以把文件拿出來了！你只要把檔案櫃往後斜放，最下面的抽屜有一根小鐵棒，棒上裝了一塊可以移動的硬隔板，是幫忙固定文件用的；抽屜底部有一條長長寬寬的縫，一伸手就可以把文件抽出來。

我經常偷偷把鎖撥開，也告訴他們這是多麼容易的事。每次開會時，我都會站起來說，我們不應該把這麼重要的機密，放在這麼差勁的木頭檔案櫃裡，也需要更好的鎖。有一天，泰勒（Edward Teller，氫彈之父）在會議中回答我說：「我沒有把最重要的機密文件放在檔案櫃裡，我都把它們放在辦公桌的抽屜裡。那樣是不是比較好？」

我說：「我不知道，我沒看過你的辦公桌抽屜是什麼樣子。」

泰勒坐在會場的前排，我則坐在較後方。於是當會議繼續進行時，我就偷溜出去，跑去看他的抽屜。一看，我就知道連抽屜的鎖都不用打開——你只要把手伸到抽屜背後，就可以把抽屜裡的文件，像抽衛生紙一樣全都拿出來。我拿出來一張、又拿一張，一直把整個抽屜都掏光。我把文件全堆在旁邊，然後跑回會場去。

會議剛好結束，大家魚貫離開會議室。我擠進人堆裡，追上泰勒，問他：「噢，對了，順便讓我看看你的抽屜吧。」

「好啊，」他說，帶我到他的桌子旁。

我看了它一眼，說：「這看來很保險嘛。讓我們看看你裡面放了些什麼東西？」

「我很樂意讓你看，」他說，一邊用鑰匙把抽屜打開。「如果，」他說：「你還沒有偷看過的話。」想捉弄像泰勒那麼聰明的人的麻煩是：從他發現有異狀，到他弄清楚實際發生了什麼事，時間之短，讓你還來不及得意一下！

不像炸彈的炸彈

我在羅沙拉摩斯碰過一些很特別、很有趣的問題。其中一個是跟田納西州橡樹嶺（Oak Ridge）實驗室的安全問題有關。羅沙拉摩斯是負責製造及裝置原子彈的地方，但橡樹嶺則負責將鈾二三八及鈾二三五（會爆炸的那種）分離開來。那時他們才剛開始從實驗中提取出一點點的鈾二三五，同時加緊摸索和練習相關的化學程序。將來他們會建一座大工廠儲存鈾，此外，他們也會將已提煉過的鈾拿來再提煉，供進一步加工。因此他們一方面練習，一方面從實驗中取得微量的鈾二三五，學習分析方法，以斷定樣品中鈾二三五的含量。而雖然我們已經把步驟說明送去，他們仍沒法把握住要領。

最後，賽格瑞（Emilio Segrè，一九五九年諾貝爾物理獎得主）說，唯一的辦法是讓他去橡樹嶺看看實際狀況。軍方人員說：「不行，我們的政策是羅沙拉摩斯的資料，必須留在羅沙拉摩斯。」

橡樹嶺的人根本不曉得那些東西是做什麼用的，他們只知道自己必須做什麼。我的意思是，那裡的高層人士當然知道他們在分離鈾，但他們完全不知道這個炸彈的威力有多大，或者是它的實際運作原理；而底下的人呢，根本不曉得自己在做什麼。軍方也很想維持現狀，因此兩地之間根本沒有資訊的流通。可是賽格瑞堅持說，橡樹嶺的人老是沒把分析做對，再這樣下去，整項計畫都會泡湯。終於他獲准跑去橡樹嶺，去看看他們的工作情形。在那裡，他看見工作人員用手推車，推著一大桶綠色的水走來走去，那是硝酸鈾溶液。

賽格瑞問：「呃，這些溶液經過再提煉之後，你們也是這樣推來推去嗎？」

他們說：「當然是這樣搬，為什麼不可以？」

「它不會爆炸嗎？」

「嗯？爆炸？」

於是軍方人員說：「你看！我們不該讓任何訊息洩露出去！現在他們全都不高興了！」實際的情形是，軍方確實了解造一顆原子彈需要多少材料——二十公斤左右；不過他們覺得，在廠房內不可能出現這麼多經過提煉的鈾原料，因此絕不會有危險。然而他們不知道的是：在水中，中子運行速率較慢，但「效力」更加強大。在水裡，只要十分之一——不，百分之一的原料，就足以引起連鎖反應，造成輻射，危害周圍的人。這絕對是很危險的，但他們從來沒有注意過相關的安全問題。

歐本海默迅速以電報給賽格瑞下令：「檢查全廠。按照他們的工作程序，注意材料集中之處。同時我們會計算可以把多少材料放在一起，而不致引起危險。」

兩組人立刻展開計算。克利斯帝那一組計算水溶液，我的小組則計算材料製成粉末及裝箱後的情形。按照原來的計畫，克利斯帝會到橡樹嶺告訴他們情形如何。現在情勢已十分危急，我們必須派人過去了。我把計算所得的數據全交給克利斯帝，輕鬆愉快的跟他說：「數據都齊全了，去吧。」但克利斯帝卻突然得了肺炎。結果變成我去。

五分鐘內做出大決定

我從來沒坐過飛機；另一件新鮮事，是他們把機密藏在一個小東西裡綁在我背上！那時候的飛機有點像公車，只不過這站跟下一站離得比較遠而已，偶爾飛機會「停站」等候。

在等飛機時，有個傢伙站在我旁邊，手裡拿著條鍊子晃來晃去，一邊嘮嘮叨叨：「這些日子，沒有優先權的人大概都拿不到機位。」我忍不住了，說：「我不知道，我是有優先權的人。」

過了一會，他又來了。「有些將軍要來坐飛機，我們大概會被放到第三順位了。」

「沒關係，」我說：「我是第二順位。」

我經常想，那傢伙後來大概寫信給他的眾議員（如果他不是眾議員的話），說：「戰爭期間，他們幹嘛給這個小孩第二順位？」

總之，我安全抵達橡樹嶺。到達的第一件事，我要他們帶我去廠房看看，一路上我默不作聲，拚命觀察。我發現情況比賽格瑞所報告的還要嚴重，因為儘管他注意到某個房間內堆了很多箱子，但他沒注意到在隔壁房內——即同一面牆的另一邊，也堆了很多箱子，但這樣一來，箱子還是放得太近，到了某一個量時，便會發生危險。

我仔細檢查了工廠的每個角落。我的記憶力並不算好，但當我全神貫注工作時，我的短期記憶倒是很好，因此我記下來一大堆古裡古怪的東西，例如編號九〇—二〇七號建築等。

當天晚上，我在寢室裡檢討整件事，弄清楚哪裡是危險地帶，應該採取什麼補救措施。事實上那並不困難，只要在水溶液中加進鎘，把中子吸收掉便可以了。另一方面，他們也可按照某些規定，讓箱子不要放得太密集，便不會有危險。第二天，我們將舉行一場大會議，討論相關事項。

在我離開羅沙拉摩斯之前，歐本海默對我說：「在橡樹嶺那邊，韋伯以及某某、某某都是深切了解技術問題的人。舉行會議之前，你必須確定這些人全部列席，這樣當你告訴他們如何確保安全時，橡樹嶺的人才不會搞錯。」

我說：「假如他們沒有列席呢？我能怎麼辦？」

他說：「那麼你就說：羅沙拉摩斯無法承擔橡樹嶺的安全問題，除非……！」

我說：「你的意思是，我這個小人物理查，跑到那邊說除非……？」

他說：「是的，小理查，你就那樣做。」我長得真快呢！

到達會場時，沒錯，工廠的大人物和我希望列席的技術人員都在場了，甚至許多將軍以及對這些問題有興趣的人也來了。這是個好現象，因為如果沒人關心這些問題，廠房到最後會爆炸的。

負責照顧我的是中尉森瓦特。他告訴我，上校說我不應該告訴大家，中子如何運作等細節，因為他們要把一切權責分得清清楚楚，以便管理；因此只要指示他們如何確保安全，便夠了。

我說：「我認為，除非他們明白一切如何運作，否則單要他們服從一堆規則，是件不可能的事情。我認為唯一可行的做法，是告訴他們細節。羅沙拉摩斯無法承擔橡樹嶺的安全問題，除非他們充分了解一切如何運作！」

這句話有效極了。中尉把我帶去見上校，重複了我的話。上校說：「給我五分鐘。」然後走到窗口，站在那裡沉思。那是他們最在行的事情了——做決定。我覺得，像原子彈如何運作的資料，應不應該在橡樹嶺內流傳之類的大事，居然要在五分鐘內、而且也能夠在五分鐘內做出決定，實在是非常了不起。我對這些軍方人士佩服萬分，因為不管有多少時間，我還是無法做任何重大決定。五分鐘後，他說：「好吧，費曼先生，講吧。」

會議開始，我告訴他們一切關於中子的詳情，這裡有太多中子了，你們必須把東西分隔開，鎘可以吸收中子，慢中子比快中子作用更大……等等。這些在羅沙拉摩斯全都是最基本的常識，但這些人從未聽過；因此在他們心目中，我竟然成了天才！

結果是，他們立刻成立各種小組，進行計算和練習怎麼做。他們重新設計廠房內部，把原來設計廠房的建築師、相關的營造商、工程師、以及化學工程師全都找來，一起設計新廠房，把材料分隔開來。

你完全正確，先生

他們要我數月後再跑一趟。因此當工程師完成廠房設計後，我再到橡樹嶺——這次是看看重新設計好的廠房。可是，工廠還沒蓋呢，我要怎麼個看法？我不知道。在橡樹嶺，無論我走到哪裡，都必須有他們的人陪伴在旁。這次，森瓦特中尉帶我去一間大辦公室，裡面有兩位工程師、以及一張很長很長的桌子，上面鋪滿了設計好的廠房藍圖。

我在中學時學過機械繪圖，但看藍圖我並不在行。他們把藍圖攤開來，向我逐步說明，以為我真的是個天才。

事實上，他們需要避免的是材料過量堆積。例如，有蒸發器的地方就會出現問題。蒸發器會積存材料，如果它的閥門卡住了或別的地方出了毛病，材料累積太多，就會爆炸。這兩位工程師向我說明，在新設計裡，任何一個閥門卡住也不會發生什麼事故，各部分起碼都有兩個閥門。

接著他們說明整個運作原理：四氯化碳從這裡進來，硝酸鈾從這裡流到這裡，往上，往下，沿著管道跑到上面的樓層，咕嚕咕嚕——走過一整疊的藍圖，上——下——，上——下……他們說得飛快，解釋的又是十分複雜的化學工廠。

聽得我頭都昏了。更糟的是，我又看不懂藍圖上的符號究竟代表什麼！有個正方形、中央有個小十字的符號，在藍圖上隨處可見。起先我以為它代表了窗口，但它不可能是窗戶，因為它都不是位在建築物的邊緣。我很想問他們：這到底是什麼？

你大概也曾陷進過這種沒有適時發問的窘境吧！如果一開始就發問，便什麼問題也沒有了，可是現在他們說的已經多了那麼一點點，我也猶豫得太久了。如果你問他們到底在說什麼，他們會說：「為什麼不早問？白白浪費了我這麼多時間？」

我怎麼辦呢？我靈機一動：也許它真的是個閥門呢。我指著第三頁藍圖上，其中一個神祕的十字符號，說：「如果這個閥門卡住，會發生什麼事情？」心裡預期他們會說：「這不是閥門，先生，這是個窗口。」

他們之中的一人看著另一人，說：「嗯，如果這個閥門卡住了……」對著藍圖從上看到下，從下看到上，另一個工程師也從上看到下，從後面看到前面；然後他們互相對看，轉過頭來向著我，嘴巴張開，好像兩條驚嚇過度的魚般，說：「你說的完全正確，先生。」

於是他們捲起藍圖離開，我們一起走出房間。一直在旁的森瓦特說：「你真是個天才。上次你在廠房內走一趟，第二天早上隨口提起第九〇—二〇七號建築的C—二一一號蒸發器，我就覺得你是個天才了，」他說：「剛剛你的表現是那麼的傑出，我很想知道你是怎麼做到的？」我告訴他，我要做的只是弄清楚那是不是閥門。

不輸IBM的人力計算機

我曾經著手研究過另一個問題，當時，我們要處理很多計算，而我們使用的是瑪燦特計算機。讓我順便談談那時羅沙拉摩斯的景況：瑪燦特計算機是手搖式的。你用力推，它就能加減乘除——當然沒有現在的計算機那麼方便。它們全是機械裝置，經常發生故障，壞了要送回原廠修理；而隔沒多久，所有計算機都在廠裡，我們就無機可用了。於是我們有些人便開始把機蓋掀開，自己動手修理。按照規定這是不行的，他們說：「自行掀開機蓋者，後果概不負責……」但我們自行把機蓋掀開，而且還學會了怎樣修理這些計算機，修得愈多，手藝愈精。碰到一些太複雜的狀況時，我們才把計算機送回原廠去，一切計算工作才得以繼續進行。最後我發現，所有計算機都是我們在修，負責機械修理的那位仁兄，只修打字機。

總之，後來我們覺得最大的問題所需要的計算工作（也就是準確算出原子彈爆發時究竟會出現什麼狀況，從而知道釋出多少能量），遠超過我們的能力。有個名叫法蘭科（Stanley Frankel）的聰明小夥子想到，也許可以使用ＩＢＭ計算機來進行這方面的計算。那時ＩＢＭ製造了用在商業上的計算機，像把數字加起來列出總和的「加數機」，或是從你插入的資料卡片上讀出其中兩個數字來相乘的「乘數機」；此外還有「校勘機」和「分類機」等等。

法蘭科想出一套很好的方案：我們可以在同一房間內放很多這類機器，然後讓卡片逐一通過這些機器。今天，任何需要做數字計算的人，都會明白我在說什麼，但在當時這還是很新的想法，還沒幾個人想到用機器做大量計算。之前我們試過利用加數機做過類似的計算，例如放一堆加數機在那裡，加完一些數字後傳到另一部加數機那裡，進行下一步的計算，所有事情都自己來。

但新方案是首先你走到加數機那裡，再走到乘數機，再用加數機……。我們都覺得這是個很好的方法，於是法蘭科設計好整套程序，跟ＩＢＭ訂了機器。

這些機器經常需要維修，軍方也會派專人來修理機器。但他們總是姍姍來遲，而我們永遠是急急忙忙，每件事都十萬火急，這次也不例外。我們已經設計好所有計算程序，乘這數，然後這樣，再減那個數……，也弄清楚需要哪些工具，但我們沒有任何機器來測試這些想法。終於，我們找了一些女孩子來幫忙。我們給她們一人一部瑪燦特計算機：這位負責乘數，下一位負責加數，另一位負責立方──她的工作就是算出卡片上數字的三次方，再交給下一位女孩。

我們把整套程序從頭到尾一遍一遍的演練，直到正確無誤。結果發現，這種分工計算的方法，要比單獨一個人從頭算到尾的方式，快了不知多少倍！而我們這套作業方式的速度，已等於使用IBM機器的速度了，唯一的分別是，IBM機器不會疲倦，一天能連續三班不停工作，可是我們雇來的女孩沒多久就全累倒了。

總之，我們用這方法把作業系統內的缺點，全糾正過來；最後機器也送到了，但維修工人還是沒有出現。這些機器屬於當時的最新科技，結構十分複雜，體積龐大，是拆開分件裝箱送來的，還附了很多電線和說明如何安裝的藍圖。法蘭科、我、以及另外一個傢伙，一起把它組裝起來，其中碰到不少困難，但最大的困難，是那些大人物不停的跑進來說：「你們會把它弄壞！」

小心電腦病

我們繼續把機件裝置好，它們有時操作良好，有時卻因為什麼弄錯了，而出問題。後來當我在弄一部乘數機時，注意到裡面有一個零件彎掉，但我不敢把它弄直，因為害怕把它弄斷。而那些大人物一直都在嘮叨，說我們早晚會把什麼東西搞砸。終於，維修工人出現了，立刻把我們沒有弄對的機件一一裝妥，一切就都運作良好；除了那部我一直沒法弄好的乘數機。三天之後，他還在跟那最後一部機器奮鬥。

我跑去看他，說：「哦，對了，我有注意到這裡有點彎曲。」

他說：「噢，當然，就是它了！」他用力一扭，機器全好了，就那麼簡單。

至於法蘭科呢，這個「程式」是他發明的，但這時候他卻跟所有後來的電腦使用者一樣，患上了電腦病。這是一種很嚴重的病，甚至干擾到正常工作的進行了。電腦的麻煩，在於你會跟它「玩」。它們是那麼的有趣——所有的按鈕都在你掌握之中，你這樣弄，得到某個雙數，那樣弄，就是單數。不久之後，只要你夠聰明，能計算的東西便愈來愈多。

可是不久之後，我們的系統也崩潰下來了，因為法蘭科無法專心工作，更沒用心督導其他人。計算系統運行得很慢很慢，他卻坐在房間內，思索如何能讓列表機自動算出角度的反正切值。好了，列表機開始動作，畫出一行行的線，發出「嗖！嗖！嗖！」的聲音，一邊畫一邊計算積分值，然後把所有角度的反正切值列出來，一次完成。

這絕對是沒用的事情，因為我們早已有反正切函數表了。但如果你用過計算機，你就會充分了解這種病——發現自己有多能幹的喜悅。這是他第一次感染上這種病症，好笑的是，那套系統卻剛好是這個可憐蟲創造出來的！

終於，他們要我停下手邊工作，負起督導ＩＢＭ小組的責任，我很小心不讓自己染上那種病。雖然九個月以來，他們只解決了三個問題，小組成員的素質卻很高。真正的問題是，從來沒有人告訴他們任何事。軍方透過稱為「特遣工程師」的計畫，從全美各地挑出具有工程才能的高中生，送到羅沙拉摩斯來，安排他們住在營房裡，卻什麼也不告訴他們。

脫胎換骨

這些青年就這樣開始上班了，他們的工作呢，卻是在這些ＩＢＭ機器的卡片上打洞，計算一些他們不知所為何來的數字，因此他們的進度非常慢。當下我建議，這些技術人員必須知道我們究竟在做什麼。於是歐本海默去跟安全人員商討，獲得特別許可，我便給他們好好上了一堂課。他們全都興奮極了：「原來我們在參加作戰！我們明白這是怎麼一回事了！」現在這些數字對他們都別具意義了。如果計算出來的壓力值較高，那麼被釋出的能量也相應增加……等。他們充分明白自己在做什麼了。

他們簡直是脫胎換骨了！大家開始發明新方法，把工作做得更好，也改良了整個系統。他們更自動自發，晚上加班，完全不需要任何監督；事實上，現在他們什麼也不需要了，因為他們明白一切，後來還發明了幾套很有用的程式。

這批小夥子真的變得很了不起。而從頭到尾，我要做的只不過是告訴他們，這究竟是怎麼一回事。結果，雖然前面他們花了九個月，才完成三個問題；我們後來卻在三個月內解決了九個題目，效率幾乎提升到十倍之多！

不過，我們有很多祕密武器，其中之一是利用不同顏色的卡片。我們的作業方式，是一大疊卡片需要繞場一周。先加、再乘，就那樣走遍房間內的每一部機器，一圈又一圈的繞，很慢。因此我們想到，將另一組不同顏色的卡片放進計算循環中，但這組卡片跑的比前面一組稍微慢一點。這樣一來，我們可以同時進行兩、三項計算。

然而，這也帶來了麻煩。舉個例子，戰爭接近尾聲，就在原子彈於阿布奎基南邊正式試爆之前，大家面對的問題是：究竟爆炸時會釋放出多少能量？不錯，我們計算過各種不同設計所釋出的能量，可是從來沒有就最後採用的那種設計，計算到底會有多少能量釋放出來。克利斯帝跑來跟我說：「我們要知道這東西會怎樣爆發，希望能在一個月內拿到計算結果。」——確切的時限記不得了，也許是三星期，總之是很短的時間。

我說：「這是不可能的事。」

他說：「看，現在你們一個月差不多交出一、兩個問題。那等於說，兩、三星期便可以解決一個問題啦。」

我回答說：「我知道。不過我們實際花在一個題目上的時間，沒有那麼短，只不過我們用平行的運算方式而已。整個操作過程很費時，我們沒辦法跑得更快了。」

他離去後我開始想，到底有沒有辦法加快運算速度呢？假如我們全力處理一個問題，所有機器不受其他干擾，結果會怎樣？我在黑板上大大的寫了「我們做得到嗎？」向這些小孩下挑戰書。他們開始高喊：「可以，我們多輪一班，我們加班工作！」他們不停的叫：「我們要試！我們接受挑戰！」於是我們約法三章：其他計算一概暫停，我們全力以赴，只處理這個題目。大家立刻開始行動！

面對阿琳的離去

那時候，我太太阿琳正患了淋巴腺結核病，病情實在嚴重，看起來隨時會出什麼狀況。因此我預先跟宿舍裡的一個朋友商量好，有急需時便借用他的車，好能夠迅速趕到阿布奎基去看阿琳。那位朋友名叫法奇，後來發現原來他是一名間諜。他就是用他的車子把羅沙拉摩斯的原子彈機密帶到聖塔菲（Santa Fe）去，但當時沒有人知道這些事。

緊急情況發生了。我開了法奇的車，路上還載了兩個搭便車的，以防途中車子出了什麼問題，也可有個幫手。果然，我們才開到聖塔菲時，一個輪胎就破了，他們兩人幫我一起把備胎換上。而當我們要離開聖塔菲時，另一個輪胎也破了，我們只好把車子推到附近的加油站。

加油站的人正在修理另一輛車，看來要等很久，才會輪到我們。我根本沒想到要說些什麼，但這兩位乘客跑去跟加油站的人說明了我的狀況。很快的，他就替我換上新輪胎。但我們再沒有備胎了。在戰時，車胎是稀有物質，取得不易。

離阿布奎基還有五十公里，第三個輪胎也爆了。我乾脆把車子停在路邊，大家一起攔便車到目的地。我又打電話給修車廠，請他們把車子拖去修理，一方面趕去醫院看阿琳。

在我抵達醫院數小時後，阿琳去世了。護理師進病房來填寫死亡證明書，然後離開。我陪著阿琳又過了一會兒，無意中看到我送給她的鬧鐘。那是七年前的事情了，當時她才剛感染上結核病。在那些日子裡，這種數字鐘算是很精巧的東西，它利用機械原理，能夠顯示數字。由於它結構極為精巧，因此很容易故障，隔不多久我便須動手修理一下；但多年來我還是沒把它丟掉。這次它又停擺了，停在九點二十二分，剛巧是死亡證明書上記下的時間！

記得在麻省理工念書時，有一天在兄弟會宿舍裡，無緣無故的心電感應，覺得祖母去世了。緊接著電話鈴聲突然響起，不過電話不是打給我的，祖母還健在。這件事讓我印象深刻，經常惦著也許有一天，別人會告訴我結局相反的故事。我想那也很可能碰巧發生，畢竟那時祖母已經很老了。當然，如果真有那樣的事，很多人會認為是某種超自然的現象。

阿琳生病期間，一直把那只鐘放在床邊，它卻剛好在她去世的那一刻停頓。我明白，那些對這類事情疑信參半的人，在這種情況下，不會立刻去研究事情的真相，他們會認定沒人碰過那時鐘，事情無法解釋。而鐘確實停了，確實可以算是一件驚人的超自然案例。

不過，我注意到房間的燈光很暗，我甚至記得護理師曾經拿起鐘來，迎著光以看清楚一點，那很容易就把它弄停了。

我到外面走了一會。也許我在騙自己，但我很驚訝，自己竟然沒有感覺到一般人在這種情況下應有的感覺。我並不愉快，也沒有覺得特別難受，也許那是因為七年來已有心理準備，這件事早晚會發生。

我不曉得如何面對羅沙拉摩斯的朋友。我不想別人愁眉苦臉的跟我談這件事。回去之後（路上又爆了一個輪胎），他們問我發生了什麼事。

「她過世了。工作進行得怎麼樣？」

他們立刻明白，我不想鎮日沉埋在哀傷裡。很明顯，我對自己做了心理建設：正視現實是那麼重要。我必須慢慢釐清發生在阿琳身上的是怎麼一回事，以致於一直到好幾個月之後才哭出來。那時我在橡樹嶺，剛巧路過一家百貨公司，看到櫥窗內的洋裝，心想阿琳一定會喜歡其中一件，就再也按捺不住了。

小鬼當家

我重新投入計算工作時，發現情況一團糟。那裡有白色的、黃色及藍色的卡片。我說：「你們不是應該只做一個題目嗎？只能做一個題目！」他們說：「出去，出去。等一下，讓我們說明一切。」

原來事情是這樣的。卡片通過機器時，它們有時會出錯，又或者數字打錯了。從前碰到這種情況時，我們都得重來一遍。可是他們發現，在某一輪的計算中出的錯誤，只會影響到鄰近的數字，但下一輪計算中它會影響到某些數字，以此類推。例如，你一共要處理五十張卡片，第三十九張發生錯誤，而影響到第三十七、三十八及三十九這三張卡片。到了下一循環，受影響的卡片是第三十六、三十七、三十八、三十九及四十這五張。然後，錯誤就像瘟疫般蔓延開來。

有一次他們發現前面出了錯誤，想到一個辦法，那就是只重新處理在錯誤前後的十張卡片。十張卡片通過機器所需的時間，要比五十張少多了，因此當那有「病」的五十張卡片還在跑的同時，他們讓這十張快速通過，然後再把正確的卡片插回去，一切便回復正常了。十分聰明。

他們就用這種方法加快速度。事實上也別無他法了，如果他們碰到錯誤就停下來補救，進度一定落後。當然，你知道就在他們忙得不可開交時，發生了什麼事：他們在藍色的一疊卡片內發現有錯，因此他們加進去一小疊黃色的卡片，它們比藍色的一疊運行快多了。而弄完這個錯誤，他們還要處理白色的卡片……就在這緊要關頭，我這當主管的跑進來了。

「不要來煩我們，」他們說，我再也沒去煩他們。一切順利，我們如期繳出答案。

不怕大人物

剛開始時，我只是個無名小卒，後來我當了小組長，因此見過一些偉大人物。一生之中最令我振奮的經驗之一，就是碰到這些光芒四射的物理學家。

當然，其中包括了費米（Enrico Fermi，一九三八年諾貝爾物理獎得主）。有一次他從芝加哥南下；那時我在研究一個題目，也得到了一些結果，可是牽涉到的計算十分複雜困難。通常我是這方面的高手：我總是能預測答案會是什麼，又或者解釋為什麼會得到某些答案。可是這個題目太複雜了，我簡直無法解釋為什麼得到那樣的答案。

我們舉行了會議，告訴費米我的困難，然後開始描述我得到的結果。他說：「等一下，在你告訴我答案之前，讓我先想想。它應該是如此這般（他對了），然後因為這樣跟這樣，答案便變成這樣這樣，最明顯的解釋是……」

他做的就是我最在行的事，但他比我高明十倍。那真是印象深刻的一課！

還有就是偉大的數學家馮諾伊曼。我們經常在星期天一起散步——通常是在附近的峽谷中，同行的還有貝特及巴查，那是很愉快的經驗。馮諾伊曼教會了我一個很有趣的想法：你不需要為身處的世界負任何責任。因此我就形成了強烈的「社會不負責任感」，從此成為一個快活逍遙的人。大家聽好了，我的不負責任感全都是由於馮諾伊曼在我思想上撒下的種子而起的！

我也跟波耳（Niels Bohr，一九二二年諾貝爾物理獎得主）會過面。那時候，由於受到德國納粹的威脅，他化名為貝克，跟他一起的是兒子吉姆．貝克，本名是奧格．波耳（Aage N. Bohr，一九七五年諾貝爾物理獎得主）。他們從丹麥過來，都是大大有名的物理學家。對很多大人物而言，老波耳就像上帝一般偉大。

老波耳第一次來時，我們開了一次會。大家都想一睹偉大波耳的風采，因此很多人都出席了，我們討論了原子彈的問題，我坐在後面的某個角落。他開過會後又走了，而我從頭到尾都只能在眾多腦袋瓜的縫隙間，看到一點點波耳的影子而已。

他第二次要來開會的那天早上，我接到一通電話。

「喂，費曼嗎？」

「我就是。」

「我是吉姆．貝克。」是他兒子：「我父親和我，想跟你談談。」

「跟我談？我是費曼，我只是個……」

「沒錯了。八點鐘可不可以？」

於是，就在早上八點，大家都還沒起床之際，我就去跟他們會面。我們走進技術區的一間辦公室，小波耳說：「我們在思索怎樣可以令原子彈威力更大，我們想到這些這些。」

我說：「不，這行不通，這沒有效……嘩啦嘩啦等等。」

他又說：「那麼這跟這呢？」

我說：「聽起來好像比較像樣，但這裡頭包含了這個笨主意呢。」

我們反覆檢討很多想法，反覆爭論。偉大的波耳不斷點他的菸斗——它卻不斷熄滅。他講的話很難聽得懂，咕噥咕噥的不容易明白。小波耳講的就易懂多了。

「好吧，」老波耳最後說，一邊又在點菸斗，「我想，我們可以把那些大人物請進來了。」波耳父子把其他人叫來，一起討論。

後來，小波耳告訴我究竟發生了什麼事。上次他們來訪後，老波耳跟他兒子說：「記得坐在後面那小夥子的名字嗎？他是唯一不怕我的人，只有他會指出我的荒謬想法。下次我們要討論什麼時，單找這些只會說『是，波耳博士』的人是不行的，讓我們先找那個小子談談。」

在這方面我總是笨笨的。我總是忘記在跟誰說話，而一味擔心物理上的問題。如果對方的想法差勁，我就告訴他那很差勁。如果他的想法很好，我就說很好。就那麼簡單，這就是我的處事方式。我覺得那樣很好，很愉快——大前提是你要做得到。我很幸運正是這樣的一個人。

炸彈嬰兒出世

我們的計算做完之後，接下來就是試爆了。那時候阿琳剛去世不久，我請了個短假在家，有一天收到通知：「某某日，嬰兒便要出生。」

我立刻坐飛機回去，抵達營區時，巴士正要離開了，於是我直接跟大家到離試爆地點三十公里的地方等候。我們有一具無線電，而理論上他們會告訴我們，原子彈將在什麼時候爆發；可是無線電壞了，因此我們根本不知道外面發生什麼事。不過就在試爆前數分鐘，對講機又好了，他們說對我們這些離得較遠的人來說，大約只剩二十秒了；其他人待在較近的地方，只有十公里。

我們每人發了一副墨鏡，以供觀測試爆之用。墨鏡？在三十公里之外，再戴上墨鏡能看到什麼鬼？我在想，一般亮光是不會傷害眼睛的，唯一能傷害到眼睛的，大概只有紫外線。我坐在卡車的擋風玻璃後面，覺得這樣便能看得清楚又能兼顧安全，因為紫外線幾乎是穿不過玻璃的。

時間到了，遠處出現的強大閃光亮得我立刻躲下來，在卡車的地板上看到一團紫色的東西。我對自己說：「不對，這只是眼睛內出現的視覺暫留現象。」再度抬起頭來，看到一道白光轉變成黃光，又再變成橘光。在衝擊波的壓縮及膨脹作用下，雲狀物形成又散去。最後，出現了一個巨大的橘色球，它的中心是那麼的亮，以致成了橘色，邊緣卻有點黑色，慢慢上升翻騰。突然你明白，這是一大團的煙，充滿了閃光，火焰的熱力則不斷往外冒出。前後大約費時一分鐘。

這個從極亮變成黑暗的過程，我全都看見了。我大概是唯一真正看著那鬼東西（後來稱為三一角試爆）的人。其他人都戴上墨鏡，而在距離十公里處的人根本什麼都沒看，因為他們都依指示趴在地上。我大概是唯一用肉眼直接看著那次試爆的人。

大約一分半鐘以後，突然傳來「砰！」的一聲巨響，緊接著是打雷般的隆隆聲。那聲巨響比什麼都有說服力。在整個過程中，從頭到尾都沒有人講半句話，大家只默默的觀看，可是這聲巨響及隆隆聲，使所有人都如釋重負。特別是我，因為從遠處傳來的聲音是那麼的厚實，證明它已完全成功。

站在我身旁的人問：「那是什麼？」我說：「那就是原子彈。」

這個人名叫勞倫斯（William Laurence），他的目的是要寫文章報導整件事情。按照原定的安排，我要帶他四周參觀，可是許多東西對他來說都太技術性了。後來史邁斯來訪，我便改當他的嚮導。我們曾經跑進一個房間，裡面有個瘦瘦長長的支架，上面陳列了一顆鍍銀的小球。把手放在上面，你會感覺到一陣暖意，事實上它具有放射性，是個鈽球。我們站在房門口聊天，談論這顆小球的意義。這是由人類製造出來的一種新元素，之前在地球上從沒出現過，頂多在地球剛形成時出現過一下子——而眼前就有完全分離出來、具備放射性的鈽。這是我們製造出來的，它可說是無價之寶。

我們一邊談話時，下意識會做一些動作。當時他無意間輕踢門墊（防止門猛然撞上牆壁的襯墊），我就說：「是呀！這個門墊跟這扇門實在很配。」門墊是一個直徑三十公分的黃色金屬半球——事實上，這是純金的。

事情是這樣的。我們需要了解中子打到不同物質之後，有多少會被反射回來。我們測試過許多材料，像白金、鋅、黃銅，也測試過黃金。實驗結束後留下了好些碎金塊，也不知是誰出的聰明主意，把碎金塊熔合成半顆大金球，做為鈽球陳列室的門墊。

只是白費工夫？

試爆成功以後，羅沙拉摩斯充滿了興奮的氣氛，到處都有派對聚會，大家跑來跑去。我還坐在吉普車後座，一邊打鼓。但只有威爾遜獨自坐在那裡悶悶不樂。

我說：「你幹嘛這麼憂鬱？」

他說：「我們造出來的怪物太可怕了。」

我說：「但這都是你開的頭，你還把我們拖下水呢。」

你看，對我來說（對我們來說），開始時，我們都有極充分的理由，說服自己參與這項工作，然後拚命努力完成使命。這是一種快樂、一種刺激，你會停止思考，明白嗎？很單純的不去想其他事情。在那一刻，只有威爾遜在思考整件事情的衝擊。

以後不久，我又回到文明世界，在康乃爾大學教書。剛開始時我有一種很奇怪的感覺，我不太能夠理解為什麼會那樣，但當時的感受非常強烈。我坐在紐約一家餐館裡，看著窗外的建築物，就開始想：投在廣島的原子彈炸毀的半徑有多大……從餐館到三十四街又有多遠？那麼多的建築，全都化為灰燼！我不停的想。在路上走著時，看到有人在蓋橋、築路，我又想：他們都是神經病，什麼都不懂，幹嘛還要蓋新的東西？一切都是白費工夫而已。

而白費工夫的日子，又繼續了差不多四十年了，對不對？事實上我的想法錯了，蓋橋並不是白費工夫的事，我很高興這些人有此遠見，繼續往前邁進。

〔注：本章改編自一九七五年費曼在美國加州大學聖塔芭芭拉分校所做的演講；後來被收進《羅沙拉摩斯回憶錄，一九四三年至一九四五年》（*Reminiscences of Los Alomos, 1943-1945*）書中，由荷蘭的懷道（D. Reidel）出版社於一九八〇年出版。〕

開鎖英雄惜英雄

最初教會我怎樣開鎖的，是一個名叫拉瓦提尼（Leo Lavatelli）的傢伙。我發現，一般的彈簧鎖，例如由耶魯（Yale）父子始創的耶魯鎖，很容易可以打得開。你只要把小螺絲起子插進鎖眼裡，把鎖轉開便行。當然，一開始它不會轉，因為鎖內有幾根小針，你要把它們頂到恰當的高度（鑰匙就有此作用），鎖才會被打開。而由於這些鎖大多造得不夠完美，因此把鎖拴緊的重大責任，往往會落在其中一根鎖針上。現在，如果你再將一根鐵絲，譬如迴紋針，從鎖眼擠進去（你要把螺絲起子用力往旁邊擠，好讓鎖眼能空出來），前後挪動，早晚你會將最吃力的那根鎖針頂到恰當高度。這時，鎖就可稍微轉動一點點，使得第一根針卡在邊緣，停在上面；這時候，剩下大部分的力轉由第二根鎖針承擔，於是你重複剛剛的方法，過不了幾分鐘，所有鎖針都被頂起來了。

經常發生的是，螺絲起子一不小心滑動，你便聽到「踼、踼、踼」的聲音，鎖針全掉回去了。原來每根鎖針之上都裝有一個小彈簧，當你把鑰匙拉出來時，鎖針全被推下來，回到原位；把螺絲起子抽出來的話，也會聽到它們掉下來的聲音——有些時候，還可以把起子抽出來，看看是否有進展，也許你的鐵絲推錯了方向呢。整個過程有點像希臘神話裡的薛西弗斯：當你以為已經把石頭推到了山頂之後，它卻又滾回山下去，一切又得重來。

這種開鎖方法很簡單，多練習便熟能生巧，你很快便懂得如何拿捏力道大小，能剛剛好把鎖針頂起來而不讓它掉回去。好笑的是，很多人不曉得，當他們被鎖在門外或門內時，其實要打開它並不會很困難。

開鎖，輕而易舉

我們在羅沙拉摩斯研製原子彈時，一開始由於事事急就章，實際上很多東西都未準備好。曼哈坦計畫的所有機密文件（關於如何製造原子彈的資料），全都隨便放在檔案櫃內，部分櫃子根本沒有鎖上；有的話也只不過用普通掛鎖來鎖，它們可能只有三根鎖針。要打開這種鎖，實在是輕而易舉。

為了加強安全，全工廠的機械工人替每個檔案櫃做了一根長棒，穿過每個抽屜的把手，用掛鎖鎖上。

其他人跟我說：「看看這些新裝的玩意兒，你還能把它們打開嗎？」

我看看檔案櫃的背後，發現抽屜的底部不是封死的，那裡有一條長長的縫，縫內有根鐵棒，上面裝了一塊可以移動的硬隔板，是幫忙固定文件用的。我從後面伸手進去，推開隔板，從長縫中把文件一張一張的抽出來。「看！」我說：「我連鎖也不必開。」

羅沙拉摩斯是一個講求合作精神的地方，而我們覺得有責任指出所有應該改進之處。我不停的抱怨安全措施不夠，其他人卻覺得加了鋼棒和掛鎖已經夠安全，但其實這些都是毫無作用的。為了示範那些鎖多沒用，每當我要跟某些人借文件而他們剛巧不在時，我便溜進他們的辦公室，打開檔案櫃把東西拿出。用完之後，我就將文件還他，說：「謝謝你借我這份報告。」

「你從哪兒拿來的？」

「從你檔案櫃拿的。」

「但我把它鎖起來了呀！」

「我知道你把它鎖起來，但那些鎖都不管用。」

終於，他們買了一些裝了數字組合鎖的檔案櫃，都是由一家叫摩士勒金庫公司製造的，每個櫃子有三層抽屜。把最上層抽屜拉開的同時，你會鬆開原先扣牢下面兩層抽屜的搭扣，讓它們進入「無鎖狀態」。要打開最上層抽屜，則要依照密碼將數字盤左轉、右轉、左轉，再右轉到十，就可把裡面的鎖栓弄開。關閉時要先把中下兩層抽屜往上推，然後關最頂的一層抽屜，把數字鎖從十隨意轉到其他號碼，這樣就把鎖栓關上了。

永遠相信有答案

當然，這些新檔案櫃立刻成為我的新挑戰。我最喜歡玩益智遊戲了：如果有人發明了一些東西把別人擋在外頭，那麼就應該有辦法破解它，闖進去！

首先，我必須了解數字鎖的運作原理，因此我把自己辦公室裡檔案櫃上的鎖拆開，發覺裡面有三個圓盤安裝在同一根軸上，一個挨著一個；在每個圓盤的不同位置上刻有槽口。開鎖原理是，想辦法把三個槽口排成一線，形成一道凹槽。最後當你把轉盤轉到十時，摩擦力會把鎖栓帶到槽口裡。

應該怎樣轉動圓盤呢？原來，在數字盤的背後有一根突出來的釘子，而在第一個圓盤上也有一根鎖釘伸出，兩根釘子離軸中心半徑相同。因此只要轉動數字盤，最多轉一圈就會帶著第一個圓盤一起轉了。

同樣的，在第一個圓盤的背後以及在第二個圓盤的前面，也各有一根鎖釘，離軸中心的半徑也是相同。因此當第一個圓盤已被帶著轉動之後，再轉第二圈時，你也一起轉了第二個圓盤。

再繼續轉下去，在第二號圓盤背後的釘子將會遇上第三號圓盤上的釘子，三個圓盤都在同時轉動了。現在你把數字盤轉到第一個密碼上，然後將數字盤往相反方向轉一圈，從另一面帶動二號圓盤，轉到第二個密碼上。最後你再把數字盤往相反方向轉，將第一號圓盤轉到正確位置上。現在三個圓盤的槽口成一直線；把數字盤轉到十，鎖就打開了。

但我試了又試，還是沒想出該如何下手。我買了兩本教人開鎖的書，但它們說的都一樣。書一開頭都是些開鎖大王的驚人故事，例如有一名婦人被反鎖在凍肉冰庫內，快被凍死了，但開鎖匠卻以倒掛金鉤的姿態，在兩分鐘內把鎖打開。又或者海底有一箱皮裘或金幣，開鎖大王潛到海底去把箱子打開，取出寶物。

書的第二部告訴你，怎樣打開保險櫃；卻都是些愚昧不堪的建議，像「你可試試某些日期的組合，因為很多人都喜歡用日期當數字鎖的密碼」，或是「猜一猜保險櫃主人的心理，想一想他可能會用的組合」，還有「祕書小姐經常害怕她會忘記數字組合，因此可能把組合寫在下列地方：辦公桌的抽屜邊上、混雜在人名地址表上……」等等。

書中提到如何打開一般的保險庫，倒有幾分道理，很容易明白。普通保險櫃另外裝有把手，當你握著把手往下扳，同時轉動數字盤時，把手的力量會將鎖栓壓向槽口（這時它們還未排成直線），而其中一個圓盤往往承受著最多的力量。當這個圓盤的槽口碰上鎖栓，會發出「卡灑」的輕聲，用聽診器可聽得到，又或者可以感覺到摩擦力突然減弱，你便知道「找到一個號碼了！」

儘管你還不知道這是第一、第二或第三個數字，但只要你把數字盤往相反方向轉，看看要轉多少圈才再聽到那「卡灑」聲，便可猜出端倪。如果一圈還不到，那麼必定是第一個圓盤；如果少於兩圈，那就表示數字是屬於第二個圓盤的。不過，這個方法只適用於有把手的普通保險櫃，因此我又沒轍了。

我試了很多其他手法，像能不能在不動頂層抽屜的情況下，把中下兩層抽屜扣緊的搭扣鬆開；我又試過把櫃子上面的螺絲旋開，將鐵絲衣架弄直伸進去東探西探。另外，我也試過把數字盤轉得飛快，再轉到十，希望突然加上去的摩擦力會使某個圓盤停到正確位置上。但什麼手法都沒用，我覺得很沮喪。

於是，我再有系統的深入研究。比方說，有很多檔案櫃的數字組合都是六九－三二－二一。那麼最多可有多大差異而仍然能把鎖打開？號碼是六九時，六八行不行？六七呢？在我們的情形，前兩者真的都可以，六六便不行了，因此，可容許的誤差是左右各兩個刻度，換句話說，每五個數字中只須試一個便可以了，你可以試〇、五、一〇、一五等。於是盤上一百點數字中，就有二十個這樣的數字，就是說一共有八千種可能性——這已經是一大進步，因為如果你一個一個數字去試，你有一百萬種可能的組合。

問題是，我要花多少時間才能試完八千個組合？假定我已找出前兩個數字，例如它們是六九－三二，但我不知道確實組合，我以為它們是七〇－三〇，那麼我可以繼續嘗試從二十個可能性當中找出第三個數字。而假如我只知道第一個數字，那麼試完第三個圓盤上的二十個數字後，我可以將第二個圓盤的位置稍微改變，再試第三個圓盤上的二十個數字。

我拚命用我的保險櫃練習，直到可以一邊飛快的找數字，同時又不會忘掉我在找的那個號碼，而把第一個號碼搞砸。跟練習變魔術的人一樣，我熟練得可以在半小時內試遍四百個可能的號碼。那樣一來，我最多只需要八個小時，就可以打開一個保險櫃——平均四小時便能打開一個保險櫃！

開鎖開出名氣

在羅沙拉摩斯有一個叫史塔尼的人，對鎖也很有興趣；我們不時的在一起討論鎖，但沒談出什麼東西。當我想通了這個平均四小時內打開保險櫃的手法後，我想表演給史塔尼看。我進到計算機組的某間辦公室，跟那位同事說：「我想讓史塔尼看點東西。可不可以借用你的保險櫃？」

計算機組的其他人都來湊熱鬧了，說：「嘿，大家注意了，費曼要教史塔尼怎樣開保險櫃，哈哈！」事實上，我並沒有要真的把保險櫃打開；我只打算告訴他，怎樣很快的找後面兩個號碼，同時又不會使步調錯亂，必須重新設定第一個號碼。

我開始表演了。「讓我們假定第一個號碼是四〇，第二個號碼我們試一五。我們左轉、右轉、左轉、再轉到十；若不行，就往前或往後加五個刻度，再左轉、右轉、左轉、再轉到十……一直試。現在我們試過所有可能的第三個號碼了。再下來繼續找第二個號碼，讓我們改試二〇；左轉、右轉、左轉、再轉到十；加五個刻度，左轉、右轉、左轉、再轉到十；再加五個刻度，左轉、右轉、左轉、再轉到十……」「卡瀝！」我的下巴差點掉下來：頭兩個號碼居然恰好被我碰對！

由於我背對著他們，因此沒有人看到我的表情。史塔尼也極為訝異，但他們很快便知道發生了什麼事。於是我很得意的把頂層抽屜拉出來，說：「這樣就打開了！」

史塔尼說：「我看懂了，這確實是個好方法。」然後我們趕快離開。所有人都呆住了，其實我全靠運氣，但這一下子，我卻真的開鎖開出名氣來了。

前前後後我大約花了一年半的時間，才有那等能耐（當然，我同時也在忙原子彈的事，可沒閒著），但我覺得我已把保險櫃打敗了。我的意思是說，萬一出了狀況——有人失蹤或死亡，沒有人曉得他們檔案櫃的密碼，但又亟需取得裡面的東西的話，我有把握能夠打開。看過書中描述那些開鎖專家的「偉大事蹟」後，我覺得自己的成就還真不賴呢。

羅沙拉摩斯沒什麼娛樂可言，大家都要自己想辦法。所以撥弄檔案櫃上的摩士勒鎖，就成為我的一項娛樂。有一天我發現了一件有趣的事：當鎖被打開，抽屜拉出來，而且數字盤還停留在十的號碼上時（一般人打開檔案櫃拿東西時的狀況正是如此），鎖栓還是開的。這是什麼意思呢？這就是說，鎖栓還留在三個圓盤的凹槽裡呀！妙極了！

現在，如果我將數字盤從十的位置稍微轉離開，鎖栓就跳上來了；但如果我立即轉回十的位置，鎖栓又會掉回凹槽中，因為我還沒有做太大的改變。好了，假如我繼續轉離十，以五個刻度為一單位，早晚會碰到某個號碼，是我轉回去十時鎖栓再也不會掉回去的；因為凹槽的形狀已受到影響了。換句話說，剛剛那個號碼——鎖栓還會掉回去的那個，就是密碼的第三個數字！我立刻意識到，可以用同樣的方法來找第二個數字。因為一旦知道了第三個數字，我可以把數字盤往另一邊轉，同樣以五個刻度為一單位，一點點的改變第二個圓盤的狀態，直到鎖栓再也掉不回去，最後的號碼就是第二個數字。

如果我很有耐性，那麼三個數字都可以找出來了。但是實際上，用這個方法來找第一個號碼，反而比檔案櫃鎖上、但已知後兩個密碼時，單試二十個號碼的方法麻煩得多。

我練習又練習，直到我連數字盤都不用看，就可以得出最後兩個號碼（檔案櫃還開著的時候）；然後，當我在某些人的辦公室裡討論物理問題時，我就挨在他打開的檔案櫃上，就像有些人一邊談話，一邊無意識的玩弄鑰匙一樣，我也伸手撥弄櫃上的數字盤。偶爾我把手指放在栓上，那樣不用看即能知道它有沒有上來。用這方法，我找出了很多櫃子的後兩個號碼。等我回到自己的辦公室後，便立刻把號碼寫在一張紙上，又把這張紙藏在櫃子的鎖裡。每次我都要先把鎖拆開，才能把這張紙拿出來——我覺得那是個很安全的地方。

故布疑陣

不多久，我的聲名更響了，因為慢慢的會有人來找我說：「嘿，費曼，克利斯帝出城去了，但我們需要他檔案櫃裡的一份文件，你能不能打開它？」

如果我不知道這個櫃子的後兩個號碼，我會說：「對不起，現在我沒空，手頭上正好有事在忙。」否則我會說：「可以呀，但我要拿些工具。」其實我什麼工具也不需要，但我跑回辦公室，打開我的櫃子，把小抄拿出來看：克利斯帝──三五、六〇。然後隨便拿一根螺絲起子，走到克利斯帝的辦公室，把門關上。不是每個人都應該知道怎麼開檔案櫃的！

幾分鐘後，我就把櫃子打開了，因為我只需要找第一個號碼，頂多試二十次便找到。然後我就坐在那裡，看看雜誌，消磨十五、二十分鐘。我不能讓其他人覺得這是件很容易的事，否則他們會想到，其中一定有什麼蹊蹺！最後我打開門說：「開了。」

大家以為每次我都是從頭開始試的，這是因為上一次示範給史塔尼看的意外事件所造成的印象，我讓大家繼續那樣想。沒有人想過，我平常就把他們保險櫃後兩個密碼摸清楚。不過也許因為我經常那樣做，他們才沒起疑；這有點像賭棍經常有事沒事拿著撲克牌一樣。

我經常要出差到橡樹嶺，看看他們生產鈾的工廠有沒有安全問題。由於是戰爭期間，一切總是匆匆忙忙的。有一個週末我又要到他們那裡。星期日那天，包括一名將軍、某家公司的副總裁、另外兩個大人物，還有我，坐在某個傢伙的辦公室內，討論一份報告。報告放在保險櫃內，但這傢伙突然想到，他根本不知道保險櫃的密碼，只有祕書才曉得。他打電話到她家，卻發現她外出野餐旅遊去了。

他一邊忙著找他祕書時，我問：「你不介意我看看你的保險櫃吧？」

「哈哈，不會介意啦！」我便走到他保險櫃那裡隨便弄弄。

他們繼續討論也許可以開車去找那位祕書；我們的主人則愈來愈尷尬了，因為大家都卡在那裡，而他卻像個笨瓜般，不知道怎樣打開保險櫃。大家都對他很不滿意，氣氛愈來愈緊張，忽然之間「卡瀝！」——鎖打開了。

在十分鐘內，我就打開了裝滿機密的保險櫃。他們全都瞠目結舌，很顯然保險櫃並不怎麼保險！這個打擊太恐怖了。這些「可閱讀、不可帶走」的高度機密，全鎖在這個美妙的櫃子裡，而這傢伙只花十分鐘就把它打開！

當然，我之所以有辦法把鎖打開，事實上是因為我一看到鎖，就有把後兩個號碼摸出來的習慣。之前一個月，我曾經來過橡樹嶺，在同一間辦公室待過。那次保險櫃剛好打開，我則由於習慣成自然，毫無意識的就把密碼的後兩個數字找出來了。

事後我沒有把它們記下來，不過我隱隱約約還有印象。於是我首先試四〇—一五，再試一五—四〇，但都不對。然後我試一〇—四五，便把櫃子打開了。

把提出問題的人解決，就解決問題了

差不多的情形還發生過一次。我寫了一份報告，需要橡樹嶺的一位上校核准。一個週末，我到橡樹嶺見他。我的報告放在他的保險櫃內。其他人用的檔案櫃，都跟我們在羅沙拉摩斯用的是同一種類；可是他是上校，因此他的檔案櫃高級多了——它有兩層帶有大把手的銅門，把手牽動四根直徑二公分的不鏽鋼鎖栓。上校拉開那兩扇銅門，把報告拿出來看。

我很少有機會看到真正好的保險櫃，於是我說：「你讀報告的時候，我能不能看看你的保險櫃？」

「看吧，」他說，信心滿滿的，覺得我絕對沒法奈它何。我看了看其中一扇門的背後，發現數字盤連接到一個小鎖上，而這個鎖赫然跟我在羅沙拉摩斯檔案櫃內的鎖一模一樣！同一家公司，同樣的小鎖栓，不同的是當鎖栓掉下去之後，保險櫃上的把手可以將一些棍子橫移，再透過一堆槓桿的作用，你便能將那四根直徑二公分的不鏽鋼鎖栓拉出來。看來，整個槓桿系統最後還是依靠跟我的檔案櫃內同樣的小鎖栓。完全出於「專業完美主義」，也為了確定它們是同一種鎖，我用同一種手法，取得了密碼的後兩個數字。

這時候他還在看報告。等他讀完後，他說：「可以了，報告寫得很好。」他把報告放到保險櫃裡，握著巨大的把手，把那巨大的銅門關上。當它關上時，一切聽起來都那麼美好，但我知道這一切都只是心理作用，因為它用的還是同一種見鬼的鎖。

我忍不住刺他一下（我總喜歡跟那些穿著漂亮制服的軍人開玩笑），說：「看你關保險櫃的模樣，你好像覺得東西放在裡面都很安全。」

「當然。」

「你覺得這很安全的唯一原因，是一般老百姓稱它為保險櫃。」（我特別用「老百姓」這字眼，讓這句話聽起來好像他被老百姓騙了一樣。）

他火了：「你這什麼意思？這不保險嗎？」

「好的鎖匠在三十分鐘內，便可以把它打開。」

「你能在三十分鐘內把它打開嗎？」

「我剛剛說『好的鎖匠』。如果是我，要四十五分鐘。」

「那麼嘛！」他說：「我太太在家等我吃晚飯，但我要留下來看你表演。現在你給我坐下來，我要看著你弄這鬼東西，四十五分鐘還打它不開！」他坐在他的大皮椅上，把腿蹺在辦公桌上，看起書來。

我充滿信心，拿了張椅子到保險櫃前面坐下，然後裝模作樣的隨便亂轉數字盤。大約五分鐘後（如果你坐在那裡乾等的話，這已經很久了），他開始沒耐性了：「怎麼了，有什麼進展嗎？」還有：「像這種櫃子，打不開就是打不開啦。」

我估算再過一、兩分鐘就差不多了，於是開始認真的試。兩分鐘後，「卡瀝！」門打開了。上校嘴巴張開，眼珠突出。

「上校，」我很嚴肅的說：「讓我告訴你這些鎖的毛病：如果任由保險櫃的門或檔案櫃最頂層的抽屜打開，人家很容易就可以找出密碼。為了證明其中的危險，當你在看報告時，我就把它找出來了。你應該下令大家在工作時，要把他們的檔案櫃鎖上。這些保險櫃敞開時都十分好對付的！」

「是的！我明白你的意思，那真有趣！」從此以後，我們站在同一陣線上了。

下一次到橡樹嶺時，所有知道我是誰的人見到我都說：「別從這裡過！不要走過來！」原來，上校發了一張問卷，上面問：「上次費曼先生來訪時，他有沒有進來過、靠近過、或經過你的辦公室？」有人回答有，其他人回答沒有。回答有的人收到另一則通知：「請更改保險櫃密碼。」

這就是他解決問題的辦法了：我就是危險的根源。他們為了我，便要把密碼全部更改，而更改密碼、背誦新密碼都是苦不堪言的事；因此他們都很氣我，不想我再靠近他們，害怕等一下又得更改密碼。當然，他們在工作時，檔案櫃的抽屜一如既往，還是開著！

妙賊費曼

我們在羅沙拉摩斯的所有工作成果及紀錄，都藏在那裡的圖書館內。那是一棟很堅固的混凝土房子，門很大、很漂亮，上面裝了可以轉動的金屬鎖，就像銀行裡的金庫般。我曾經試過仔細的研究它。我認識那位管理圖書館的小姐，求她讓我玩玩那道鎖。我簡直被它迷住了，那是我看過最大的一把鎖！但我發現，我的方法也不管用了，就算門開著，我也沒法找出密碼的後兩個數字。事實上，當我轉動數字盤時，我就使鎖進入「閉鎖狀態」，鎖栓凸了出來，連門也沒法關上，直到管理員小姐來把鎖打開。於是，對那把鎖的研究就只能到此為止，我沒有足夠時間找出它的原理，那超過我的能力範圍了。

戰後，我到康乃爾大學教書。那一年暑假，我又回到羅沙拉摩斯。因為我有一項研究工作，做到一半時發現必須參考以前寫過的一份報告，卻記不清其中內容；而這份文件還藏在羅沙拉摩斯的圖書館裡。我跑去調閱文件，但圖書館門口有個帶槍的士兵在巡邏。那天是星期六，而圖書館在星期六都是不開門的。

我突然想起我的好朋友狄霍夫曼（見第73頁），他在解密部門工作。戰後軍方考慮解除部分文件的機密等級，因此他不停的要往返於圖書館及辦公室之間，審閱這份文件、審閱那份文件、核對這、核對那，簡直要瘋掉了！最後他把每份文件（所有關於原子彈的祕密），全都影印了一份，放在自己的辦公室，一共有九個檔案櫃之多。

我跑到他的辦公室，燈還亮著，看來有人在那裡，也許是他的祕書，但剛巧走開了。我只好等一下。我一邊等，一邊又習慣性的伸手去轉檔案櫃上的數字盤。我不知道密碼的最後兩個數字，因為這些檔案櫃都是在戰後才送來的，那時我已離開。我開始想那些教人開鎖的書，我想：「我從來都沒有把書上說的那些花招放在眼裡，也沒想過試用一下，但現在不妨試試看能不能用他們的方法，把狄霍夫曼的檔案櫃打開。」

第一招：祕書因為害怕忘記密碼，因此會把數字組合寫在什麼地方。我開始照書中提到的地方去找。辦公室抽屜都鎖起來了，但那鎖普通得很，拉瓦提尼早就教過我了。

「砰！」鎖開了。我沿著抽屜邊看，什麼也沒有。

接著我翻看祕書的文件。我找到一張每個祕書都有的紙，上面寫著整齊的希臘字母及發音，以便看我們寫的數學方程式時，做辨認之用。而在希臘字母表的頂端，好像不經意的，寫著π等於三．一四一五九。那剛好是六個數字，祕書小姐為什麼需要知道π的數值？太明顯了，再沒有其他理由！

我跑到其中一個檔案櫃那裡試三一—四一—五九，沒打開。我再試五九—四一—三一，還是沒打開。再來試九五—一四—一三，將前後數字調過來、反過去——全不成功！

我把抽屜關上，正要走出辦公室，突然想起書上說：接下來，試試心理推理。我跟自己說：「狄霍夫曼鐵定是那種用數字當密碼的人。」

跑回去那個檔案櫃，我試二七—一八—二八，「卡瀝！」它真的開了！（除了π之外，第二重要的數學常數就是自然對數的底了，即e等於二．七一八二八……）

那裡一共有九個櫃子，我只打開了一個，但我要的文件卻在另一個櫃子內——文件均依作者姓名依序排列。我在第二個櫃子也試了二七—一八—二八，「卡瀝！」又打開了！密碼一模一樣。我想：「這下可好玩了，我已經打開原子彈的機密了。但如果我以後要跟別人說這段故事，最好確定所有密碼都一樣！」部分檔案櫃放在隔壁房間，於是我隨便挑了一個試二七—一八—二八，又打開了。到目前我開了三個櫃子，密碼全都一樣。

我心想：「現在我可以寫一本更精采的開鎖書了，因為一開頭我會提到我怎樣打開了這些保險櫃，裡面放的東西比任何開鎖專家開過的更重要、更寶貴——當然，除了人命之外。但是跟寶藏或毛皮相比，我打開的保險櫃裡放的東西可重要多了：所有製造原子彈的祕密，包括生產鈽的流程、提煉程序、需要多少原料、原子彈的原理、中子如何產生、原子彈的設計……羅沙拉摩斯的所有知識都在這裡了！」

我跑回去第二個檔案櫃那裡，把我要的文件取出。然後我拿起一枝油亮的紅蠟筆，隨手找了張黃色的紙，在上面寫道：「借去了編號LA四三一二的文件——開鎖專家費曼留。」我把字條放在櫃內文件上，把它關上。

我又在第一個櫃子裡留了另一張字條：「這個櫃子也不難開呀——聰明鬼留。」隨後把它關上。在隔壁的檔案櫃裡，我寫：「密碼全都一樣，每個櫃子都不難開——同一人留。」把抽屜關上，然後回到我的辦公室去寫報告。

只是惡作劇

傍晚我在餐廳吃晚飯，碰到狄霍夫曼。他說他正要回辦公室，我覺得那會很好玩，便跟他一起去。

他開始工作，沒多久便跑到隔壁去打開那裡的檔案櫃，卻出乎我預料之外：他剛巧跑去打開我放第三張字條的櫃子。

他拉開抽屜，映入眼簾的是那張顏色鮮黃、寫滿了紅字的字條。書上經常說人害怕時，會「面無血色」，但之前我從未見過那種臉色是什麼樣子。現在我知道那一點都不假。他的臉轉成灰暗的黃綠色，看來真的很可怕。他拿起那張紙，手不停發抖。「看……看這個！」他說，全身都抖起來了。

當然，字條上寫：「密碼全都一樣，每個櫃子都不難開——同一人留。」

「這是什麼意思？」我問。

「所有的密……我這些檔案櫃的密碼都是一……一樣的！」他結結巴巴的說。

「那可不是個好方法。」

「我……我現在知道了！」他說，整個人崩潰下來了。

面無血色的另外一種效應，大概是腦袋也不靈光了。他說：「他還簽了名！他還說了他是誰呢！」

「什麼？」

「是的，」他說：「這跟想闖入奧米加大樓的是同一個人！」

在戰爭期間、甚至戰後，不停的有種種謠言：「有人想闖入奧米加大樓！」事情是這樣的，原子彈方面有一個實驗，是要把足夠分量的鈾放在一起，以引起連鎖反應。他們會讓一小塊鈾掉下來，「穿過」另一小塊鈾。穿過時會引起反應，他們就把中子數量記錄下來。由於穿過的速度很快，因此效應不會累積下來，不會發生爆炸；但是他們要求要有足夠多的反應，以知道實驗進行得對不對，跟預測吻不吻合。這是個很危險的實驗呢！

當然，他們不是在羅沙拉摩斯的中心地帶做這個實驗，而是在數公里外，翻過好幾個臺地後的山谷中，那裡完全被隔絕。這座奧米加大樓四周架了鐵絲網，有守衛及瞭望塔。夜闌人靜時，野兔會從草叢中跑出來，撞到鐵絲網，發出聲音，守衛便開槍。守衛要怎麼說呢？說那只是一隻兔子嗎？不。「有人想闖進奧米加大樓，但我把他嚇跑了！」

這是為什麼狄霍夫曼會面無血色和發抖，但他沒注意到邏輯上的不通：想闖進奧米加大樓的人，不一定就是站在他身旁的這個「同一人」。

他問我該怎麼辦。

「唔，看看有沒有丟掉文件吧。」

「看來沒問題，」他說：「我看不出少了些什麼。」

我想引他到我拿過文件的檔案櫃。「唔，如果所有密碼都一樣，那麼他也許有從其他抽屜裡偷了東西。」

「對！」他說，立刻跑回自己的辦公室，打開第一個檔案櫃，找到我留下來的第二張字條：「這個櫃子也不難開呀——聰明鬼留。」

到了這節骨眼上，究竟是「同一人」或者是「聰明鬼」已無關緊要了。對他來說，這一定就是那個想闖進奧米加大樓的人，因此要說服他打開我留了第一張字條的檔案櫃，還真的很困難。我也記不得是如何說動他的。他開始打開檔案櫃時，我也開始朝走廊的另一頭走，因為我有點害怕當他發現是誰搗的蛋，會扭斷我的脖子！

果不其然，他尾隨著我，一直跑過來。但他並沒有生氣，反而伸手抱著我——因為他可以放下心頭大石了！原來這件可怕的原子彈機密失竊案，只不過是我的惡作劇而已。

具備職業水準

幾天之後，狄霍夫曼來找我，說他需要從克斯特（Donald Kerst）的櫃子裡拿些東西，但克斯特回伊利諾州去，很難聯絡得上。「如果你能夠用心理推理法打開我的保險櫃，」狄霍夫曼說（我已告訴他一切）：「也許你也能用那方法，打開克斯特的櫃子。」

這時，我的事早已傳開，因此好幾個人都跑來看我的精采表演──打開完全陌生的保險櫃。這次我不必把其他人趕走，因為我不知道密碼的後兩個數字是什麼。事實上，採用心理方法時，我還需要多一些認識克斯特的人在旁呢。

到了克斯特的辦公室，我首先檢查辦公桌，但什麼線索也找不到。我問他們：「克斯特會用哪一類的密碼？數學常數嗎？」

「噢，不！」狄霍夫曼說：「克斯特會用些很簡單的東西。」

我試了一〇─二〇─三〇、二〇─四〇─六〇、三〇─二〇─一〇，全都行不通。

我又問：「你們想，他會不會用什麼日期？」

「會呀！」他們說：「他就像是那一型的人。」

我們試了各種日期：八─六─四五，那是原子彈試爆的日期；八六─一九─四五；這個日期；那個日期……全都沒用。

性！

大部分人已經沒有耐性看下去，離開了。可是解決這個鬼東西的唯一方法，就是要有耐性！

最後，我決定要試遍一九〇〇年以來的所有日期。這聽來很多，事實不然：第一個數字是月份，從一到十二，我只要試三個即可，即一〇、五、〇。第二個數字是日期，從一到三十一，我挑其中六個來試便可以了。最後是年份，那時候一共才四十七個，我可以試九個號碼。因此我把八千個可能組合縮小到一百六十二個，我在十多、二十分鐘內就可以試完。

很不幸的，我從大數目開始試，因為當我打開檔案櫃時，正確密碼是〇—五—三五。

我轉頭問狄霍夫曼：「一九三五年一月五日，克斯特有什麼特別的事發生了？」

「她女兒在一九三五年出生，」狄霍夫曼說：「那一定是她的生日。」

我已開過兩個「從未謀面」的保險櫃，我的開鎖技術愈來愈厲害了，現在我可以算是具備職業水準了。

遇到對手

同一個夏天，資產管理部的人要把以前政府採購的部分東西收回，當作剩餘物質出售，其中一項是某位上尉用過的保險櫃。我們都很清楚這個保險櫃的來歷。上尉是戰爭末期才來的，來了以後，他覺得我們的檔案櫃對他要放的機密來說，都不夠安全，因此他要另買一個與眾不同的保險櫃。

上尉的辦公室跟我們的辦公室同一幢，但他在二樓。房子是木頭造的，看來很不堅固的樣子，而他訂購的卻是一個很笨重的鋼櫃；搬運工人還得先墊好一排排的木板、使用特別的千斤頂，以把它推上臺階。由於羅沙拉摩斯實在沒什麼好玩的娛樂，因此我們全都跑來，看著工人吃力的把這個大保險櫃，搬到二樓他的辦公室內。大家又開玩笑說，不知他要放些什麼機密進去。更有人說，倒不如把我們的東西放到他的保險櫃裡，他的機密放到我們的檔案櫃裡。結果，大家都知道這個櫃子的事。

現在他們想把它轉賣，首先必須把裡面的東西清理掉，但只有兩個人知道密碼是什麼：上尉自己（而他卻在比基尼島度假）、以及阿瓦瑞茲（但他已忘記密碼是什麼了）。資產管理部的人要求我把它打開。我跑到上尉的舊辦公室問他祕書：「為什麼你不打電話給上尉問他密碼？」

「我不想打擾他，」她說。

「哦，妳寧願打擾我八個多小時！除非妳先設法跟他聯繫，否則我不幹。」

「好啦，好啦，」她說，拿起電話。我跑到另一個房間去看看保險櫃。它就乖乖的待在那裡，全鋼的保險櫃，門卻赫然是敞開的。

我跑回去找祕書小姐：「它是開著的。」

「太好了！」她說，把電話放下來。

「不，」我說：「它原本就是開著的。」

「哦，我猜資產管理部的人最後還是把它打開了。」

我跑到資產管理部說：「我去看過保險櫃，它已經開了。」

「噢，是的，」他說：「抱歉我忘記告訴你。我後來叫我們的鎖匠去把它鑽開，但動手鑽之前，他說先試試看，便把它打開了。」

原來如此！這裡透露了三項訊息：首先，羅沙拉摩斯現在聘請了一位鎖匠；第二，這個人懂得怎樣把保險櫃鑽開，那是我不懂的手法；第三，他能夠打開以前沒碰過的保險櫃，而且在幾分鐘內便成功。這是真正具備職業水準的鎖匠，這樣的人物我必定要去會一會！

我發現，他們在戰後才把他聘來（這時候軍方較以前不擔心保密防諜問題），處理類似的事件。其實單是開保險櫃的工作量還太少了，因此他還負責修理我們以前常用的瑪燦特計算機。而剛巧戰時我也經常在修理那些東西，於是我想到一個跟他碰面的方法。

伺機而動

我跟別人交往時，一向都不會拐彎抹角或耍手段，我會直接走上去自我介紹。可是這次不一樣，跟這個鎖匠見面，對我來說是那麼的重要；我也知道，除非我先展示實力，他是不會告訴我他的開鎖祕訣的。

我找到了他的辦公室所在——跟我一樣在理論物理組的建築，不過他在地下室。我也知道他通常在晚上工作，這時候機器都不會有人用。因此一開始我晚上到辦公室時，都故意從他的門前走過，就那樣而已，只從他門前走過去。

過了幾個晚上，我也只「嗨」的打聲招呼。再過了一段時間，他認出來經過門口的是同一個人，便開始說「嗨」或「你好」。

過了好幾個星期的磨磨蹭蹭，我注意到他在修理瑪燦特計算機。但我還是沒說什麼，時機還未成熟呢。

慢慢的，我們多談一些了：「嗨！你工作真勤快賣力呀！」「是，滿忙的。」之類。

終於出現了重大突破！他邀我分享他煮的湯。現在事情進行得很不錯了，每個晚上我們一起喝湯，我也開始提到加數機，他也告訴我碰到的困難。原來他一直在設法將一組帶彈簧的輪子裝回軸上，但他沒有合用的工具，他已經試了一星期了。我告訴他，我在戰時曾經修過那些機器，「這樣吧，你把它們放在那裡，明天早上我幫你看看。」

「好吧，」他說，因為他沒有其他辦法了。

第二天我跑去看那部機器，也試著把輪子裝回去，但它們不停的彈出來。我想：「如果他已經這樣試了一星期，我用同樣方法也裝不回去，那麼這方法一定不對。」我停下來仔細看，發現在每個輪子上都有個小洞——就那麼一個小洞。突然我想通了：我把第一個輪子的彈簧裝好，把一條細鐵絲穿過小洞，然後我裝上第二個輪子的彈簧，讓細鐵絲穿過小洞，繼續一個接一個的弄，好像穿項鍊一般。我第一次試驗，就把所有輪子都裝上去，排得整整齊齊的，接著把細鐵絲拉出來，問題便解決了。

當晚，我把小洞指給他看以及怎樣把輪子裝上，隨後開始閒聊機器的事，我們成為好朋友了。在他辦公室內，有許多小格架，裡面放著拆開了的鎖或保險櫃的零件，它們美極了！但我還是絕口不提鎖或保險櫃的事。

謎底揭曉

我感覺時機快成熟了，於是放出一個小餌：談保險櫃。我要把我唯一知道的小知識告訴他——就是當那些鎖被打開時，你可以找出密碼的最後兩個數字。

「嘿！」我一邊看他架子上的東西，一邊說：「你在修理摩士勒保險櫃呀。」

「是。」

「你知不知道這些鎖並不保險。它們開著時，你可以找到後兩個密碼組合。」

「你會那一招？」他說，終於顯露出興趣。

「會呀。」

「試給我看，」他說。我示範給他看。「你叫什麼名字？」從頭到尾，我們都沒問過對方姓名。

「費曼，」我說。

「天啊，你就是費曼！」他激動的說：「偉大的開鎖專家！早就久仰大名了，我一直都想跟你會面呢！我希望能跟你學學怎樣打開保險櫃的鎖。」

「這話怎麼說？你早已經知道怎樣開保險櫃的鎖了。」

「我不會。」

「聽著，我聽說過你把上尉的保險櫃打開，我花了這麼多心思跟你會面，而現在你卻告訴我，你不知道怎樣打開保險櫃的鎖。」

「沒錯。」

「那麼至少你懂得怎樣把保險櫃鑽開。」

「那個我也不會。」

「什麼？」我叫起來了：「資產保管部的人說你拿了工具，去把上尉的保險櫃鑽開！」

「如果你身為開鎖匠，」他說：「有人找你去把保險櫃鑽開，你會怎麼做？」

「我嘛，」我說：「我會假裝很忙的整理好工具，跑到保險櫃那裡，隨便在櫃子上用力鑽下去，好保住飯碗。」

「那正是我的做法。」

「但你確實把它打開了！你一定知道怎麼開鎖！」

「噢，是有打開。我知道那些鎖出廠時，密碼都設定在二五—〇—二五、或五〇—二五—

五〇，因此我想：也許那傢伙根本懶得改動密碼呢，而第二組密碼就真的成功了。」

我還是從他那裡學到了一點東西：原來他跟我一樣，都是用那些「神奇」的方法把鎖打開。但更滑稽的是，那個大人物上尉買了這麼超級安全的保險櫃，一干人等又費那麼大的勁才把它抬進他的辦公室裡，而他居然懶得動手重新設定密碼！

我走進我們那座大樓裡的各個辦公室，試撥那兩組密碼。而我發現，平均每五個保險櫃中，用這方法就可以打開其中一個！

山姆大叔不要你

二次大戰結束以後，軍方千方百計的想徵召大家去充實駐德國的軍隊。之前，他們容許某些人可因體格以外的理由延緩服役（我因參與原子彈的製造，而得以延緩服役），但現在他們政策大改，每個人都得接受體檢了。

那一年的暑假，我在紐約州斯克內克塔迪市的奇異（General Electric）公司跟貝特工作，記得我還要坐滿久的車，好像是到紐約州首府奧爾巴尼，去接受體檢。

到了兵役處，他們要我填一大堆表格，然後到各個檢查站接受體檢。第一站檢查視力，第二站檢查聽力，另外一處替你抽血等等。

最後來到第十三號檢查站：心理檢驗。我在一張長板凳坐下，一邊等候、一邊看看他們在做些什麼。那裡有三張桌子，各有一名心理醫師坐在桌後面，而「被告」就坐在醫師對面回答問題，身上只穿著內褲。

那時候，有很多以心理醫師為題材的電影，例如《意亂情迷》（*Spellbound*）就是個好例子。電影中有個原本很會彈鋼琴的女孩子，雙手忽然扭曲，姿勢很怪異，她的家人便找了個心理醫師來。於是你看到心理醫師陪著她一起到樓上的房間，房門在他們身後關上；而在樓下，她的家人則議論紛紛，不知會發生什麼事。然後她出現了，雙手仍然維持著那怪異的姿勢，很戲劇化的從樓上走下來，在鋼琴前面坐下，把手伸到鍵盤上。突然間，叮迪度叮迪度叮叮叮——她又可以彈琴了！

老實說，我沒法忍受這些心理醫師的廢話，我認定這些心理醫師都在騙人，我絕不要跟他們打交道。而這就是快要輪到我接受檢查時的心態。

我坐在桌前，心理醫師開始翻閱我填的表格。「哈囉，狄克！」他用一種充滿歡樂的聲音說：「你在哪裡工作？」

我想：「這傢伙以為他是誰呀？憑什麼叫我的暱名？」我冷冰冰的回答：「斯克內克塔迪市。」

「你替誰工作呢，狄克？」他說，再次展現笑容。

「奇異電器。」

「你喜不喜歡你的工作，狄克？」他又說，臉上還是掛著笑容。

「普通！」我就是不要跟他打交道。

他好聲好氣的問了三個問題，第四個問題卻完全不一樣：「你覺得別人在談論你嗎？」他的聲音低沉，十分嚴肅。

我精神來了，說：「有呀！每次我回家時，媽媽經常告訴我，她跟朋友談起我。」心理醫師並沒聽我接下去的說明，他只在體檢表上寫了些東西。

雞同鴨講

再一次，他用那低沉、嚴肅的聲音問：「你覺得別人盯著你看嗎？」

我正準備說沒有，他卻突然說：「比如說，你覺得坐在那邊板凳上的人，有沒有人盯著你看呢？」

還沒輪到我時，我確實注意到那裡大約有十二個傢伙坐在板凳上，等著給這三個醫師檢查，而他們哪有什麼東西好張望的？於是我用三去除十二，也就是說，每個醫師分到四個，不過我的估計很保守，於是回答：「有呀，我猜他們之中，總有兩個人在看我們吧！」

他說：「好，那你轉過頭去看看。」但他自己卻懶得看一眼。

我轉過頭去，真的有兩個人在看我們，於是我便指著他們說：「對呀，就是他，還有那邊的傢伙都在看我們。」當然，我那樣轉過頭去指指點點的時候，其他人都開始看我們了，我繼續說：「現在他，那邊又有兩個——現在所有人都在看了。」他還是沒有抬起頭來看，他只忙著在我的文件上寫東西。

然後他說：「你腦袋裡有出現過說話聲音嗎？」

「很少，」我正準備告訴他發生過的兩次情形，他又問：「你會自言自語嗎？」

「會呀，有時候我在刮鬍子或想東西的時候會，偶爾吧。」

他又寫下了更多東西，然後問：「你太太去世了。你還會跟她談話嗎？」

這個問題真的惹火我了，但是我控制住自己的脾氣，說：「有時候，當我在爬山或做什麼時，我會想她。」

他寫得更多了，然後繼續問：「你的家族裡，有沒有人進過精神療養院？」

「有呀，我有個姨媽在瘋人院裡。」

「你為什麼說是瘋人院？」他說，一副反感的樣子：「你為什麼不說是精神療養院？」

「我認為都一樣。」

「那麼你認為發瘋是怎麼一回事？」他憤怒的說。

「這是人類很奇怪、很特殊的一種疾病，」我老實回答。

「這不會比盲腸炎更奇怪或更特殊！」他反駁說。

「我不同意。我們比較了解盲腸炎的成因或過程，發瘋卻複雜多了，也神祕多了。」

我不必重複我們辯論的細節了，重點是，我認為發瘋是生理上的一種特殊異象，他卻以為我指的是社交活動上的特殊異象。

把戲也失效

一直到這個時候，我還是實話實說，儘管我對他不怎麼友善。可是，當他要我伸出雙手時，我再也忍不住要玩個花招了。這是排隊抽血時，一個傢伙教我的。我原本想不可能有機會玩這一招的，但反正事已至此，我就玩它一次：我伸出雙手，一隻手掌朝上，一隻朝下。

心理醫師沒有注意到。他說：「把手翻過來。」

我把手翻過來，原來朝上的朝下，朝下的現在朝上，而他還是沒有注意到。因為他從頭到尾都只細看一隻手掌，看看有沒有發抖的現象。這個把戲居然沒發生作用！

最後，問過這些問題之後，他又變得友善起來了。他輕鬆的問：「狄克，原來你有博士學位。你在哪裡念書？」

「麻省理工和普林斯頓。你又在哪裡念的書？」

「耶魯和倫敦。你念的是什麼呢，狄克？」

「物理。你念的是什麼？」

「醫學。」

「這算是醫學嗎？」

「是呀，你以為這是什麼？過去那邊坐下，再等幾分鐘！」

我回到板凳上坐下，有個在等候的傢伙湊過來說：「天呀！你在那裡待了二十五分鐘！別人才五分鐘呢。」

「是呀。」

「嘿，」他說：「你想知道怎樣愚弄那些心理醫師嗎？你只要咬你的指甲就成了，像這樣。」

「那你為什麼不那樣咬你的指甲？」

「噢，」他說：「我想參加軍隊呢。」

「你想愚弄那些心理醫師？」我說：「你只要把你這句話告訴他就行了。」

過了一會兒，他們把我叫到另一張桌子，去見另一個心理醫師。前面那個心理醫師很年輕，看起來很純潔的樣子；可是現在這個心理醫師頭髮灰白，看來很有權威。很明顯階層較高。我覺得是要把誤會澄清的時候了，可是我也決定了，無論發生什麼事，我都不要表示友善。

這個心理醫師看了我的資料，臉上堆出笑容，說：「哈囉，狄克。我看到這裡說，戰時你在羅沙拉摩斯工作過呀。」

「是的。」

「那地方以前有一所男童學校，對不對？」

「對的。」

「學校裡的建築多不多？」

「只有幾幢。」

三個問題，都用同一個技巧，但接下來的問題就完全不一樣了：「你說你會聽到腦袋裡有說話聲音，請你描述一下。」

「這不常發生。有時當我很專心聆聽帶有外國口音的人說話後，入睡時就會清楚聽到他的聲音。第一次是當我在麻省理工讀書時，我聽到瓦拉塔教授說：『這個，這個電場啊。』另一次是戰時在芝加哥，泰勒教授正講解原子彈的原理時。我對各種現象都很有興趣，因此我一直都很好奇，為什麼一方面我沒法學他們那樣講話，但另一方面卻能清楚聽到他們那些外國口音……其他人偶爾也會出現這種情形吧？」

心理醫師把手蒙在臉上，從他的指縫間，我卻看到他在偷笑（他拒絕回答我的問題）。

生命價值六十四

接著他查問其他事情：「你說你跟你已去世的太太說話。你都跟她說些什麼？」

我生氣了，心想這關他什麼事，就說：「我告訴她我愛她，希望這不礙著你！」

繼續針鋒相對的爭辯一回後，他說：「你相信超正常嗎？」

我說：「我不懂什麼叫『超正常』。」

「什麼？你，一個物理博士，不懂什麼是超正常？」

「沒錯。」

「這是洛茲（Oliver Lodge）爵士和他的門徒所信奉的。」

這不算什麼提示，但我想出來了：「你是說『超自然』。」

「喜歡的話，你也可以這樣叫它。」

「好，我就那樣叫它。」

「你相信心電感應嗎？」

「不信。你呢？」

「我嘛，我對此保留虛心不偏見的態度。」

「什麼？你，一名心理醫師，保留虛心不偏見的態度？哈！」

類似的對話持續了好一陣。

問話快結束時，他問：「你覺得你的生命有多少價值？」

「六十四。」

「為什麼你說六十四？」

「生命價值能用數字計量的嗎？」

「不！我是說，你為什麼說『六十四』，而不是——比如說『七十三』？」

「如果我剛才說『七十三』，你也會問我同樣的問題呀！」

談話結束之前，他再問了三個問題，都是很友善的，就像先前那個心理醫師一樣。他把我的資料交給我，我就轉到下個檢查站去。

評語：有心理缺憾

我一邊排隊，一邊翻閱手上的體檢表，看看他們寫的檢查結果。完全出於頑皮，我把體檢表拿給站在旁邊的人看，而且用一種傻里傻氣的聲音問他：「嘿！在『心理檢驗』那欄，你得了什麼評語？嘿！你拿了N。其他的我都拿N，只有在『心理檢驗』我拿D。那到底是什麼意思嘛？」我當然知道那是什麼意思：N是正常（normal），D是有缺憾（deficient）。

那個傢伙拍拍我肩膀說：「朋友，沒關係，這是毫無意義的，不要擔心。」然後他走到屋裡另一角落，一副嚇壞的樣子：那是個瘋子！

我開始細看那兩個心理醫師寫些什麼，按他們所說情況很嚴重呢！第一個傢伙寫道：

覺得別人在談論他。

覺得有人盯著他。

出現入眠期幻聽。

跟自己對話。

跟去世妻子對話。

姨母在精神療養院。

眼神怪異。

（我知道「眼神怪異」是怎麼回事，那是當我說：「這算是醫學嗎？」時的眼神。）

第二個醫師很顯然較偉大，因為他的字更潦草難懂。他寫了些「證實有入眠期幻聽」一類的話。他還寫了許多好像很專業的筆記，看起來很糟糕的樣子。我想我還是得向軍方澄清所有的誤會，否則不大妙。

體檢完畢後，有個軍官負責決定我們要不要服役。比方說，如果你的聽覺有毛病，他便要決定那是否真的嚴重到影響服役。而由於他們正在拚命搜括役男，這位軍官不會隨便放過任何人，嚴格得很。排我前面那個傢伙的頸背上，有兩根骨頭突出來，好像是脊椎移位。軍官便站起來伸手去摸他後頸，以確定真假。

我盤算著這就是我澄清誤會的時機了。輪到我的時候，我把體檢表交出，準備詳細說明一切；但他頭也不抬，看也沒看一眼。一看到「心理檢驗」欄的D，他便立刻伸手去拿「拒收」的印章，沒問我任何問題。他只在我的體檢表蓋上「拒收」，然後擲還給我，卻還在看著他的桌子。

我走出兵役處，坐上公車回斯克內克塔迪市，途中一直想這天發生的荒唐事件，想著想著便笑出來——大聲的笑。我跟自己說：「天呀！要是他們現在看到我，他們便更加確定我是個神經病了。」回到斯克內克塔迪市，我去找貝特。他坐在辦公桌後，見到我便半開玩笑的問：「怎麼樣，狄克，及格了嗎？」

我拉長臉孔，慢慢的搖頭：「沒過。」

他突然害怕起來，以為體檢結果發現我有什麼嚴重的健康問題。他很關心的問：「怎麼回事，狄克？」

我用手指，指著腦袋。

他說：「不會吧！」

「會呀！」

他大叫起來：「不——會——的！」他笑得如此厲害，奇異公司的屋頂差點被震下來。

我跟很多人談到這個故事，大家都覺得好笑，除了少數幾個人。

我實在瘋了！

回紐約時，父親、母親和妹妹都在機場接我。回家路上，我告訴他們發生的事。聽完之後，母親說：「我們該怎麼辦，邁爾？」

父親說：「別傻了，露西。這太荒謬了。」

事情好像就這樣過去了，但後來妹妹告訴我，當我不在場時，父親對母親說：「露西，當著他面時什麼也不該說的。現在我們該怎麼辦？」

這時候，母親已經清醒過來了，說：「別傻了，邁爾！」

另外還有一個人不喜歡我的故事。那是在一次物理學會舉辦的餐宴上，我在麻省理工的老教授史萊特說：「嘿，費曼！給我們講講那個兵役處的故事。」

我把故事整套說了。這些物理學家（除了史萊特之外，我一個也不認識）也都從頭笑到尾。但當我說完時，有個傢伙說：「也許那個心理醫師有他的想法。」

我想也沒想便問：「請問這位先生是幹哪一行的？」這當然是個笨問題，因為我們正在參加物理學家的專業聚會呢，我只是覺得奇怪，為什麼會有物理學家說出那樣的話。

他說：「呃，其實我真的不應該在這裡出現的，但我是應我兄弟的邀請，而來參加這聚會。他是物理學家，而我是心理學家。」我居然就那樣掀開他的真面目！

慢慢的，我卻擔心起來。他們會說，這個人在戰爭期間獲得延緩服役資格，因為他在造原子彈；負責兵役的委員會，一直收到信說這是個重要人物，現在他的「心理檢驗」卻得了個D——原來他是個神經病！但很顯然他不是真的神經病；他只是想騙我們相信他是個神經病而已；我們要把他逮回來！

看來情況對我很不利，我必須想個辦法。幾天後我想到了。我給兵役委員會寫了封信：

各位親愛的委員先生：

由於本人目前正參與講授科學、作育英才的工作，而我們國家的福祉在一定程度上繫於未來科學人才是否鼎盛，因此我認為我不應被徵召服兵役。不過，各位可能根據我的體檢報告——換句話說，由於我的精神狀況不佳，而決定我應緩役。但我覺得這份報告不應被重視，因為報告內容錯誤百出。

而我之所以會寫這封信請各位注意該錯誤，卻是由於本人實在瘋了，以致不願藉此機會投機取巧。

理查・費曼　謹上

結果：「緩役，健康因素。」

第四部

堂堂大教授

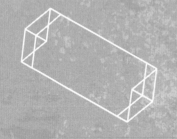

眼中無「物」，心中有「理」

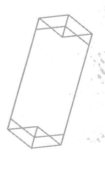

我不相信，如果不教書我還能過得下去。原因是，這樣就算我一點東西都想不出來時，我還能跟自己說：「至少我還活著；至少我還在做一些事情，有些貢獻。」——這是一種心理作用。

一九四〇年代，我待在普林斯頓大學的期間，親眼看到普林斯頓高等研究院（IAS）內那些卓越心靈的下場。他們都具備了聰明絕頂的頭腦，因此特別被選中，來到坐落在森林旁邊的漂亮房子裡，整天悠哉游哉的閒坐——不用教書，沒有任何約束或負擔。但等過了一段日子，他們想不出什麼新東西來，每個人心裡一定開始感到內疚或沮喪，還更擔心提不出新想法。可是一切還是如舊，仍然沒有靈感。

會發生這種情況，完全是因為那裡缺乏真正的活動和挑戰：他們沒有跟做實驗的學者接觸，也不必思索如何回答學生提出的問題，什麼都沒有！

教學相長

在任何思考過程中，當一切進行順利、靈感源源不絕時，教書確實是一種妨礙，十分討厭。但在思考過程中有更多時候是腦袋空空的，如果既想不出什麼、又沒做什麼，那真會教人瘋狂！你甚至不能說：「我在教書呀！」

而且，在課堂上時，你可以思考一些已經很清楚的基本東西。這些知識是很有趣、令人愉快的，重溫一遍又何妨？另一方面，有沒有更好的介紹方式？有什麼相關的新問題？你能不能賦予這些舊知識新生命？基本的東西思考起來並不難；而如果你沒想出什麼新東西來，沒關係，以前想過的已足以應付講課之用了。但如果你真的有什麼新想法，能從新角度看事物，你會覺得很愉快。

學生問的問題，有時也能提供新的研究方向。他們經常提出一些我曾經思考過、但暫時放棄，卻是意義很深遠的問題。重新想想這些問題、看看能否有所突破，也很有意思。學生未必理解我想回答的方向，或者是我想思考的層次；但他們問我這個問題，卻往往提醒了我相關的問題。單單靠自己，是不容易獲得這種啟示的。

因此對我來說，教書以及學生，使我的生命繼續發光發亮，我也永遠不會接受任何人替我安排一切——快快樂樂的不必教書。永遠不會！

很幸運的，我接到了夢寐以求的邀請。

二次大戰期間，當我還在羅沙拉摩斯時，貝特替我爭取到康乃爾大學的工作，年薪三千七百美元。當時另外還有機構提出更高薪資，但因為我喜歡貝特，於是我決定到康乃爾，不考慮錢的問題。貝特非常關心我，當他發現別人提出更高薪水，他就主動跟康乃爾大學談，把我的年薪提高到四千美元。我那時還未開始上班呢！

康乃爾大學通知我，我要教的是數學物理；同時告訴我，應該在十一月六日到校——確實日期記不清楚了，日期定在年底好像有點奇怪。我從羅沙拉摩斯坐火車到紐約州的綺色佳，途中有一大部分時間都在寫曼哈坦計畫的報告。我還記得火車到了水牛城之後，我才開始計劃講課內容。

你必須明白在羅沙拉摩斯的壓力：每個人都盡快的工作，很努力、很拚命在工作；而每件事總是在最後一分鐘才完成。因此，在開講之前的一、兩天，我才在火車上開始準備課程，已經是習慣成自然的事了。

對我來說，教授數學物理是最理想不過了。在戰爭期間，把數學應用到物理上，正是我的工作重心。我很清楚哪些方法真的很有用、哪些沒用。在那樣拚命工作、花了四年在應用數學技巧上之後，我真的是經驗豐富了。我列出了各項數學主題以及處理方式。到今天，我還保留著當時在火車上做的筆記。

在沙發上過夜

到了綺色佳，我走下火車，像平常一樣把笨重的皮箱扛在肩上。有個傢伙喊：「要搭計程車嗎，先生？」

我從來沒想過要坐計程車，我那時候年輕、沒錢，又喜歡我行我素。但我又想：「我現在當教授啦，必須要有點尊嚴才行。」於是把行李放下來、提在手上，說：「好呀。」

「去哪裡？」

「旅館。」

「哪一家旅館？」

「隨便哪家旅館。」

「你有預定房間嗎？」

「沒有。」

「現在房間不好找呢。」

「我們就一家家的去找，你在旅館門口等我。」

我試了「綺色佳旅館」，沒空房間。我們跑到「出外人旅館」，還是沒有。我跟司機說：「這樣在城裡開來開去是不行的，那樣花太多錢了，我用走的好了。」我把行李留在出外人旅館，便四處亂逛找房間。

我碰到另一個亂逛找房間的人。原來周圍的旅館真的都沒希望了。沒多久我們逛到某個山坡上，慢慢發現已經走到大學校園附近了。

我們看到一幢好像宿舍的房子，窗戶敞開，裡面有些雙層床。這時已經是晚上了，於是我們進去詢問能不能睡在那裡，跟我一起亂逛的人說：「來吧，就在這裡睡吧！」

我覺得那樣不太好，跟偷竊好像沒兩樣。如果他們回來發現我們睡在他們的床上，會惹上麻煩的。於是我們離開那房子，繼續走了一段路，看到街燈下有一大堆落葉。當時已是深秋，葉子大概是從草坪上掃到這裡來的。我說：「嘿！我們可以躺在葉堆上睡呀！」我試了試，感覺軟軟的。我厭倦了那樣逛來逛去，在落葉上睡覺簡直是十全十美。但我又擔心會因此惹上麻煩。早在羅沙拉摩斯時，我又打鼓、又開鎖的，大家都取笑我，說康乃爾這下麻煩大了，不知道請來的是什麼樣子的教授，還說我一定會做些傻事而大大出名；因此我得莊重點，最後很不情願的放棄在那堆樹葉上睡覺的念頭。

我們又再遊蕩了一會，看到一座很大、看起來很重要的建築物。走到裡面，發現走廊上放了兩張沙發。與我同行的人說：「我要在這裡睡！」隨即倒在沙發上。

我實在不想惹麻煩，終於在地下室找到一位清潔工，問他到底可不可以在沙發上睡。他說：「當然可以。」

第二天早上，吃過早餐後，趕忙打聽什麼時候開始上課。我跑進物理系辦公室問：「什麼時候開始上課？我缺課了嗎？」

裡面的人說：「你什麼都不用擔心，八天後才開始上課。」

我震驚極了！然後我的第一句話是：「那麼你們為什麼叫我一個星期前就跑來？」

「我以為你會喜歡早一點來熟悉環境，找地方安定下來等開學。」

我從羅沙拉摩斯回到文明世界，卻完全搞不清楚狀況！

物理系主任吉布斯（Roswell C. Gibbs）教授叫我到學生中心去解決住的問題。那地方很大，很多學生在那裡轉來轉去。我走到一張放了「住宿」牌子的大桌子前說：「我剛到這裡，我要找個房子。」

那傢伙說：「朋友，綺色佳的房子難找得很呢。事實上，信不信由你，昨天晚上有個教授還不得不在這裡的沙發上睡。」我周圍一看，原來是同一個地方！我轉過身來說：「我就是那個教授，而教授我呢，不想這樣再來一遍。」

展開新生活

在康乃爾大學的前幾年很有趣，有時甚至很滑稽。到學校之後沒幾天，吉布斯教授就到我的辦公室，告訴我說通常到了學期末我們不收新生，但如果申請者非常、非常優秀的話，我們會收他。然後他遞給我一份申請書，要我評估。

他回來時問：「怎麼樣？有什麼想法沒有？」

「我覺得他是第一流的，我覺得我們應該收他。能找到這樣的學生是我們的運氣。」

「是的，但你有沒有看到他的照片？」

「那有什麼關係？」我大叫起來。

「沒有啦，先生！很高興聽到你這樣說。我只是想試看看我們的新教授是個什麼樣的人而已。」

吉布斯很欣賞我那樣跟他直來直往，不會想「他是系主任，我是新來的，說話最好小心點」。我腦筋沒動那麼快、顧慮到那麼多；我的反應很直接，想到就說。

還有個傢伙跑到我的辦公室，要跟我談哲學。我不大記得他說過些什麼了，他們想找我參加一個教授聯誼會——這可是個反猶太的團體，他們認為納粹並不那麼壞。他努力解釋猶太人做這、做那……。真是一派胡言！我等他把話說完，然後跟他說：「你曉不曉得你犯了個大毛病？我就是在猶太家庭裡長大的！」他出去了，從此我卻對康乃爾大學人文科系的某些教授失去了敬意。

覺得自己油盡燈枯

這時候，我太太已去世，一切得重新開始，我希望能結交一些異性。而當時社交舞會很流行，康乃爾也不例外，特別是針對大一新生及舊生而設的舞會。

我還記得我參加的第一場舞會。在羅沙拉摩斯期間，我已經有三、四年沒跳過舞了，甚至沒什麼社交。因此，我在這場舞會中賣力的跳。我想我跳得不錯，從舞伴的愉快神情中，不難看得出來。

我一邊跳舞、一邊跟舞伴閒聊，她會問問我的事情，我也反問幾句。但當我想跟跳過舞的女孩子再跳一次時，我得到處找她。

「妳要不要再跳？」

「不，對不起，我得透透氣。」或者「哦，我要到化妝室去。」——都是藉口，連續兩、三個女生都如此。我怎麼了？我的舞藝太差了嗎？我的人格低劣嗎？

我又找另一個女孩跳舞，她又重複同樣的寒暄：「你是大學部的學生，還是研究所的研究生？」很多學生看來年紀頗大，因為他們當過幾年兵。

「不，我是教授。」

「噢？你教些什麼？」

「理論物理。」

「你大概還研究過原子彈呢。」

「是呀，戰時我都待在羅沙拉摩斯。」

她說：「你真是個該死的騙子！」就走開了。

那讓我鬆了一大口氣。什麼都清楚了，我跟每個女孩子說那單純、愚蠢的實話，卻一直不知道問題出在哪裡。很明顯，從頭到尾我都表現得很有禮貌、自然又大方，有問必答的，一切都很美好；然後突然「呼！」的一聲，什麼都不靈了，一個個女孩都離我遠遠的。直到這個女孩說我是騙子之前，我真的是一頭霧水。

之後我便迴避所有問題，效果便迴然不同了：

「你是個新鮮人嗎？」

「噢，才不呢。」

「研究生？」

「不。」

「你是幹什麼的？」

「我不要說。」

「為什麼不肯告訴我？」

「我不想說……」——她們就一直跟我談下去！

結果那天晚上我帶了兩個女生到家裡，其中一個告訴我，其實我用不著為了只是個大一新生而尷尬，有很多跟我一樣年紀的人，也才剛開始念大學，這真的沒什麼關係。她們是大二生，都盡力發揮母愛，努力給我心理建設；但我不願看到這許多歪曲及誤會，於是讓她們知道我的教授身分。她們很生氣，覺得被愚弄了。

在康乃爾大學當年輕教授的那些日子裡，我確實碰過不少麻煩。

總之，我開始講授數學物理課，也還了開一門電磁學，計劃做些研究。戰前當我在修博士學位時，我發明了一種新方法，用路徑積分來做量子力學，還有一大堆題目想研究。

但那時候，除了準備課程之外，我經常跑到圖書館去，讀《天方夜譚》、偷看身邊的女孩；而到了做研究時，我便無法專心工作。我覺得有點累，提不起勁，我無法做研究了！這種狀況好像持續了好幾年。記得有一次我在思考伽瑪射線的問題，寫了一、兩行便寫不下去了。我深深覺得，由於戰爭以及其他事情（太太的去世等），我已經油盡燈枯了。

現在，我卻看得比較清楚了。首先，年輕人往往無法意識到準備一堂精采的課要花多少時間，特別是第一次教書的時候；更不用說還要實際進教室上課、出考題、想想考題是否合理等等。我的課教得很好，每堂課都花了很多心血，但我完全不知道那是很重的工作！於是我就坐在那裡讀《天方夜譚》，覺得自己油盡燈枯，不斷的自憐自艾。

沒必要符合別人的期望

這段期間，有不少大學或工業界邀我跳槽，薪水比我當時的高。但每次發生這種事情時，我就會更加沮喪。我跟自己說：「他們給我這麼多好機會，但他們完全不知道我已經筋疲力盡了！我哪裡能接受這些聘約呢？他們會期望我有所建樹，但我什麼鬼也建樹不了！我什麼也想不出來……」

最後，信箱裡出現一封來自普林斯頓高等研究院的信，他們邀請我到那裡。愛因斯坦、馮諾伊曼……那些卓越的人物！他們寫信給我，邀我到那裡當教授，而且還不是一般的教授呢。不知怎麼的，他們知道我對高等研究院的感受：像太注重理論啦、缺乏真正的活動及挑戰等等。他們在信內寫道：「我們充分了解你在實驗和教學方面都有相當的興趣，因此我們特別安排了一份教職，如果你願意的話，一半時間在普林斯頓大學，一半在高等研究院。」

高等研究院！特別安排！職位甚至比愛因斯坦的還要好！

太理想、太完美了；也太荒謬了！

這是真的很荒謬。其他的邀約令我情緒低落，但只到某個限度。他們只不過期望我會有所建樹。但這項邀請是那麼的荒謬，這是我永遠不可能做到的地步，完全離了譜。其他人不過弄錯了，但這是荒天大謬！我一邊刮鬍子，邊想邊笑。

然後我想：「他們把你想得那樣神奇，你卻覺得無法做到名副其實，但你沒有責任要滿足他們的期望啊！」

這是個極為高明的想法：你完全沒有責任要做到其他人覺得你應該做到的地步。我沒有責任要符合他們的期望，這是他們的錯，可不是我失敗了。

高等研究院以為我是那麼優秀，並不是我的失敗；很明顯，這是個錯誤。

而就在我想到他們可能看錯了的那一刻起，我也意識到這個道理可以應用到其他地方，包括我身處的康乃爾大學。我就是我，如果他們預期我有那麼優秀，而且因此付我薪水，那是他們也看錯了，他們該自認倒楣。

重新享受物理

就在那一天，奇蹟出現了。也許是剛巧聽到我跟人討論這些感受，或者是真的對我了解甚深，總之，當時在康乃爾實驗室當主管的威爾遜把我找去，很嚴肅的跟我說：「費曼，你教書教得很好，你非常不錯，我們覺得很滿意。當我們聘請一位教授時，我們會負起所有風險，如果不夠好，也沒話好說了。但你不應該擔心你在做些什麼以及沒在做些什麼。」當時他說得更加精采，總之這番話把我從罪惡感中解放出來了。

接著我又有一個想法：目前我有點厭煩物理，但從前我很能夠享受物理的樂趣。為什麼會這樣呢？因為從前我都在跟它玩遊戲。從前我隨興之所至——我不會憂慮這究竟對核物理的發展是否重要，只會想這是否有趣，好不好玩。還在念高中時，看到水龍頭流出來的水流逐漸變少，我很好奇能不能研究出它的曲線，而我發現那並不難。事實上，我根本沒必要去研究它，它對科學發展也無關重要，何況那問題早有人研究過了。但對我來說毫無分別：我還是會發明些什麼，為了覺得好玩而做物理。

這就是我的新人生觀。好吧，我筋疲力盡，我永遠不會有多麼偉大的成就，而目前在大學這份教職很不錯，我頗能自得其樂。那麼就像讀《天方夜譚》一樣，讓我來玩玩「物理遊戲」吧，什麼時候想玩就什麼時候玩，不再擔心這樣做有什麼意義。

就在那個星期的某天，我坐在餐廳裡，旁邊有些人在玩耍，把一個餐碟丟到空中。碟子冉冉升起時，我注意到它邊飛邊擺動，邊緣上的紅色康乃爾校徽也轉來轉去，而且校徽運動的速度比碟子轉動的快。

我反正閒著，於是著手計算碟子的運動。結果發現當角度很小時，校徽轉動的速度是擺動速度的兩倍，剛巧是二比一，而這是從一個很複雜的方程式推算出來的。我想：「有沒有更基本的方法來處理這現象，例如從力或動力學的角度來了解為什麼剛好是二比一？」

我記不得過程細節了，但最後我計算出碟子上各質點的運動，以及所有加速運動怎麼相互平衡，使得速度比剛好是二比一。

我跑去跟貝特說：「嘿！我發現了很有趣的現象。當餐碟這樣轉時……是二比一，原因是……」我告訴他加速運動等等。

他說：「費曼，那很有趣，但那有什麼重要？你為什麼要研究它？」

「哈！」我說：「那沒什麼重要，我只是覺得好玩而已。」貝特的反應絲毫沒有使我洩氣，我已經下定決心，我要享受物理，隨興之所至。

我繼續推算出盤子轉動的方程式。隨後我思索電子軌道在相對論發生作用的情況下會如何運動，接著是電動力學裡的狄拉克方程式，再接下來是量子電動力學。我還來不及細想究竟怎麼回事（事情發生得太快了），我就在「玩」（事實上是工作）以前我很喜愛、但因為到羅沙拉摩斯而中斷研究的題目，以及許多老舊、但美妙的現象。

一切是那麼毫不費力，這些題目玩起來是那麼容易，就好像打開瓶蓋一樣，所有東西都毫無阻塞的流出來。我差點產生抵抗之心了！我做的毫無意義，可是結果呢，卻恰好相反。後來我獲頒諾貝爾獎的原因——費曼圖以及其他的研究，全都來自那天我把時光「浪費」在一個轉動的餐碟上！

有什麼問題嗎？

在康乃爾大學教書時，我每個星期都要到水牛城一趟，在當地的航太實驗室講課。康乃爾大學跟這家實驗室互有協議，學校方面派人到他們那裡，晚上開物理課。這件事原本已有人負責，但由於學生傳出不滿的聲音，物理系便跑來找我。那時我只是個年輕教授，資歷很淺，不懂得如何拒絕，便同意了。

他們安排我搭乘一家小型航空公司的客機。公司名字是羅賓遜航空公司（後來改名為莫霍克航空）。記得我第一次飛去水牛城時，機師就是羅賓遜先生本人。他先敲掉凝結在機翼上的冰塊，然後我們就起飛了。

總而言之，我一點也不喜歡每星期四晚上到水牛城。除了基本花費之外，學校還付我三十五美元的酬勞。我是在經濟大蕭條年代長大的，所以早就計劃好要把錢存起來。就當時來說，那已經是很大的一筆錢。

但是我突然醒悟：那三十五美元的功能，是要使得水牛城之行更有吸引力，而正確的方

法就是把它花掉。因此我決定，每次飛到水牛城授課時，都要花掉那三十五美元，好好享受一下，看看會不會使行程更為值得。

夜遊水牛城

我是個涉世未深的人，要花錢也不知從何花起，於是我請計程車司機帶我見識一下水牛城的娛樂場所。我是在機場搭上這位計程車司機的車，還記得他名字叫馬酷索，駕駛第一六九號計程車。他很會幫忙，每個星期四晚上當我飛到水牛城機場時，我都特別要求坐他的車。

那天，在正式講第一課之前，我問馬酷索：「哪裡可以找到很熱鬧、很有趣的酒吧？」我以為酒吧都是熱鬧有趣的地方。

「阿拉比小館，」他說：「這是個很有生氣的地方，你會碰到很多人。等你下課後我帶你去吧。」

下課後馬酷索來接我，在前往阿拉比小館的途中，我說：「到了那兒我總要叫杯飲料。他們有什麼好的威士忌？」

他教我：「你就點黑白威士忌，外加一杯水。」

阿拉比小館是個滿高雅的地方，人很多很熱鬧。那裡的女士都穿著毛皮大衣，每個人也都很友善，電話響個不停。

我走到吧檯，點了杯黑白威士忌，外加一杯水。酒保很友善，很快便找了一位漂亮女士坐在我旁邊，介紹我們認識。我買了酒請她，我很喜歡這地方，當下決定下星期再來。

於是每星期四晚上，我到了水牛城後，都坐一六九號計程車去講課，然後到阿拉比小館點黑白威士忌，外加一杯水。過了幾個星期後，只要我一踏進阿拉比小館，就有一杯黑白威士忌及一杯水在那裡等著我。「你的酒，先生。」這成為酒保跟我打招呼的方式。

通常我會把酒拿起來，就像在電影裡看到的鏡頭一樣，一口氣喝掉，好讓其他人知道我是個真正的男子漢。閒坐二十秒之後，我再把水喝下去。習慣以後，慢慢的我連水也不必喝了。

那位酒保總是不會讓我身旁的椅子空著，每次都介紹我認識漂亮的女人。可是到了酒吧打烊時，她們都自行離去。我想很可能是因為到了那時，我已醉得很厲害了。

有一次，阿拉比小館要打烊時，那晚的女伴提議我們去另一個地方，她在那裡認識很多人。那地方在一幢建築物的二樓，從外面看，簡直看不出二樓是一家酒吧。水牛城規定所有酒吧必須在兩點鐘打烊，之後所有人便都被吸引到這裡的二樓，一切繼續下去。當然，這是非法的。

我常在想，有沒有什麼方法可以留在酒吧裡看熱鬧，卻又不至於喝醉？一天晚上，我注意到有個常來的傢伙，到吧檯點了杯牛奶。他的問題大家都知道，他罹患胃潰瘍了。可憐的傢伙！我因此想到一個好主意。

下次到阿拉比小館時，酒保問：「跟往常一樣嗎，先生？」「不，給我一杯可樂，只要可樂就好了，」我說，臉上裝出一副很失意的樣子。其他人圍過來安慰我：「是呀，三星期前我也不能喝酒。」「這真苦呀，費曼，真的很苦！」另一個說。

他們都對我崇敬有加。我不能喝酒，但仍然有膽走進酒吧，面對所有的誘惑，只點了杯可樂來喝。這一切當然是因為我要來看我的朋友。我那樣足足裝了有一個月之久，真是有夠卑鄙！

惹上麻煩

有一次我進洗手間，有個醉鬼正在小便。他用一種卑劣的聲音跟我說：「我很討厭你這張臉，我想把你的臉按到你的頭裡去。」

我嚇得臉變綠了。但我用同樣卑劣的聲音回答說：「滾開，別擋我的路，不然我就尿在你身上了！」

他又說了些話，情況愈來愈接近打架邊緣。但我從來沒有跟人打過架，不太知道要怎麼打，更害怕會受傷。我只想到一件事，於是趕忙站到離牆壁遠一點的地方，否則如果我被打了，背部又會撞上牆壁，那等於二度被打。

突然，我感到眼睛有種奇怪的聲音，並不怎麼痛，我還來不及想，卻已回敬了那傢伙一拳。我實在覺得很有趣，原來自己不用想就有反應，身體裡的機件全都知道該怎樣做了。

「好啦，我們一比一平手了，」我說：「你還想打嗎？」

他往後退，繼而離開。如果他跟我一樣笨，也許我們真會把對方打死的！

我跑去清洗一下，雙手不停發抖，牙齦流著血——我的牙齦向來很脆弱，眼睛也痛得要命。鎮定下來後，我大搖大擺的走回去跟酒保說：「黑白，外加水。」心想這會使我平靜下來。

我沒注意到，剛剛在廁所裡挨了我一拳的傢伙，正在酒吧的另一頭跟三個人談話。一會兒，那三個又高又粗壯的傢伙跑過來圍著我，居高臨下、很具威脅的說：「你是什麼意思？為什麼要跟我們的朋友打架？」

我實在有夠笨了，我根本不知道自己正受人恐嚇呢，我只知道是非黑白。我也火起來了，跟他們針鋒相對：「你為什麼不去問你的朋友，是誰開始找麻煩的？」

那些大漢沒想到他們嚇不倒我，全都愣在當場，隨後還轉身走開了。

過了一會兒，其中一個傢伙跑回來對我說：「你說對了，柯里經常跟人家打架，然後叫我們出面替他擺平。」

「當然我對！」我說。那傢伙坐到我旁邊，柯里跟他兩個朋友也過來坐在我對面，隔兩個座位。柯里嘰嘰咕咕的說我的眼睛很難看，我回敬他說，他現在也好不到哪裡去。

我繼續嘴硬，因為我以為酒吧裡的男子漢都那樣講話的。情況愈來愈緊張了，阿拉比小館裡的人都在擔心會發生什麼事。酒保喊：「這裡不能打架，朋友！冷靜點！」

柯里從牙縫中擠出斷斷聲，說：「沒關係，等他出去再整他。」

突然，酒吧出現了個天才。這人跑過來跟我說：「嘿，丹尼！你什麼時候進城裡來的？最近好嗎？」

然後他對柯里說：「喂，保羅！我來介紹我的好朋友丹尼。我想你們會很合得來。幹嘛不握握手？」

我們握了一下手。柯里說：「呃，幸會。」

大天才靠過來輕聲說：「趕快溜！」

「但他們說會……」

「走啦！」他說。

我一手拿起大衣，趕忙溜走。一路上我緊靠建築物的牆壁，以防他們追出來找我。不過半個人影也沒有，我就安全回到旅館了。剛巧這晚是我教的最後一課，往後數年，我也沒再回阿拉比小館了。

（大約十年後，我回去過那裡一次，但看到的阿拉比小館已面目全非。它不再優雅閃亮了，而是髒亂破落，坐了一些三教九流的人。酒保早已換人，我跟他談從前的日子。「噢，是的！」他說：「那時候來這裡的，都是賭賽馬的和他們的女朋友。」我才明白為什麼當年那些人都那麼友善體面，更明白了為什麼電話總是響個不停。）

留下黑眼圈

第二天起床以後，在鏡子中一看，才發現被打過的眼睛已變黑變腫！那天回到綺色佳，我拿一些文件去院長室，有個哲學系的教授看到我的黑眼眶，大叫起來：「噢！費曼先生！你這不可能是撞到門那麼簡單吧？」

「當然不是，」我說：「我在水牛城一家酒吧的男廁所內，跟人打架。」

「哈哈哈！」

最麻煩的，是我還得照常上課。我走進教室，頭低下來看我的筆記。準備好開始講課之後，我抬起頭來，直直的看著他們，然後說我講課前的一句開場白——但這次口氣較以前凶悍：「有什麼問題嗎？」

還我一塊錢！

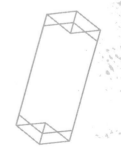

在康乃爾大學教書時，隔沒多久我就回法洛克衛老家一趟。有一回當我在家時，電話響起來：是加州打來的長途電話！那時候長途電話代表發生了很重大的事件，特別是從加州這等神奇的地方打來的。

電話另一頭的傢伙說：「你是康乃爾大學的費曼教授嗎？」

「沒錯。」

「這是某某某飛機公司的某某某。」那是加州一家很大的飛機公司，可惜我忘了它的名字。那人繼續說：「我們計劃設立一間研究核動力飛機的實驗室。我們每年的預算有多少多少百萬美元……」天文數字！

我說：「等一下，先生，我不明白你為什麼跟我談這些事情。」

「讓我說，」他說：「先讓我把事情說清楚，請讓我用我的方式處理這件事。」於是他繼續講下去，說實驗室將來會有多少人、有多少個博士級的研究人員……。

「對不起，先生，」我說：「但我想你找錯人了。」

「你不是理查．費曼嗎？」

「對，沒錯，但你在……」

「請你讓我先把話說完，然後我們再討論。」

「好啦！」我坐下來，半閉著眼，聽他說了一大堆所有關於這項計畫的細節；但我還是完全搞不懂，為什麼他要告訴我這些事情。

終於他解釋完之後說：「我把計畫告訴你，是因為我們想知道，你願不願意來當實驗室的主任？」

「你真的找對人嗎？」我說：「我是教理論物理的教授。我不是火箭工程師，也不是飛機工程師。」

「我們很確定沒找錯人。」

「你們從哪裡找到我的名字的？為什麼會找我？」

「你是核動力火箭推進飛機的專利權人，先生。」

「噢，」我這才想起來為什麼我的名字會被登記為這項專利的擁有人。我告訴那個人：「對不起，我只想繼續在康乃爾當教授。」

有創意就能申請專利

事情的經過是這樣子的。戰時在羅沙拉摩斯有個官方的專利辦公室，負責人施密斯上尉是個大好人。有次他下了個通告給大家，大意是「專利辦公室擬就各位正在研究的每一構想，以美國政府之名義申請專利。任何你研判大家都知道或不知道的，關於核能或其應用之構想，均請到專利辦公室，告訴我們為荷。」

吃中飯時我碰到施密斯，我們一起回到技術區。在路上我告訴他：「你發出通告要我們告訴你每個構想，好像有點神經病。」

我們繼續交換意見，不知不覺已走到他的辦公室了。我說：「關於核能的構想太多、太明顯了，我跟你講一整天也講不完呢。」

「像什麼呀？」

「沒什麼大不了！」我說：「例如：核反應爐……水底……水從這裡進去……蒸氣從那邊出去……這就是潛水艇。或者：核反應爐……空氣從前面湧進……核反應把它加熱……從後面出去……穿過空氣……這就成了飛機。或者：核反應爐……氫氣通過去……隆！這是火箭。又或者：核反應爐……不用一般的鈾，而用加了氧化鈹的鈾，高溫時效率提高……這是發電廠。隨便就有幾百萬種構想啦！」我一邊說，一邊走出辦公室。

一切平靜如常。

專利賣了一塊錢

大約三個月後，施密斯打電話給我說：「費曼，潛水艇已有人認領了，但其他三項都是你的。」因此當加州那家飛機公司的人策劃設計實驗室時，他們要知道誰是火箭方面或推進系統的專家，他們便用這個簡便的方法：看看誰在這方面登記有專利！

總之，施密斯要我簽了一些文件，答應把那三項構想轉交政府。這些是法律程序，但當你要將專利交給政府時，法律規定其中必須要有某些「交易」，否則文件便不生效。因此我簽的那份文件上寫著：「我，理查．費曼，願以一塊錢的代價，出讓此項專利給政府……」

我簽了這份文件。

「我的一塊錢呢？」

「那只是形式，」施密斯說：「我們沒有編列這項預算。」

「你搞了老半天，要我為了一塊錢來簽這份東西，」我說：「一塊錢還我！」

「這太無聊了吧！」施密斯抗議說。

「不，這才不是無聊呢，」我說：「這是一份合法的文件。你要我簽，我可是個正直的人呢，我是認真的。」

「好啦，好啦！」他氣急敗壞的說：「我自己掏腰包給你一塊錢好了！」

「好呀。」

我拿了一塊錢，想到個好主意。我跑到雜貨店，買了一塊錢的餅乾糖果（那時候一塊錢已可買很多東西），跑回理論組請大家吃，我說：「我發大財啦，各位！請你們吃餅乾！我的專利賣了一塊錢！專利賣了一塊錢！」

每個有登記專利的人（很多人都有簽過文件），立刻跑到施密斯上尉那裡：他們要拿那一塊錢！

開始時施密斯還從自己腰包掏錢出來付，但很快就發覺自己快要破產！他急瘋了，拚命想辦法找些經費回來付這些錢。我不知道他後來是怎麼把這件事擺平的。

你就這樣問她們？

我在羅沙拉摩斯造原子彈時，認識了一個女孩，到康乃爾教書後，我們繼續保持聯繫。每當她提到某個男生時，我就會想，學期結束時我最好趕快去看看她，力挽狂瀾。但等我真的趕到那裡時，一切都太晚了，結果我就待在阿布奎基的一家汽車旅館裡，面對漫漫長夏，無所事事。

汽車旅館在六十六號公路上，名叫「卡沙豪華汽車旅館」。公路穿過市中心，而旅館過去不遠有家小小的夜總會，經常有些娛樂節目。由於我沒事可做，也因為我很喜歡在酒吧看熱鬧、交朋友，因此我經常到這家夜總會。

第一次去那裡時，我碰到一個傢伙，大家開始聊起來。突然，我們注意到旁邊坐了一整桌的漂亮年輕女孩——我想她們是環球航空公司的空中小姐，正在舉行生日派對。那傢伙說：「來吧，讓我們鼓起勇氣去請她們跳舞吧。」

我們便請其中的兩人跳舞，之後她們邀我們去跟其他女孩一起坐。喝了幾杯之後，服務生跑來問：「大家還要點些什麼嗎？」

我想假裝喝醉，因此雖然清醒得很，我卻轉向剛跟我跳過舞的女孩子，用一種喝醉的聲音問：「妳要點些什麼？」

「我可以點什麼？」她問。

「妳想要點什麼都行——什麼都行！」

「好呀！我們點香檳吧！」她很高興的說。

我大聲的說，好讓酒吧內每個人都聽得見：「沒問題！給大家都來一杯香檳！」

這時，我聽到我的朋友跟女孩說「趁他喝醉時敲他竹槓很差勁」，我便開始想，也許我犯了個大錯誤了。

還好，服務生跑到我身旁彎下腰、壓低音量說：「先生，一瓶十六元呢。」

我當下決定不能給每個人一杯香檳了，因此我更大聲的說：「好了，沒關係啦！」

可是讓我很驚訝的是，不一會兒服務生全副武裝的跑回來——手臂上搭著一條毛巾，托盤上放滿了杯子、一桶冰、以及一瓶香檳。他以為我說「價錢沒關係」，但其實我的意思是「不要香檳沒關係！」

服務生替大家倒香檳，我付了十六元；而我的朋友很氣那個女孩子，因為他認定她在敲詐我。但我覺得，一切就此打住算了。後來發現，原來這個晚上只不過是一連串新經驗的開始。

酒吧的冤大頭

我常去那家夜總會，那裡的表演節目會逐日更換。演出者都是些跑碼頭的，他們的路線包括了像德州的阿馬里洛市以及許多天曉得什麼的地點。夜總會本身也有一位長駐歌星，名叫塔瑪拉。每次有新的團體來表演，塔瑪拉都介紹我跟團裡的一些女孩子認識。女孩會過來跟我一起坐，我買酒請她們喝，一起聊天。當然我想的不只是聊天而已，但每次到最後都沒有發生什麼。因此，我老是不明白為什麼塔瑪拉要費那麼大的勁，介紹我認識這些好女孩；而儘管開始時一切很美滿，最後我只不過在買飲料、整晚談話。塔瑪拉沒替我那朋友介紹，但他的運氣也好不到哪裡去。我們都是冤大頭！

經過了幾星期的不同表演以及不同的女孩，來了一個新樂隊。按照慣例，塔瑪拉又介紹我認識其中的一個女孩，我們又按照慣例的買酒請她喝、聊天，她對我很好。中間她上臺表演，表演完畢她回到我的桌子。我覺得很不錯。其他人都在左顧右盼，心裡想：「他到底有什麼能耐，使這女孩老跑去找他？」

但晚上快結束時，這個女孩又說一些我已聽過很多次的話：「我很想請你到我那裡坐坐，但今晚我們有派對，也許明天晚上……」

我很清楚這「也許明天晚上」的意思，就是：沒機會。

隔天，我注意到這個女孩——她叫葛瑞亞，跟節目主持人談滿多的，不論在上節目或上化妝室的時間都如此。有一次，當她在化妝室裡而主持人剛好走過我的桌子時，我隨口亂猜的說：「你太太是好女人。」他說：「是呀，謝謝你。」我們聊了一會兒。他以為她已告訴我了。等葛瑞亞回來時，她也以為她丈夫已經告訴我。於是他們一起跟我聊了一會兒，並且邀我在酒吧打烊後，到他們那兒坐坐。

凌晨兩點，我跟他們一起到他們住宿的旅館去。當然，他們沒開什麼派對。我們談了許久，看他們的相簿，裡面有葛瑞亞跟她丈夫在愛荷華州剛認識時拍的照片。那時她是個吃玉米長大、相當胖的女人；然後在後來拍的照片中，她愈來愈瘦，現在她看來真漂亮呢！她丈夫教會她各種技藝，但自己卻不識字。這真是有趣，因為她丈夫的工作是當主持人，在夜總會舉辦業餘歌藝比賽時，必須讀出節目及表演者的名字；而我一直都沒發覺他怎樣「讀」那些東西！（第二天晚上，我明白他們怎麼辦到的了。當葛瑞亞帶領表演者上臺或下臺時，她瞄一下她丈夫手裡握著的紙條，在他身邊輕聲告訴他：下一個表演者的名字以及節目名稱是什麼。）

他們是很有趣友善的一對，我們談了很多很有趣的東西。我提到我們剛認識的情形，問他們為什麼塔瑪拉總是介紹新來的女孩給我認識。

葛瑞亞回答：「塔瑪拉把我介紹給你認識之前說：讓我介紹你認識這裡的大闊客！」

我才明白，我點那十六元一瓶的香檳，以及那麼誇張和令人誤會的「沒關係啦！」居然讓我聲名在外，成了一個穿得並不怎麼體面、但永遠願意花大把鈔票在女孩身上的人。

學到交友祕招

後來我告訴他們我的感想：「我算是個滿聰明的人，但大概局限於物理學方面。酒吧裡有很多聰明人——從事石油業的、採礦業的、大生意人等等，不停的請那些女孩子喝酒，卻也沒占到什麼便宜。」（到了那時候，我明白其他人也沒占到什麼好處。）「怎麼可能，」我說：「一個聰明人跑到酒吧裡之後，會變成這樣的一個笨蛋？」

那主持人說：「我很清楚為什麼會這樣。我來給你上課，以後你在這類酒吧裡，便可以無往不利了。但為了證實我並不是在胡謅，因此，首先葛瑞亞會想辦法讓一個男人買一杯香檳雞尾酒給你。」

我說：「好，」但其實我在想：「他們怎麼可能做得到？」

他繼續說：「你要完全照我的話去做。明天你坐離開葛瑞亞遠一點，等她打暗號給你的時候，你只要走過去便行了。」

「是，」葛瑞亞說：「這很容易。」

第二天晚上，我坐在酒吧裡，一個可以看到葛瑞亞的角落。隔沒多久，果然就有人坐到她身邊。再過了一會兒，那個人看來很愉快的樣子，葛瑞亞對我眨了眨眼睛。我站起來，不經意的走近他們。經過他們身邊時，葛瑞亞轉過身來，用一種很友善、很響亮的聲音說：「嗨！狄克！你什麼時候回到城裡來的？你去哪裡啦？」

那傢伙也轉過頭來看看這「狄克」是個什麼人；我在他眼中，看到一些我非常明白的事情，因為我經常陷入他現在的處境中。

第一眼：「噢噢，出現競爭對手了。等我請她喝完酒之後，他就會把她搶走了！接下來會怎麼樣？」

第二眼：「不，這只不過是個普通朋友。他們好像認識很久了。」

這些我全看出來了，全寫在他臉上，我完全明白他的心情。

葛瑞亞跟他說：「吉姆，這是我的老朋友狄克．費曼。」

又看了一眼：「我想到該怎麼辦了，我要對叫狄克的這個人好一點，那樣她就會喜歡我多一點。」

吉姆轉向我說：「嗨，狄克。要不要喝杯酒？」

「好呀！」我說。

「你要喝什麼？」

「跟她的一樣。」

「酒保，麻煩你再來一杯香檳雞尾酒。」

確實容易極了，簡直不費吹灰之力。晚上酒吧打烊之後，我又到「師傅」和葛瑞亞的住處。他們笑得前仰後合，為事情順利而高興。「好了，」我說：「我絕對相信兩位不是胡說八道。那麼，我們的課呢？」

「行，」他說：「基本原則是，那個男的想表現他的紳士風度。他不想給人不禮貌、粗魯或吝嗇的感覺。只要女生充分明白他的動機，她就可以牽著他的鼻子走。」

「因此，」他繼續說：「無論在什麼情況下，都不要充紳士！不要太尊重她們。而且，守則第一條是，不要買東西給她們——連一包菸也不要買；直到你已問過她要不要跟你睡，而你已確定她會，不是在騙你。」

「呃，你的意思是……你不……呃……你就這樣問她們？」

「好吧，」他說：「我知道這是你的第一課，要這樣直截了當可能相當困難。那麼你可以買一樣東西給她，只能是一樣小東西，然後你再問她。但另一方面，這只會使事情進行得更為不順利而已。」

神奇的一課

往往，只要有人告訴我一個方向，我就會很快把握住其中訣竅。翌日，我拚命做完全不同的心理建設。我採取的心態是：酒吧那些女孩全都是一文不值的，她們只不過想騙你買酒請她喝而已，她們不會給你任何回報；我不要對這些一文不值的女人表示紳士風度……等等，反覆練習，直到變成直覺反應一樣。

那天晚上，我準備試試這個方法。我跟平常一樣踏進酒吧，我的朋友看到我，立刻說：

「嘿，狄克！等一下讓你看看我今晚找到的女孩！她現在換衣服去了，立刻就回來。」

「是呀，是呀，」我一副無動於衷的樣子，坐到另一張桌子去，等著看表演。表演正要開始時，我朋友的女孩回來了，我跟自己說：「不管她有多漂亮，她也不過是在哄他請她喝酒而已，她什麼也不會給他的！」

第一場表演結束，我那朋友說：「嘿，狄克！我想你來跟安妮見個面。安妮，這是我的好朋友，狄克．費曼。」

我說「嗨」，繼續看表演。過了一會兒，安妮跟我說：「你為什麼不過來跟我們一塊兒坐？」

我想：「典型的賤女人！他在請她喝酒，而她卻邀其他人一起來坐。」我說：「我在這裡看得很清楚。」

過了一會兒，來了一個在附近基地服役的軍官，穿著很漂亮的制服。轉眼間，我們便發現安妮跟這個軍官一塊坐在酒吧的另一角落。

稍晚，我坐在那裡，安妮跟軍官跳舞。當軍官背向我而她面向我時，她很友善、很開心的對我笑。我又想：「真不要臉！她又對軍官施展同一伎倆！」

我想到一個好主意：我先不要看她，但等到軍官也看到我時，我才對她笑，好讓那軍官知道究竟發生什麼事。她的詭計一下就會不靈了。

幾分鐘後，她再沒有跟軍官在一起了。她跟酒保拿回她的大衣以及皮包，很大聲的說：

「我要出去走走，有誰要陪我出去？」

我跟自己說：「也許你可以拚命說不、拚命拒絕，但你不能永遠都這樣，否則你會永遠沒有進展。到了某個時候，你必須將就將就。」於是我很冷靜的說：「我陪妳去。」

我們走到外面，大概走了一條街，看到一家小餐廳，她說：「我們要不要買些咖啡和三明治，然後到我家裡一起吃？」

這主意聽起來不錯，於是我們進去小餐廳。她點了三杯咖啡和三份三明治，我付錢。

離開餐廳時我想：「不對勁，買太多三明治了！」

回旅館途中，她說：「呃，我要告訴你，我沒空跟你一起吃這些三明治，因為有個上尉要過來……。」

我想：「看，我大大失敗了。師傅交代過應該怎麼做，但我搞砸了。我買了一塊一毛錢的三明治，卻只落得一場空！我要設法扳回一城，就算是為了師傅的面子吧。」

我突然停下來對她說：「妳……比妓女還不如！」

「你什麼意思？」

「妳哄我買了這些三明治，我有什麼好處？什麼也沒有！」

「你這吝嗇鬼！」她說：「如果你真的那麼想，我把三明治的錢還給你好了！」

我覺得她在唬我，於是說：「那麼錢還給我。」

她嚇了一跳，伸手進皮包裡，拿出僅有的一點點錢給我。我拿起自己的一份咖啡和三明治，拔腿便走。

吃完東西後，我回到酒吧向師傅報告，告訴他很抱歉鎩羽而歸，但我已盡力嘗試收復失地。

他很冷靜的說：「沒關係，狄克，沒關係。你終究還是沒給她買什麼，她今晚會跟你睡的。」

「什麼？」

「沒錯，」他很有信心的說：「她今天晚上會跟你睡，我很確定。」

「但她連人都不在這兒呢！她現在在家裡跟那軍……」

「那沒關係。」

凌晨兩點，酒吧打烊了，安妮還是沒有出現。我問師傅和師母，我能不能到他們那裡，他們說可以。

而就在我們走出酒吧時，安妮出現了，她從六十六號公路上一路跑過來，勾著我的手臂說：「來吧，去我那裡吧。」師傅猜對了，這真是神奇的一課！

秋季回到康乃爾大學之後，有一次我在舞會上跟一位研究生的妹妹跳舞。她從維吉尼亞州來訪，她人很好。我突然想到個鬼主意，說：「我們去酒吧喝杯酒。」

一路上，我拚命鼓起勇氣，想試試看師傅教的方法在「一般」女孩身上是否也行得通。

畢竟，酒吧裡的女郎都在哄你請她喝酒而已，對她們不尊敬，心裡不會太難過、不安。但眼前這個很好、一般的南方女孩呢？

我們走進酒吧，還沒坐下來，我說：「在我請妳喝杯酒之前，我想知道一件事：今晚妳願意跟我睡嗎？」

「願意。」

因此這手法在一般女孩身上也用得著！但無論有多靈驗，以後我再也沒那樣做了——我不喜歡那樣爾虞我詐。但整個經驗最有趣的，是發現世界上有許多事情的運作方式，跟我從小被教導的一套，居然會有這樣大的差異！

運氣，其實不簡單

在普林斯頓的研究學院時，有一天我坐在休息室裡，聽到一些念數學的人在談論指數函數 e^x 的級數。把 e^x 展開時，你會得到 $1+x+\frac{x^2}{2!}+\frac{x^3}{3!}+\frac{x^4}{4!}+\cdots\cdots$。式子裡每一項，來自將前一項乘以 x，再除以下一數字。例如，要得到 $x^4/4!$ 的下一項，你可把它乘以 x 和除以5。這是很簡單的。

很小的時候，我就很喜歡研究級數。我用這個級數計算出 e 值，親眼看到每一個新出現的項，如何很快的變得很小。

當時我喃喃自語，用這級數來計算 e 的任何次方（或稱「冪次」）是多麼容易的事。

「噢，是嗎？」他們說：「那麼，e 的三．三次方等於多少？」有個小鬼說——我想那是塔奇說的。

我說：「那很容易。答案是27.11。」

塔奇明白我不大可能單靠心算得到這答案的：「嘿！你是怎麼算的？」

另一個傢伙說：「你們都曉得費曼，他只不過在唬人罷了，這答案一定不對。」

他們跑去找指數函數表，趁此空檔我又多算了幾個小數位：「27.1126，」我說。

他們在表中找到結果了：「他居然答對呢！你是怎麼算出來的？」

「我把級數一項一項計算，然後再加起來。」

「沒有人能算得那樣快的。你一定是剛巧知道那個答案。e的三次方又等於多少？」

「嘿，」我說：「這是辛苦工呢！一天只能算一題。」

「哈，證明他是騙人的！」他們樂不可支。

「好吧，」我說：「答案是20.085。」

他們連忙查表，我同時又多加了幾個小數位。他們全都緊張起來了，因為我又答對了一題。

於是，眼前這些數學界的菁英份子，全都想不通我是如何計算出e的某次方！有人說：「他不可能真的代入數字，一項一項的加起來的——這太困難了。其中一定有什麼訣竅。你不可能隨便就算出像e的一．四次方之類的數值。」

我說：「這確實很困難，但好吧，看在你的面子上，答案是4.05。」

當他們又在查指數函數表時，我又多給了他們幾個小數位，說：「這是今天的最後一題啦！」便走出去了。

遇到個中高手

事情的真相是這樣的：我碰巧知道三個數字的值——以 e 為底的10的對數 $\log_e 10$（用以將數字從10為底換到以 e 為底），這等於2.3026；又從放射性研究（例如放射性物質的半衰期），我知道以 e 為底的2的對數（$\log_e 2$）等於0.69315。因此，我也知道 e 的〇．七次方差不多等於2。當然，我也知道 e 的一次方的值，那就是2.71828。

他們要考我的第一個數字是 e 的三．三次方，那等於 e 的二．三次方（即等於10）乘以 e，即27.18。而當他們忙著找出我所用方法的同時，我在修正我的答案，計算出額外的0.0026。因為我原來的計算是用了較高的值，即2.3026。

我明白這種事情可一不可再；因為剛剛不過全憑運氣而已。但這時他又說 e 的三次方，那就是 e 的二．三次方乘以 e 的〇．七次方，我知道那等於20再多一點點。而當他們在忙著擔心我到底是怎樣計算時，我又替那0.693做修正。

做了這兩題後，我確實覺得沒法再多算一題了，因為第二題也全靠運氣才算出來的。但他們再提出來的數是 e 的一．四次方，即 e 的〇．七次方自乘一次，那就是4再多一點點而已！

他們一直搞不懂我是怎樣算出來的。

到了羅沙拉摩斯，我發現貝特才是這類計算的個中高手。例如，有一次我們正把數字代入方程式裡，需要計算48的平方。正當我伸手要搖瑪燦特計算機時，他說：「那是2300。」我開始操作計算機，他說：「如果你必須要很精確，答案是2304。」

計算機也是得出2304，「嘩！真厲害！」我說。

「你不知道怎樣計算接近50的數字的平方嗎？」他說：「你先算50的平方，即2500，再減去你要計算的數與50之間的差（在這例子中是2）乘以一百，於是得到2300。如果你要更精確，取差的平方再加上去，那就是2304了。」

幾分鐘之後，我們要取2.5的立方根。那時候，用計算機算任何數字的立方根之前，我們先要從一張表裡找出第一個近似值。我打開抽屜去拿表——這次時間較長，貝特說：「大約1.35。」

我在計算機上試算，錯不了！「你是怎樣把它算出來的？」我問：「你是否有什麼取立方根的祕訣？」

「噢，」他說：「2.5的對數是……。那個對數的三分之一是落在1.3的對數與1.4的對數之間，而1.3的對數是……，1.4的對數則是……，我就用內插法把它求出來。」

於是我發現：第一，他能背對數表；第二，如果我像他那樣用內插法的話，所花的時間絕對要比伸手拿表和按計算機的時間長得多。我佩服得五體投地。

從此以後，我也試著這樣做。我背熟了幾個數字的對數值，也開始注意很多事情。比方有人說：「28的平方是多少？」那麼注意2的平方根是1.4，而28是1.4的二十倍，因此28的平方一定接近400的兩倍，即800上下。

如果有人要知道1.73除1是多少，你可以立刻告訴他答案是0.577，因為1.73差不多等於3的平方根，故此 $\frac{1}{1.73}$ 就差不多等於3的平方根再除以3。而如果要計算 $\frac{1}{1.75}$ 呢，它剛好是 $\frac{4}{7}$，而你知道 $\frac{1}{7}$ 那有名的循環小數，於是得到0.571428……

跟貝特一起應用各種訣竅做快速心算，真是好玩極了。通常我想到的，他都想到，我很少能算得比他快。而如果我算出一題的話，他就開懷大笑起來。無論什麼題目，他總是能算出來，準確度差不多都在百分之一以內。對他而言，這簡直是輕而易舉——任何數字總是接近一些他早已熟悉的數字。

口出狂言，卻踢到鐵板

有一天，我心情特別好，那時剛巧是午飯時間，我也不曉得是怎麼搞的，心血來潮的宣布：「任何人如果能在十秒鐘內把他的題目說完，我就能在六十秒之內說出答案，誤差不超過百分之十！」

大家便開始把他們認為很困難的問題丟給我，例如計算 $\frac{1}{1+x^4}$ 的積分。但是事實上，在他們給我的 x 範圍內，答案的變化並不太大。他們提出最困難的一題，是找出 $(1+x)^{20}$ 中，x^{10} 的二項式係數；我剛好在時間快到時答出。

他們全都在問我問題，我得意極了，這時奧倫剛巧在餐廳外的走廊經過。其實，來羅沙拉摩斯之前，我們早在普林斯頓共事過，他總是比我聰明。例如，有一天，我心不在焉的在玩一把測量用的鋼卷尺——當你按上面的一個鈕時，它會自動捲回來的那種；但卷尺的尾巴也往往會往上反彈，打到我的手。「哇！」我叫起來，「我真呆，這東西每次都打到我，我卻還在玩這東西。」

他說：「你的握法不對，」把卷尺拿過去，尺拉出來，按鈕，捲回來，他不痛。

「哇！你怎麼弄的？」我大叫。

「自己想想吧！」

接下來的兩星期，我無論走到哪裡，都在按這卷尺，手背都被打得皮破血流了。終於我受不了。「奧倫！我投降了！你究竟用什麼鬼方法來握，都不會痛？」

「誰說不痛？我也痛啊！」

我覺得自己真的有夠笨，竟讓他騙我拿著尺打自己打了兩個星期！

而現在奧倫剛巧經過餐廳，這些人都興奮極了。「嘿，奧倫！」他們喊：「費曼真行啊！我們十秒鐘內說得完的題目，他就能在一分鐘內給出答案，誤差不超過百分之十。你也來出個題目吧！」

他腳步幾乎也沒停下來，說道：「10的一百次方的正切函數值。」

我給難倒了：我得用 π 去除一個有一百位的數字。我可沒辦法了！

有一次我誇口：「其他人必須用圍道積分法來計算的積分，我保證能用不同方法找出答案。」

於是奧倫便提出一個精采絕倫、該死的積分給我。他從一個他知道答案的複變數函數開始，把實數部分拿掉，只留下虛數部分，結果成為一道非用圍道積分法不可的題目！他總是讓我洩氣得很，真是個很聰明的人。

接受算盤高手挑戰

剛到巴西時，有一次我在某家餐廳裡吃午餐。我不知道那時是幾點鐘了，但那裡只有我一個顧客——我老是在奇怪的時間去餐廳。我吃的是我很喜愛的牛排配飯，四位服務生在旁邊閒站。

一個日本人走進來。以前我就見過他在附近流浪，以賣算盤為生。他跟服務生談話，並提出挑戰：他的加法可以比任何人都快。

服務生怕丟面子，因此他們說：「是嗎？你為什麼不去跟那邊那位先生挑戰？」

日本人向我走過來，我抗議：「我不太會講葡萄牙語！」

服務生全在笑：「葡萄牙文的數字很容易！」

他們替我找來紙筆。

那人請一位服務生出一些數字讓我們加。他贏太多了，因為當我還在把數目字寫下來的時候，他已經邊聽邊加了。

我提議服務生寫下兩列相同的數字，同時交給我們。這並沒有太大分別，他還是比我快很多。

他有點得意忘形，想更進一步證實他的能力。「Multiplição !」他說，他要比乘法。有人寫了個題目，他又贏了，但贏不多，因為我的乘法是相當好的。然後他犯了個錯誤：他建議我們繼續比除法。他沒意識到，題目愈難，我贏的機會就愈大。

我們同時做了一題很長的除法題。這次我們平手。

這使得那日本人很懊惱，因為看來他曾經受過很好的算盤訓練，但現在他居然差一點就敗給餐廳裡的一個顧客。

「Raios cubicos!」他說，聲音充滿復仇氣息。立方根！他想用算術方法求立方根！在基礎算術題目中，大概再找不出比這更難的題目了。而在他的算盤世界中，立方根也一定是他的拿手項目。

他在紙上寫了個數字，是隨便寫的，我還記得那數字是1729.03。他立刻展開計算，口中唸唸有詞，動作不斷！他已開始計算立方根了。

而我則只坐在那兒。

一位服務生說：「你在幹嘛？」

我指指我的腦袋，「我在想！」我說，在紙上寫下12。過了一會，我已得出12.002。

日本人把額上的汗擦掉，「12！」他說。

「哦，不！」我說：「再多一些數字！再多一些數字！」我充分理解，用一般算術方法求立方根時，找後面的數字比前面的要難多了，這是苦工呢。

他重新埋頭苦幹，口中「啊咕嚕麼麼」的不停，其間我又多寫了兩個數字。最後他抬起頭來說：「12.0！」

那些服務生興奮極了，他們跟日本人說：「瞧，他單用想的就行了，你卻要用算盤！而且他多算出些數字！」

他潰不成軍，垂頭喪氣的走了，服務生則大肆慶祝。

這個顧客是如何打贏算盤的？題目是1729.03。我剛巧知道一立方英尺有一七二八立方英寸，因此答案必定是12多一點點。多出來的1.03呢，大約是占兩千分之一，而我在微積分課裡學過，就小分數而言，立方根超出的部分是數字超出部分的三分之一，因此我只需要計算$\frac{1}{1728}$是多少，再除以3、再乘以12（也就是直接乘以4）。這是為什麼我一下就能算出那麼多小數位。

有頭腦才有運氣

幾星期後，那個日本人到我下榻的旅館會客廳裡。他認得我，跑過來說：「告訴我，你怎麼能那麼快就把立方根算出來？」

我告訴他這是個求近似值的方法，跟誤差有關，「比方你說28。那麼，27的立方根是3……」

他拿起算盤，噠噠噠噠——「噢，是的！」他說。

我發現：他根本不懂得怎樣處理數字。有了算盤，你不必記誦一大堆的算術組合；你只需要知道怎樣把小珠子推上撥下。你根本不必知道9加7等於16，而只需要記住看到9時，要推一顆十位數的珠子上去，撥一顆個位數的珠子下來便好了。也許我們算得較慢，但我們才真正懂得數字的奧妙。

此外，他根本無法理解求近似值方法所包含的道理，他不明白在很多情況下，任何方法都求不出完整的立方根，但可以求近似值。因此我永遠無法教會他我求立方根的方法，甚至讓他明白那天我有多幸運，因為他剛好挑了個像1729.03的數字！

美國佬在巴西

有一次我載了一個要搭便車的人，路上他告訴我南美洲是多麼的有趣，我應該去看看。我說語言是一大障礙，但他說去學就成了，這不會是什麼大問題。於是我想，這主意不錯，以後我要去南美洲一趟。

當時康乃爾大學開設外語班，採用戰時發展出來的一種教學模式，每班大約只收十位學生，由外國人來教學，而且上課時只准用外語。雖然我已經在康乃爾大學教書，但由於我看起來很年輕，因此我決定以研究生的身分去上課。而且我還不曉得將來會跑到南美洲的哪個國家，於是我決定學西班牙語，因為大部分南美國家都是說西班牙語的。

註冊那天，我們全站在教室門口，等著進去，突然有個很漂亮的金髮女孩走過。大概每個人都會有我當時的感覺：「嘩！」她真的美極了。我跟自己說：「也許她也要學西班牙語，那就好極了！」但不，她跑進去葡萄牙語那一班。我衡量了一會兒，不管了，我也跑去學葡萄牙語吧！

我跟了她幾步，但突然覺得「不，那不是決定要學哪種語言的好理由。」因此還是跑回去，很不情願、極為遺憾的登記了西班牙語課。

不久之後，我到紐約參加物理學會的會議，坐在我旁邊的是巴西物理學家泰阿隆（Jaime Tiomno）。他問我：「下個暑假你打算做什麼？」

「我想去南美洲看看。」

「噢，為什麼不來巴西？我可以替你在物理研究中心找項研究工作。」

於是我現在必須把學到的西班牙語再轉為葡語了！

我找了一位在康乃爾念書的葡萄牙學生，每星期給我上課兩次，好讓我把我學到的改變過來。

會說「因此之故」

在前往巴西的飛機上，起先我坐在一個哥倫比亞人旁邊，而他只會說西班牙語。我不敢跟他說話，害怕一不小心又把兩種語言搞混了。不過，坐在我前面一排的兩人就在用葡語交談。我從來沒有聽過別人說「真正」的葡語，我的葡語老師總是說得慢而清楚。眼前這兩個人呢，說話卻像連珠炮般，我甚至想從他們話中認出我學過的一些單字，像「我」、「那些」等，但是都沒法認出。事實上，我什麼也沒聽明白！

最後，當飛機在千里達加油時，我走到這兩位仁兄面前，用很慢很慢的葡萄牙語——或者是我覺得是葡萄牙文的葡萄牙語，跟他們說：「對不起……你們聽不聽得懂……我在說什麼？」

「Pues não, porque não?」——「當然聽得懂，為什麼聽不懂？」他們回答。

我努力解釋，我學葡語已經幾個月了，但從來沒有聽過真正的葡語對話；而剛剛在飛機上聽他們談話，卻一個字也聽不懂。

「噢，」他們笑起來了，說：「我們說的不全是葡語啦！」原來他們說的葡語就像猶太人自行發展出的德語——稱為「意迪緒」（Yiddish）一樣，因此你可以想像有個人很認真的學了德語，然後坐在兩個猶太人身邊，卻一直搞不懂究竟發生了什麼事，因為聽起來明明是德語，卻一點也聽不懂。他一定以為自己的德語沒學好。

回到飛機上，他們告訴我另一個真正說葡萄牙語的人，於是我過去跟他坐。他原來在馬里蘭州學神經外科的，因此跟他談話不困難；但我必須跟他談「神經外科、神經中樞」等複雜萬分的東西。其實很多長英文單字要翻成葡文並不困難，因為分別只在它們的結尾：英文的 -tion 就是葡文的 -ção，而 -ly 就是 -mente 等等。但當他往窗外看，喃喃的說了些很簡單的話時，我卻呆住了：我根本不知道「天是藍的」葡語應該怎麼說。

我在勒西菲市下機，巴西政府負責把我從勒西菲市送到里約市。在機場迎接我的是里約物理研究中心所長勒替斯（Cesar Lattes）的岳父母以及另一位男士。當兩個男生去幫我取回行李時，勒替斯太太用葡語跟我說：「你會說葡語嗎？那真好！你怎麼會學起葡語來的？」

我慢吞吞的吃力回答：「開始時我在學西班牙語……後來發現要到巴西……」接下來我原本想說「因此，我就學葡萄牙語」，但我想不起來「因此」的葡語怎麼說。但我很會拼一些很「偉大」的字，因此我接著說：「因此之故（consequentemente，從英文 consequently 改變而來），我就學葡語啦！」

當他們把行李提回來後，她說：「噢，他會說葡語！而且他還會用『因此之故』這樣的字眼！」

這時擴音器傳來廣播，說到里約市的飛機班次取消了，要到下星期二才有另一班客機；但我最遲卻要在星期一抵達。

我很生氣，我說：「說不定他們有貨運班機，我坐貨運飛機好了！」

「教授，」他們說：「其實勒希菲也挺不錯的。我們會帶你周圍走走。你放輕鬆點吧，你在巴西呢！」

截然不同的文化

那天晚上，我在市區內閒逛，看到有一群人圍站在路中央一個長方形大洞旁邊，在洞裡頭是一輛汽車。這看來神奇極了：車子剛好嵌在洞裡，它的車頂跟路面連成一氣。很顯然挖洞是為了修理下水道或什麼的，但工人連一個告示牌也懶得放，那個人就連人帶車的開進洞中！於是我注意到這個分別：在美國，當我們挖一個洞時，會在周圍放改道的告示牌、一大堆燈閃來閃去以保護大家。而在巴西，他們把洞挖了，到了下班時間，他們就那樣離開。

但勒西菲還是個很不錯的城市，我也一直等到星期二才飛去里約。

我在里約跟勒替斯會面。巴西的國家電視臺來拍攝我們會面的情形。他們開始拍攝，但沒有聲音，攝影師說：「假裝你們在談話。講話吧，隨便說便行。」

於是勒替斯問我：「你找到『睡覺字典』了沒有？」

那天晚上，全巴西的電視觀眾都看到他們的物理研究中心所長迎接這位美國教授；但他們全不知道，這兩人之間的對話內容，居然是有沒有找到女孩子過夜！

到了研究中心之後，我們討論我的授課時間——早上，還是下午？

勒替斯說：「學生希望在下午上課。」

「那就在下午上課吧。」

「但是下午是去海灘的最好時候，你還是早上上課吧，那樣你下午可以去海灘好好享受享受。」

「但你說學生比較喜歡在下午上課。」

「不要管他們。你喜歡怎麼安排，便怎樣安排！下午去海灘玩好了。」

我就這樣學會了另一種跟美國人截然不同的人生態度。首先，他們不像我那樣匆匆忙忙的；第二，如果你覺得這樣比較好，就別管別人怎麼想。於是我在早上講課，享受午後的海灘。早知道會這樣子，我一開始就學葡萄牙語而不學西班牙語了。

起初我打算用英語授課，讓學生用葡語發問；但我發現，當學生用葡語跟我說一些東西時，我不大聽得懂，儘管我懂得的葡語也不算少。我不大分得出他們說的是「增加」或「不增加」、「減少」或「不減少」或者是「減少得很慢」。但當他們很辛苦的用英語說話時，就算他們發音不準、文法又錯亂，我還是可以分辨他們要說些什麼。因此我明白到，如果我要教他們東西，比較好的方法是我說葡語，雖然我說不好，但這樣他們還是比較聽得懂。

第一次到巴西時，我一共待了六星期。期間巴西科學院請我去演講，報告我在量子電動力學的最新研究。我覺得我需要用葡語來演講，研究中心有兩個學生答應助我一臂之力。我首先用我那絕對破爛不堪的葡萄牙文寫下演講稿。我要自己寫，因為如果由他們代筆的話，稿子裡一定會有太多我看不懂或唸不準的字。等我寫好之後，他們替我改正所有的文法錯誤以及錯字，使得講稿看來不錯，但還是在我的程度之內，讓我讀起來不會很困難，也大略知道自己在說些什麼。他們陪我練習，直到我的發音正確無訛。

到了巴西科學院的會場，首先由一位化學家報告——用英語報告。難道他是為了客氣，還是另有原因？他的英語發音很差，我無法聽懂他在說些什麼；不過也許其他人全是那個樣子，所以他們都聽得懂——這我不曉得。然後下一位講者站起來報告，他也用英語演講！

輪到我的時候，我站起來說：「對不起，我沒想到巴西科學院的官方語言是英語，因此我沒準備用英語做演講。請原諒我，但我將會用葡萄牙語來報告。」

接著我就讀了我的報告，大家都很滿意的樣子。

下一位做報告的人站起來說：「就像我們的美國同行一樣，我也用葡萄牙語來演講。」據我所知，我居然一舉改變了巴西科學院做演講的語言傳統。

幾年後，我碰到一個巴西人，他還引用了我當時演講之前所說的話。看來他們對我那幾句話，印象還真的滿深刻的！

但無論怎樣，葡萄牙文對我來說總是很困難的，我不斷下苦功，讀報紙、用葡語授課。我稱我的葡語為「費曼葡語」，我有自知之明，我說的話不能跟真的葡語相比；雖然我明白自己說些什麼，但我可聽不懂街上的巴西人在說些什麼。

寂寞使人衝動

我很喜歡這趟巴西之旅，一年之後我又再度往訪，逗留十個月。這次我在里約大學任教，薪水由他們付；可是他們最後連一毛錢都沒有付，研究中心只好一直掏錢付給我。

我住的地方，就在科帕卡巴納海灘上的美麗華飯店。有一段時間，我住在十三樓的一個房間，從那裡可以看到海，也可以看到沙灘上的女孩。

這家旅館剛巧是泛美航空公司的機長及空中小姐休息下榻的地方，他們全都住在四樓。

每到深夜，就會有人偷偷的從電梯溜進溜出。

有一次我出外旅行，數星期之後回來，旅館經理告訴我由於房間不夠，而我的房間又空著，因此他把我的房間租出去了。他們已把我的行李全搬到另一個房間。

新房間就在廚房旁邊，許多人都在這裡住不久。也許那個經理已料定：我是唯一看到住在這個房間有好處的人，因此願意忍受各種味道，不會抱怨。我當然不會抱怨，因為這房間就在四樓，離空中小姐不遠，這省了很多麻煩。奇怪的是，這些空服人員都有點厭倦自己的生活，晚上經常跑到酒吧喝酒。我很喜歡她們，而為了表示我也是個合群隨和的人，我也會跟她們一起去喝幾杯，一星期總有好幾次。

有一天，大約是下午三點半吧，我在沙灘對面的人行道上走著，路經一家酒吧。突然有一種很強烈很強烈想喝酒的感覺。正要走進酒吧之際，突然想：「等一下，現在是下午呢，裡面一個人也沒有，沒有什麼社交上的理由要喝酒。為什麼我會有這種非喝酒不可的強烈感覺？」我很害怕。

從那一刻開始，我再也不喝酒了。也許那時候我還沒有到達危險的地步，因為我很容易就把酒戒掉；可是那種莫名的強烈感覺讓我吃驚萬分。要知道，我一向從思考過程中獲得許多樂趣，以致很不願意破壞這部生命中最好玩的機器——換句話說，自己的腦袋和身體。這也是為什麼，雖然我對幻覺現象充滿了好奇心，我還是不願意嘗試迷幻藥。

快到年終時，有一次我約了其中一位很可愛的空中小姐到博物館。經過埃及館時，我意識到自己在跟她說些像「石棺上的翅膀代表什麼什麼，瓶子裡藏的是內臟，在那角落又應該有個什麼……」這樣的話。我跟自己說：「你這些全都是跟瑪麗露學的。」——我發現她不在身邊時，會覺得寂寞。

我是在康乃爾認識瑪麗露的，後來我跑去加州洛杉磯附近的帕沙迪納，她也剛好搬到鄰近的威斯伍特。有一度我很喜歡她，但我們經常爭吵，最後雙方都覺得這樣下去沒有什麼希望，便分手了。但過了一年這種與空中小姐往來、卻沒有建立起什麼感情的生活之後，我覺得很不耐煩。因此當我告訴這個女孩有關埃及的事情時，我就想，其實瑪麗露還是滿可愛的，我們以前不應該吵得那麼厲害。

我寫了封信向她求婚。任何夠聰明的人大概都會告訴我，那是多麼危險的做法——當你身處千里之外，單憑書信往來，而你感到寂寞，想起一切的美好時光，卻忘記了所有爭吵的原因！因此最後一切還是不成功，爭吵立刻重演，我們的婚姻只維持了短暫的兩年。

加入森巴樂團

在巴西的美國領事館有個職員，知道我很喜歡森巴音樂。我想我告訴過他，當我第一次到巴西時，曾經在街上聽過有樂隊在演奏，也很想多學點巴西音樂。他告訴我，有一支叫「鄉土」的小型樂隊，每星期都在他家練習，我可以過去聽他們演奏。

樂隊有三、四個人，其中一個是他家的清潔工，他們沒有其他地方可供練習。他們的音樂屬於頗為安靜的一型，其中一人玩的是當地稱為潘德羅手鼓（pandeiro）的小鈴鼓，另一人拿的是小吉他。我一直聽到有打鼓的聲音，但他們沒有人在打鼓啊！終於我發現聲音來自小鈴鼓：那人一邊搖鼓，一邊扭動手腕，用一種很複雜的方式，以拇指敲打鈴鼓的牛皮面。那很是有趣，我後來也學會了（算是學會了）怎樣玩潘德羅手鼓。

這時巴西的嘉年華會快到了，習慣上他們都把新的音樂創作在會期中「秀」出來。他們並不常推出新曲或新唱片，但在嘉年華期間，新創作紛紛出籠——這是個令人興奮的時刻。

原來我們的清潔工是當地某支森巴樂團的作曲家，樂團名為「科帕卡巴納的騙子」——那聽起來很合我的風格，而他還邀我加入。樂團的成員大部分來自城中比較貧窮的地區，他們通常在一處建築工地後方的空地會合，一起練習新曲，準備在嘉年華會上表演。

我選擇的樂器叫「弗利吉得拉」（frigideira），那是個金屬的玩具炒菜鍋，直徑約十五公分，用一根小金屬棒來敲打。它是一種伴奏用的樂器，聲音清脆急促，伴著森巴樂曲的主樂器以及主節奏，有一種輔助作用。我試著玩這樂器，效果很不錯。我們就那樣練習，樂聲震天價響。大家正興高采烈之際，突然擔任首席打擊樂手的一個大塊頭黑人大喝一聲：「停！停下來，停下來——等一下！」大家都停下來了。「弗利吉得拉的部分有點不對勁！」他咆哮：「又是這美國佬！」

這令我覺得很不自在。於是我不停的練習。在沙灘上散步時，我會隨手撿起兩根棍子，練習扭動手腕的動作，不停的練習、練習、再練習。我花了很多工夫練習，但我還是會覺得矮人一截，覺得自己水準不夠，老是給其他人添麻煩。

他挑上我了

嘉年華會會期愈來愈接近了。有天晚上，樂團團長跟另一個人討論了一會兒，然後團長走過來，開始點名：「你！」他指著一名喇叭手。「你！」這次是一名歌手。「你！」——他指向我。我心想，我們一定全被淘汰出局了。他說：「走到前面去！」

一共五、六個人吧，我們走到工地的前面。那裡有一輛舊凱迪拉克敞篷車，「上車！」團長說。

車子根本不夠坐，我們有些人要坐到椅背上。我問旁邊的人：「他要幹嘛？把我們踢出局？」

「我不知道。」

車子沿著路一直往上開，直到一處臨海的懸崖邊上停下來。團長說：「下車！」然後我們就被帶到懸崖旁邊。

而果然，他說：「現在排成單行，你帶頭，然後你，然後你！開始奏樂！開步，走！」

如果不是那裡有一條很陡的小徑的話，我們這一開步走可能就「走」到懸崖下面了！我們這一支小樂團——喇叭手、歌手、吉他手、玩潘德羅手鼓的、以及敲弗利吉得拉炒菜鍋的我，一直走到森林中的一個露天派對區。原來我們並不是要被踢走，而是團長要我們來為這個私人派對演奏森巴音樂。表演完了，他還收一些錢做為樂團的治裝費之用。

在這之後我覺得好多了，因為當他要挑弗利吉得拉手時，他挑了我！

另外還發生了一件讓我信心大增的事。某天，從里約萊伯倫區的一支森巴樂團跑來一個傢伙，想加入我們的樂團。

我們老大說：「你從哪裡來？」

「萊伯倫區。」

「你玩什麼樂器？」

「弗利吉得拉。」

「好，讓我聽聽你敲得怎麼樣。」

於是這傢伙拿起他的弗利吉得拉和金屬棒，然後就「吧啦啦嘩……都——都，漆——卡——漆……」天哪！真好聽！

但老大跟他說：「你去那邊站在美國佬旁邊，學學怎麼玩弗利吉得拉！」

我有一套理論。我覺得這很像一個說法語的人來到美國，一開始時他們會犯各種錯誤；你也無法明白他在說些什麼。他們不斷練習，直到英語說得不錯，你突然發現他們說話的方式，也有一種很討人喜歡的調調——他們的外國口音很悅耳，你也很喜歡聽。也許我玩的弗利吉得拉，大概也有某種「外國腔調」，因為事實上，我沒法比得上這些從小就玩弗利吉得拉的人。我的大概是某種笨腔調，但不管怎麼樣，我已經成為一個成功的弗利吉得拉手了。

做了國民外交？

就在嘉年華會之前的某天，團長說：「好，我們到街上去練習。」

我們從工地走到街上，那時路上的交通擁擠不堪。科帕卡巴納街上永遠都那樣亂七八糟的。信不信由你，街上還有電纜，電車往一頭走，其他車子朝另一頭開。加上此時正是當地尖峰時段，情況更是驚人。而我們呢，卻要沿著大西洋大街的正中央走下去！

我心想：「耶穌基督！老大沒預先申請執照、沒有照會警方，什麼也沒有做，他只心血來潮的決定要上路！」

我們就那樣走到街上，而路上的每個人都很興奮。有些圍觀者找來一條繩子，在我們周圍圈出一個大正方形，以免我們的隊伍被衝散。很多人從窗戶探出頭來，大家都很想聽聽新的森巴樂曲。這是令人興奮的一刻！

我們一開始遊行演奏時，我看到一名警察在街上遠遠的另一端。他看了看，知道發生了什麼事，而開始指揮車輛改道！一切都是隨意而為的，沒有人預做安排，但全都水到渠成。那些人替我們拿著繩子把我們圍住，警察疏散交通。路人是那麼的擁擠，交通是那麼壅塞，但我們一路前往，暢通無阻！我們走到街尾，拐彎，在科帕卡巴納周圍亂走！最後我們走到一座小廣場，就在老大媽媽住的房子前面。我們站在那裡演奏，而他的母親、姨母等等，全都走下樓來，身上圍著圍裙，顯示她們都在廚房裡忙著。大家臉上都洋溢著興奮之情——她們激動得差點要哭了，這真是溫馨的一幕。所有的人都從窗戶內伸出頭來看，真有意思！想起以前來巴西看到這些森巴樂團時，早已深愛這些音樂，簡直是迷瘋了。而現在，自己居然是其中一份子了！

順便一提，那天我們在市中心遊行演奏時，我注意到人行道上的人堆裡，有兩位美國大使館的年輕女館員。隔了一星期，我收到美國大使館的一封信，說：「你做的是很有意義的事……」好像我的目的是為了改進美國和巴西之間的關係！

深藏不露裝窮人

參加預演時，我不想穿平日上課時穿的衣服。因為樂團的人都很窮，穿的都很破舊。我就穿上一件舊內衣、舊長褲等，以免看來太突兀。但打扮成這副模樣後，我又不便穿過樓下的大廳，從這麼豪華的旅館走到外面的大西洋大街上。我只好每次都坐電梯到最底下一層，從地下室走到街上。

就在嘉年華會舉行前不久，各樂團之間有一場比賽。來自科帕卡巴納、伊帕內馬及萊伯倫等海灘的三、四支樂團將會參賽，我們是其中之一。這次我們要穿上表演服裝在大西洋大街上遊行表演。由於我不是巴西人，要我全副武裝的穿上嘉年華會服裝去表演，還真有點不習慣。但我們要扮的是希臘人，因此我覺得好多了：我扮希臘人不會比他們差！

比賽當天，我在旅館內進餐。旅館的服務生領班早已注意到每有森巴音樂時，我總是會隨音樂在桌上敲；這時他走過來對我說：「費曼先生，今晚有個你一定會很喜歡的節目。這是很巴西風味的，就在旅館門外，有各個森巴樂團的遊行表演。那音樂之美妙，你一定要聽聽！」

我說：「唉，我今晚很忙呢，我不知道有沒有空。」

「噢，你一定會很喜歡今晚的表演，千萬別錯過啊！這是純巴西風味的。」

他一再堅持，而我也一再告訴他我大概沒空看這表演，他覺得很失望。

那天晚上，我穿上我的舊衣服，從地下室走到街上。我們在工地穿上表演服裝，然後開始走到大西洋大街上。在上百個裝扮成希臘人的巴西樂團中，我混雜在隊伍的後方，拚命的敲弗利吉得拉。

街道兩旁都擠滿了人群，大家都從窗戶探出頭來；我們也快要走到我下榻的美麗華旅館了。旅館內，有人站在桌子和椅子上，同樣是人山人海。我們奏得淋漓盡致，渾然忘我，同時樂團慢慢繞過旅館大門了。突然我看到有個服務生跳到半空中，手伸出往前指，而在這麼吵翻天的聲響中，我還能聽到他的尖叫：「那是教授！」於是那領班發現為什麼沒法留我在旅館裡看比賽了——我要參加表演比賽呢！

第二天，我碰到一位在海灘上認識的女士，她住的公寓正好可俯瞰大西洋大街。而前天晚上，她請了一群朋友到她家欣賞森巴樂團的遊行。她告訴我當我們經過時，她的一個朋友說：「聽聽那個敲弗利吉得拉的人，他奏得很好！」我成功了！能夠在這些沒人預期我會成功的事情上獲得成功，實在是一大快事！

到了嘉年華會真的要舉行時，很多團員卻沒有出現。我們專門為這盛會做了很多表演服裝，現在卻缺人！也許他們覺得，真正對上大城市的森巴樂團時，我們便沒機會贏。我不大清楚這些，我只知道，我們日復一日的下苦功、練習和操練都是為了嘉年華會，但等到那一天來臨，很多團員卻不來了。

我們比賽的情形也很糟糕，我們的人還在街上遊行表演途中，有些團員居然走著走著便脫隊了！我永遠無法理解這些事情，也許對他們而言，最大的刺激和樂趣只在贏取海灘樂團的比賽，因為他們覺得自己就只有那樣的水準。

順帶一提，我們的樂團確實贏了那項比賽。

透過火腿族聯繫

在巴西的十個月裡，我開始對輕原子的電子能階問題產生興趣。我就在旅館的房間內推演出整套理論，但我想跟實驗數據做個比較。

那時候，這些全是最新研究，加州理工學院凱洛格輻射實驗室的專家正進行這方面的研究，因此我定時透過業餘無線電網跟他們聯繫。我找到一位巴西的「火腿族」，差不多每星期都到他家去。他會跟帕沙迪納（加州理工學院所在城市）的另一位火腿族聯絡上，而由於整個事情是有點非法的，因此他替我取了個暗號，說：「現在我把你交給WKWX，他就坐在我身旁，準備跟你說話。」

然後我說：「我是WKWX。能不能告訴我上星期問過你的數據？也就是說，硼原子的幾個電子的特定能階間隔有多大？」取得實驗數據之後，我就修正理論中的某些常數，檢查看看我的方向是否正確。

後來那個火腿族度假去了，但他介紹了另一位火腿族給我認識。這是個盲人，但他有自己的電臺。他們兩人都很好，透過業餘無線電網來跟加州理工學院聯繫，這個方法很管用，很有效率。

在物理方面，我完成的工作還真不少，而且一切都很合理。後來，其他人推演並證實我的理論。但我自己卻覺得，理論中有太多參數需要調整——為了符合實驗數據而需要太多的「按現象調整常數」了，使我不太確定這理論是否有用。我希望獲得的是對原子核有更深一層的理解，但始終不大相信那是很有意義的理論，以後就再也沒有任何相關的研究了。

舉一卻不知反三

關於巴西的教育方面，我碰到過一些很有趣的經驗。我教的一班，都是預備以後以教書為職業的學生。事實上，那個時候的巴西，受過高深科學訓練的人大概也找不到其他工作。這批學生已經修過很多物理課，我教的是他們在電磁學方面學過的最高級課程：馬克士威方程（Maxwell equations）。

里約大學的建築分散在城中各地，我的課就被安排在一幢濱臨海灣的大樓中。

我發現一個很奇怪的現象：有時我問一個問題，學生馬上就答出來。但下一次我問同樣的問題（至少在我看來是同樣的題材、同樣的問題），他們卻答不出來了！例如有一次，我談到偏振光，拿了些偏光鏡給他們。偏光鏡的特性，在於它只讓電向量（electric vector）在某一方向的光通過。我向學生說明，根據偏光鏡的光暗度，就可得出光的偏振方向。

我們一手拿著一片偏光鏡，一前一後的放在眼前，然後轉動其中一片。這樣一來，我們知道能夠通過兩片偏光鏡的光一定具備同樣的偏振方向；換另一種說法，我們看到的，是第一片及第二片偏光鏡皆容許通過的光。但接下來我問他們，如果只有一片偏光鏡時，我們怎樣分辨出偏振方向呢？他們茫然一片。

我也曉得這問題不容易回答，腦筋要很靈活才行，於是我給他們一點提示：「看看從外面海灣反射的光。」仍然沒有人說半句話。

我再說：「有沒有聽過布魯斯特角（Brewster angle）？」

「有！布魯斯特角就是當光從一種具備某個折射率的介質反射出來，而正好完全偏振化的角度。」

「當光這樣被反射出來時，它的偏振方向如何？」

「這光的偏振方向是跟反射平面成直角。」我自己還要想一想呢，但他們卻背得滾瓜爛熟！他們甚至還知道那個角度的正切值等於折射率！

我說：「然後呢？」

還是沒有回答。他們才剛剛告訴過我說，從具備某個折射率的介質——就像外面海灣的水，反射出來的光是偏振光；他們其至還告訴了我光的偏振方向呢！

我說：「看看海灣，透過偏光鏡來看。好，現在轉動偏光鏡。」

「噢，這是偏振光！」他們大叫起來。

研究了很久以後，我才明白，原來我的學生把什麼都背得很熟，但完全不理解自己在背些什麼。當他們聽到「從具備某個折射率的介質反射出來的光」，他們完全不曉得這就是指「水」之類的東西。他們不曉得「光的方向」就是當你看著一些東西時的方向，諸如此類。

因此，當我問「什麼是布魯斯特角」時，我就好像在向一臺電腦問問題，而剛好敲對了關鍵字眼而已。但如果我說「看看海水」，就什麼反應也沒有了。在他們的記憶裡頭，沒有「看看海水」這一條呢！

學生個個「講光抄」

後來我到工學院看他們上課。上課的形式大概是這樣的：「兩物體……是相等的……如果相同力矩……造成……同等的加速度。兩個物體是相等的，如果相同力矩造成同等的加速度。」學生全部坐在那裡，把每個字記下來。而當教授重複那句話時，他們逐字檢查，確保沒有寫錯。接下來他們又默寫下一句話，一直這樣下去。我是唯一知道那位教授在說些什麼的人，他的意思是指具備相同「慣性矩」的物體，而這並不好懂。

我實在搞不懂他們這樣能學到什麼東西。這位教授在談慣性矩，卻不會討論一下，如果一件重物掛在門邊，而你要把門推開有多困難；但如果你把這件重物掛在接近門軸之處，推門便輕鬆得多了。但他們完全沒有類似的討論！

下課後，我問一位學生：「你抄了那麼多筆記，接下來你會怎樣處理它？」

「噢，我們要好好的讀，」他說：「然後考試。」

「怎麼考法？」

「很容易的，我現在就可以告訴你其中一道考題，」他看著筆記本說：「在什麼情形之下兩個物體是相等的？答案是，兩物體是相等的，如果相同力矩造成同等的加速度。」

因此你瞧，他們有辦法考過試，「學」會了所有的東西，但除了背下來的東西之外，什麼也不會。

我又跑去參觀工學院招生入學考試。入學考試採取的是口試形式，我獲准列席旁聽。有一位學生表現實在出色——他有問必答！主考官問他抗磁性是什麼，他回答得完美無瑕。接下來他們問：「當光以某個角度穿過一塊有厚度的物體，折射率為N時，這光會怎麼樣？」

「它會從另一邊出來，跟入射光平行。它會出現位移。」

「位移有多大？」

「我不知道，但我可以計算出來。」立刻把它算出來了。他表現得實在很棒，但到了這時候，我對什麼都開始懷疑了。

口試完畢，我走到這個優秀的年輕人那裡，自我介紹說我來自美國，現在想問他一些問題，而這不會影響到他的考試成績。

我問的第一個問題是：「可以舉一個抗磁物質的例子嗎？」

「舉不出來。」

我再問：「如果這本書是用玻璃做的，我透過它看桌子上的東西。那麼當我把書傾斜的話，我看到的影像會怎麼樣？」

「它會被反射，反射角度是書本轉動角度的兩倍。」

我說：「你確定你沒有把我的問題跟平面鏡搞混了？」

「沒有搞混。」

剛剛在考試時，他才告訴過我們說，光會出現位移，跟入射光平行；因此事實上，影像會移到旁邊，但不會轉個角度。他甚至還計算出影像會平移多遠呢！但他沒意識到一塊玻璃就是具有折射率的物質，他的計算更可以直接應用在我的問題上。

不能問問題

我在工學院還教過一門數學物理課，有一次我想說明如何應用「試誤法」來解題目。這是一般學生很少學習的技巧，因此我首先舉一些簡單的算術例子，示範怎樣用這方法。然而令我震驚的是，在大約八十位學生之中，只有八個人交出第一次的指定作業。因此我在教室裡特別強調，他們必須動手嘗試，而不只是坐在那裡看我計算。

下課之後，學生派了一個小代表團來見我，並且說我不了解他們的學習背景，事實上他們不用做那些習題也可以學習，他們早已學過算術，這些東西都在他們程度之下。

於是我繼續講課，而無論後來教得多深或多複雜，他們什麼作業也不做！我當然曉得原因是什麼：他們根本不會做！

我無法推動他們做到的另一件事，是問問題。終於，有位學生告訴我其中的原因：「如果我在課堂上問你問題，之後大家都會跑來說：『你為什麼浪費大家的時間？我們的目的是學東西。但你卻打斷他，問他問題。』」

這是一種打壓別人的壞風氣。事實上大家全都不懂，但他們表現出一副很懂的樣子，以把別人比下去。他們全在假裝明白課程內容，如果有學生偶然承認有些事情不夠清楚，問了問題，其他人便立刻擺出高高在上的樣子，表現出一切都很清楚明白，並告訴他：「你在浪費其他人的時間。」

我跟他們說，大家一起做功課、討論問題，都是多麼有用的方法。但他們就是不要那樣做，因為他們認為，開口問別人是很丟臉的事。

這種心態真是可憐可悲！他們努力學習了不少，人也很聰明，但他們讓自己陷入這種可笑的心理狀態。這真是一種很奇怪的、完全沒有意義的「教育」！

一點學習成效都沒有

學年終了時，學生請我做一次演講，談談我在巴西的教學經驗。他們說，聽眾將不只是學生，很多教授、政府官員都會來聽講。於是，我先要求他們答應讓我暢所欲言。他們說：「沒問題，這是個自由國家。」

到了那天，我帶著大學一年級用的物理教科書走上講臺。他們都認為這本書十分之好，因為書裡用了各種不同字體——重要的東西都用粗黑的字，這些是要牢牢記住的；較為不重要的用淺一點、細一點的字等等。

立刻就有人說：「你不是要批評這本書吧？寫這本書的人也在場呢，而且每個人都覺得這是一本很好的教科書。」

「你們答應過我想講什麼，就講什麼！」

演講廳裡全坐滿了。首先我把科學定義為「對大自然現象的理解」，然後我問：「教學生科學有什麼好處呢？當然，如果不注重科學，這個國家就還不夠文明……。」他們全坐在那裡點頭贊同，我很清楚這正是他們的想法。

然後我話鋒一轉：「當然，這是十分荒謬的，因為，我們為什麼一定非要追上另一個國家不可？我們應該是為了一個好理由、充分的理由才教授科學；而不是只因為其他國家也研究科學。」我談到科學的應用、科學對於改進人類生活的貢獻——我著實挖苦了他們一頓。

然後我說：「我這次演講的主題，是要向各位證明，巴西根本沒有在教科學！」

他們明顯的激動起來了，全都在想：「什麼？沒有在教科學？這話太瘋狂了！我們開了一大堆科學課呢！」

我告訴他們，剛到巴西時，令我最震驚的是，看到小學生在書店裡購買物理書。這麼多巴西小孩在學物理，全都比美國小孩更早起步，結果整個巴西卻沒有幾位物理學家，這真是令人驚訝極了！為什麼會這樣？這麼多小孩那樣的用功，結果卻一點成效也沒有！

我舉例說，這好比一位深愛希臘文的希臘學者，他知道在他自己的國家裡，小孩都不大愛念希臘文。但當他跑到別的國家，卻發現那裡的人都在研究希臘文，甚至小學生也在讀，他高興極了。但在一位主修希臘文學的學生的學位考試上，他問學生：「蘇格拉底談到真理和美之間的關係時，提出過什麼主張？」學生答不出來。然後學者又問：「蘇格拉底在第三次對話錄中，跟柏拉圖說過些什麼？」學生立刻眉飛色舞，以極優美的希臘文，一字不漏的把蘇格拉底說過的話背出來。

可是，蘇格拉底在第三次對話錄裡所說的，正是真理和美之間的關係呢！

這位希臘學者發現的是，那個國家的學生學習希臘文的方式，是首先學會字母的發音，然後是字的讀法，再來是一句及一段的學下去。他們可以把蘇格拉底說過的話倒背如流，卻完全不知道那些希臘字是有其意義的。對學生來說，一切都只不過是很人工化的聲音罷了。從來沒有人把這些聲音翻譯成學生看得懂的東西。

我說：「當我看到你們教小孩『科學』的方式時，我的感覺就跟那位希臘學者一模一樣。」（很夠震撼力是不是？）

費曼挑戰教科書

我把他們的大一物理教科書舉起來，「在這本書裡，從頭到尾都沒有提及實驗結果，除了一個地方。那裡談的是球體從斜面上滾下來，書中有說球體一秒鐘移動多遠，兩秒、三秒鐘又如何等等。但這些數字其實有『誤差』，因為，如果你看這張圖，你會以為自己看的是實驗結果，因為那些數字確實是比理論值大一點或少一點。課本甚至還討論怎樣修正實驗誤差——這倒是很好。問題在於，如果你根據這些數據來計算加速度常數，沒錯，你可以得出正確答案。可是假如你真的動手做這個實驗的話，由於球體本身的慣性作用，除了滑動之外它還會轉動，因此你會得到計算值的七分之五，因為有部分的能量消耗在轉動上了。所以，書中唯一的實驗『結果』，也一定是來自一個假實驗。從頭到尾就沒有人弄一顆球讓它滾下來，而他們永遠也不會寫出那些數據來！」

「我還發現其他事情，」我繼續說：「隨便把書翻開，手指到哪一行便讀那一行，我都可以更進一步說明我意何所指。我能證明這本教科書裡包含的不是科學，而只是生吞活剝的背誦而已，整本書都是如此。事實上，甚至我現在就敢在各位面前，當場隨便翻到書中任何一頁，讀給大家聽，證明我的說法。」

我唸道：「摩擦冷光（triboluminescence）：當晶體被撞擊時所發的光……」

我說：「在這樣的句子裡，是否就是科學呢？不！你只不過是用一些字說出另一些字眼的意思而已，一點都沒提到大自然！你沒有提到撞擊什麼晶體時會發出冷光，為什麼會發出冷光？各位有沒有看過任何學生回家試做這個實驗？我想，他沒辦法做，他根本不知道該怎樣做。」

「但如果你寫：『當你在黑暗裡拿把鉗子打在一塊糖上，你會看到一絲藍色光。其他晶體也有此效應，沒有人知道為什麼。這個現象被稱為摩擦冷光。』那麼就會有人回家試著這樣做，那就是一次與大自然相遇的美妙經驗。」

最後我說，實在看不出在這種一再重複下去的體制中，誰能受到任何教育。大家都努力考試，然後教下一代如何考試，大家卻什麼都不懂。「不過，」我說：「我一定是搞錯了。在我教的班裡有兩位學生表現很好，另外有一位我認識的物理學家也是在巴西受教育的。因此，看來雖然制度很爛，有些人還是有辦法成功的。」

哈，當我講完之後，負責科學教育的一位部長站起來說：「費曼先生剛剛說的全是些讓我們坐立難安的事情，但看起來他是真心熱愛科學，而且他的批評也很具誠意。因此，我覺得我們應該聽他的。來這裡之前，我早已知道我們的教育體制有病；但我現在才發現我們患了癌！」說完隨後坐下。

這就讓其他人也獲得了暢所欲言的自由，空氣裡頓時洋溢著興奮的氣氛，每個人都站起來提出建議。在演講前，學生早就組成一些委員會，把我的講稿油印出來，他們也推動其他委員會做其他事情。

然後，發生了完全出乎我意料之外的事情。有一位學生站起來說：「我就是費曼先生提到的兩個學生之一。但我不是在巴西受教育的，我是在德國受教育，我今年才剛到巴西。」

另外那位優秀的學生也說了些差不多的話。而我提到的教授呢，居然也站起來說：「我是在巴西接受教育，但那是在戰爭期間。當時，幸好所有教授都沒有留在學校，我所有的東西都是靠自修學來的。嚴格說來，我也不是在巴西的制度之下受的教育。」

我完全沒有預期會那樣。我知道他們的體制很糟糕，但百分之百的糟糕——那真是慘不忍睹！

由於我的巴西之行受到美國政府某項計畫的贊助，因此美國外交部要我就巴西經驗寫篇報告，我就把我的演講內容寫出來。後來透過一些管道，知道外交部有些人的反應是：「這顯示出，送這樣天真的人去巴西，是多麼的危險。這個笨蛋只會給我們添麻煩，他根本不了解其中的問題。」

剛好相反！我覺得外交部這位仁兄才有夠天真：就因為他看到大學裡開了一大堆課、也有種種說明，就以為看到了真相！

語不驚人誓不休

在巴西時，我很辛苦的學習當地語言，講授物理時也堅持用葡萄牙語。

到加州理工學院之後不久，巴查教授邀請我去他家參加由他做東的聚會。在我到達之前，巴查告訴他的客人：「費曼這傢伙學了點葡萄牙語便覺得自己很聰明，讓我們修理修理他。史密斯太太（她是百分之百的白人）在中國長大的。我們讓她用中國話來跟費曼打招呼好了。」

我呆呆的跑到巴查家，他介紹我和一大堆人見面：「費曼先生，這是某某先生。」

「很高興能跟你會面，費曼先生。」

「這是史密斯太太。」

「費曼先生，您好！」她說，一邊打躬作揖。

我是那麼的意外，但很自然的覺得應該禮尚往來。於是我也很有禮貌的鞠躬，並且裝出一副很有信心的樣子說：「阿清，中—隆！」

「噢，我的上帝！」她驚呼起來，花容失色：「我早就知道會發生這種事——我用國語而他卻會說廣東話！」

費曼大鬧賭城

有一段時期，每到暑假我就開車試圖橫越美國，從大西洋岸邊開到太平洋岸邊。可是為了種種原因，我總是會流落到某個地方走不了——通常是號稱賭城的拉斯維加斯。

我特別記得，第一次到拉斯維加斯的時候，我很喜歡那個地方。跟現在一樣，那時候的拉斯維加斯靠賭客來賺錢，旅館的唯一問題是怎樣吸引人來賭博。因此那裡的表演和餐飲收費都很便宜，差不多是免費了。你不用預訂房間或位子，你可以就那樣走進去，找張空桌子坐下來欣賞表演。對於不愛賭錢的人來說，這實在太美妙了，因為我享受到一切的好處：房租便宜，食物幾乎不用錢，表演當然好看；還有，我也很喜歡那裡的女孩子。

有一天我躺在旅館的泳池畔，有個傢伙走過來跟我聊天。忘了為什麼，但他以為我是個打工討生活的，而他認為，那樣做太傻了。「你看我多悠哉游哉，」他說：「我都在游泳池旁閒逛，享受生活。」

「你怎麼可不用工作就能過活？」

「簡單得很，我賭馬。」

「我不懂賽馬，但我想不通你怎麼可以靠賭馬過活？」我說，滿腹狐疑。

「當然可以，」他說：「我就是這樣過的啦！這樣吧，我教你怎樣賭。我們一道去，我保證你會贏一百美元。」

「你怎麼保證？」

「我賭一百美元你會贏，」他說：「因此如果你贏了，你一點損失也沒有；如果你輸，我就給你一百塊！」

我就想：「對啊！如果我贏了一百美元，我就輸他一百美元，我什麼也沒損失；就當作是一種練習好了，這證明他的說法行得通。如果他輸了呢，我就贏一百塊。這真美妙呀！」

他帶我去一家投注站，那裡列出了馬的名稱以及全美各地的賽馬場。他介紹我認識一些人，這些人說：「他很了不起！我贏過一百美元！」

慢慢的我明白到，原來我也要湊出一些錢來下注，便開始有點緊張。

「我要賭多少錢？」我問。

「噢，三、四百美元吧。」

我身上沒那麼多錢。而且，這令我擔心起來了：萬一我全輸了呢？

他說：「你聽我說，我教你下注，只收你五十美元的顧問費，而且贏了才收錢。如果不靈呢，我會給你一百塊。」

我盤算：「哇！那麼我穩贏了——不是五十元就是一百塊！他怎麼能那樣做？」

我隨即意識到，如果機遇平均的話，你贏一百塊的機遇對輸四百塊的機遇是四比一。因此每試五個人之中，有四次他們會贏得一百塊，他則拿到兩百元顧問費（同時指出他是多厲害）；第五次他要付一百元。所以平均說來，他每付一百塊就拿回來兩百塊！我終於明白他為什麼能那樣做了。

我們這種討價還價的過程，持續了好幾天，他又發明一些新方式，乍聽之下好像很划得來；但當我仔細想一會兒之後，便明白其中巧妙。終於，他沮喪的說：「好了，這樣吧，你給我五十美元顧問費，如果你輸了，我還你所有的錢。」

這樣我要輸也難了！於是我說：「好，就此說定吧。」

「好極了，」他說：「但可惜這個週末我要去舊金山一趟，你把結果寄給我好了。如果你輸了你的四百塊，我也會把錢寄給你。」

他的第一套計畫靠老老實實的數學賺錢。但現在他要出城去了，這一次，他能賺錢的唯一方法是不把錢寄來——當個徹頭徹尾的騙子。

因此，我始終沒接受他的建議；但是看他怎麼操作這些賭法，倒是娛樂性十足。

喜歡表演女郎

在拉斯維加斯的另一樂趣，是認識表演女郎。在兩場表演中間休息時，她們都待在酒吧裡，我猜這是旅館方面要求她們這樣做，以招徠更多賭客。我就是那樣認識了好幾位表演女郎，跟她們談話，發現她們都是很好的人。

那些說「表演女郎？」的人，其實心中早已存有偏見。但在任何一個團體中，如果你仔細看看，就發現包含了各式人等。例如，那裡有一位是東岸某大學院長的女兒，她很有舞蹈天分，也喜歡跳舞；暑假到了，跳舞工作也不好找，於是她便來賭城，成為舞團的一份子。大部分的表演女郎都很好、很友善，她們都很漂亮，而我很喜歡漂亮的女孩。事實上，表演女郎是我這麼喜歡拉斯維加斯的真正原因！

起先我有點膽怯：她們都那麼漂亮、那麼有名，我跟她們聊天時，講話也會有點口吃。開始時很困難，但慢慢就比較好了，最後我信心愈來愈足夠，什麼人也不怕了。

我經常都難以解釋的會碰上很多奇遇。這有點像釣魚，你把線放出去之後，耐心等候，總會有魚兒上鉤。當我告訴別人我碰過的冒險奇遇之後，他們會說：「噢，來吧，我們去遇遇看！」於是，我們就走到某家酒吧去看看會不會發生什麼奇遇，但待不了二十分鐘他們就失去耐性了。事實上，你平均要花上兩天時間，才會碰到奇遇。我花了很多時間跟表演女郎聊天，然後，一個女孩就會介紹我認識另一個，不多久，有趣的事情就常常發生了。

我記得有個喜歡喝吉普森酒的女孩。她在法朗明哥旅館跳舞，後來我跟她滿熟絡的。每次我到賭城，我就先點了一杯吉普森酒放在她的桌上，好讓她知道我來了。

某個早晨，我跑去坐她旁邊，她卻告訴我：「今晚我跟另一個男人坐，他是從德州來的大凱子。」我早已聽說過這個德州凱子了。每次他玩擲骰子時，大家都圍過來看他賭。這時他剛好走來我們這一桌，我那表演女郎朋友便介紹我跟他認識。

他跟我說的第一句話是：「你知道嗎？昨晚我在這兒輸了六萬美元呢。」

我很了解該怎麼反應。我轉向他，擺出一副不感興趣的樣子，說：「那代表了聰明呢？還是笨？」

那時我們在餐廳裡吃著早餐。他說：「嘿，讓我替你簽帳，他們不會跟我收錢的，因為我在這裡賭太多了。」

「我的錢還夠，不至於要別人替我付早餐，謝啦！」

每次他在炫耀、企圖引起我的注意時，我就挫他銳氣。他什麼都試過了：他多有錢、在德州擁有多少油田……。但沒有一樣靈光，因為我很了解這一套！結果我們在一起還滿開心的。

有一次，我們坐在酒吧間，他向我說：「看到坐在那邊的女孩嗎？她們是洛杉磯來的妓女。」

她們看來很優雅，別有一種格調。

他說：「我介紹你跟她們認識，隨便你挑哪一個，我付錢。」

我並沒很想認識她們，也知道他故意那樣說，目的不過是要炫耀而已，便拒絕他。但我又想：「這很有意思！這傢伙這麼拚命要我注意他，甚至願意替我『買』這個。要是有那麼一天告訴別人這故事……」於是說：「好吧，替我介紹。」

我們走過去，他介紹我認識她們，我就和她們閒聊了一會兒。女服務生過來問我們要喝什麼，我只要了杯水，身旁的女孩問我：「我可以點香檳嗎？」

「妳要點什麼都行，」我說，冷冷的：「因為是妳付錢。」

「你是怎麼了？」她說：「吝嗇鬼還是什麼的？」

「說對了。」

「真沒有紳士風度！」她忿忿不平。

「妳立刻看出來啦！」我說。多年前在新墨西哥州，我就學會不要當紳士。

很快，她們就反過來要請我喝酒了！（差點忘了說，那位德州凱子一直沒再回來了。）

過了一會兒，其中一個女孩說：「我們去艾環槽旅館玩玩吧，也許那邊比較熱鬧。」我坐上她們的車。車子很漂亮，她們人也很好。路上她們問起我的名字。

「狄克．費曼。」

「你打哪兒來？狄克，在哪兒高就？」

「我從帕沙迪納來，在加州理工學院工作。」

有個女孩說：「噢，有個什麼科學家鮑林（Linus Pauling）是不是也在那裡？」我到過拉斯維加斯很多次了，但是從來沒有碰過懂科學的人。我跟各式各樣的生意人聊過，對他們而言，科學家完全不是人。「是呀！」我回答，詫異得不得了。

「還有一個叫膠蘭什麼的，是個物理學家。」我簡直不能置信。我跟一群妓女在一起，而她們知道這許多！

「對呀！他叫葛爾曼（Murray Gell-Mann）！妳怎麼曉得的？」

「你的照片在《時代》雜誌上出現過。」沒錯，有一期《時代》雜誌把美國十位科學家的照片放了進去，我是其中之一，鮑林跟葛爾曼也在那裡。

「妳怎麼記得我們的名字？」我問。

「是這樣的，我們一張張照片的看過去，看看誰最年輕、誰最英俊！」（葛爾曼比我年輕。）

到了艾環槽旅館，她們繼續玩這個其他人經常跟她們玩的遊戲：「想不想賭錢？」她們問。我用她們的錢賭了幾把，大家都玩得很開心。

過了一會，她們說：「喂，我們看到了個『活』的，要離開你了。」她們就去工作了。

〔中文版注：鮑林是一九五四年的諾貝爾化學獎得主，因致力於反對核爆試驗，也獲頒一九六二年的諾貝爾和平獎。葛爾曼是一九六九年諾貝爾物理獎得主。〕

約翰大頭的老婆

另一次，我坐在酒吧裡，注意到兩個女孩跟一個年紀較大的男人在一起。後來他離去，她們就過來找我——比較漂亮和活潑的坐我旁邊，她那比較呆板的朋友潘美拉坐我對面。

一切都很順利。她很友善，不一會就挨過來，我也伸手摟著她。然後進來兩個男人，坐在旁邊的桌子。但女服務生還沒過去招待，他們就走了。

「看到那兩個人嗎？」我的新朋友說。

「看到呀。」

「他們是我先生的朋友。」

「噢？怎麼回事？」

「哦，我剛跟約翰大頭結婚，」——那是個很有名的人，「我們吵了一架。我們來度蜜月，但是約翰老在賭錢，完全沒注意到我；我就自己出來玩，但他不停派人來查看我在做什麼。」

她要我帶她回去他們住的旅館，我們就坐上我的車。半路上我問她：「約翰怎麼辦？」她說：「不用擔心。只要留心一輛有兩根天線的紅色大車。看不到這輛車子的話，他就不在附近了。」

第二天晚上，我帶著我那「吉普森女孩」和她一個朋友到「銀鞋子」看午夜場表演。在其他地方表演的女孩都很喜歡到這裡，當她們走進去時，主持人也會大聲宣布她們的名字。於是我手挽著這兩位可愛的舞蹈女郎進去，主持人說：「現在進來的是來自『法朗明哥』的某某小姐及某某小姐！」所有人都轉過頭來看到底是誰來了。我覺得威風極了、棒極了！

我們坐在吧檯旁邊，突然一陣騷動──服務生搬桌子、安全人員荷槍走進來。大家讓道歡迎這位大名人──約翰大頭，他來了！

他直直走進來，坐在我旁邊那一桌，同時他們有兩個人要求跟我帶來的女孩跳舞。他們去跳舞時，我自己坐在那裡，約翰卻走過來跟我坐。「好嗎？」他說：「來賭城幹嘛？」

我差不多確定他已發現我跟他太太的事。「隨便逛逛……」（我也要充硬漢對不對？）

「來這多久啦？」

「四、五天吧。」

「我認得你，」他說：「我在佛羅里達見過你吧？」

「我不知道。」

他又說了好幾個地方，我搞不清楚他想怎麼樣。

「我知道了，」他說：「一定是艾摩洛哥。」（艾摩洛哥是紐約的一家大夜總會，許多大闊客都去那裡玩的，比方說理論物理學家之類，對不對？）

「一定是那裡了，」我說，心想他到底什麼時候才進入正題。終於他湊過來說：「喂，她們跳完舞回來時，你給我介紹介紹好不好？」

原來如此！他根本不認識我！我給他介紹了，但我那兩位朋友說倦了，要回家。

扮演老大的跟班

第二天下午，我在法朗明哥看到約翰大頭，他站在吧檯前跟酒保聊天，談攝影及照相機。我想他是個業餘的——拿著一大堆閃光燈及照相機，但說的全是外行蠢話。不過我後來發現他不完全是個業餘攝影家，而只是個買了一堆照相機的有錢人。

這時，我猜他完全不知道我曾經跟他太太廝混過，他只是為了我帶著的女孩，才跟我談話。於是我又想玩個遊戲了。我替自己創造了一個角色：約翰大頭的跟班。

「嗨，約翰，」我說：「我們來拍些照片吧，我幫你拿閃光燈。」

我把閃光燈放口袋裡，我們便拍起照來。我把閃光燈遞給他，建議他該怎麼拍，把他哄得很開心。我們跑去「最後疆界」賭錢，他贏了不少。旅館和賭場方面當然不希望像他這樣的大闊客離開，但我看得出來他想走了，問題是如何能光榮撤退。

「約翰，我們要走了！」我用一種很嚴肅的聲音說。

「但我正在贏呢。」

「對，但今天下午我們跟他們約好了。」

「好吧，去拿車。」

「是，老大！」他把車鑰匙給我，告訴我車子的模樣。我沒讓他曉得，這我早已知道。走到停車場，果不其然，那裡就停著這輛又肥又大、有兩根天線的車子。我爬進車裡，轉動鑰匙——卻無法發動。那是一輛自動排檔的車，當時自排車剛上市不久，我也不很懂怎麼操作。再弄了一會兒，我無意中把按鈕轉到「停泊」的位置，車子發動了。我小心翼翼的把車子開到旅館大門，下車走到裡頭，他還在賭。我說：「車子準備好了，老大！」

「我沒空玩了！」他宣布，我們就走了。

他要我替他開車。「我想去艾環槽，」他說：「你認識那裡的女孩嗎？」

我確實跟那裡的一個女孩很熟，便說「有呀」。到這時候，我已有足夠信心，相信他跟我玩這遊戲的原因，無非是想多認識幾個女孩。於是我提起這個最敏感的話題：「那天晚上我碰到你太太……」

「我太太？我太太不在賭城。」

我告訴他在酒吧裡碰到的女孩。

「噢，我知道你在說誰了！我在洛杉磯碰到她和她朋友，帶她們來拉斯維加斯。她們第一件事就是用我的電話跟遠在德州的朋友談了一個小時。我氣死了，就把她們趕走！她到處跟別人說是我太太，呃？」終於真相大白了。

到了艾環槽，下一場表演要再過十五分鐘才開始。那裡擠滿人，一個座位也沒有。約翰走到領班那裡說：「我要一張桌子。」

「是，老大！幾分鐘就準備好。」

約翰給了他小費，跑去賭錢；我則跑到後臺，女孩都在準備登臺，我請她們找我朋友出來。她跑出來，我解釋說約翰大頭跟我一道來，他想在表演後找些人陪他。

「沒問題，狄克，」她說：「我會帶些朋友來，等一下見。」

我回去找約翰，他還在賭。「你先進去，」他說：「我等一下就來。」

他們在最前面舞臺旁邊放了兩張空桌子，而其餘的每張桌子呢，都擠滿了人。我就坐下來。表演開始之後，約翰才進來，這時那些女孩已經出場了，看到我獨霸一張桌子。之前她們以為我只是個小教授；現在她們認定我是個大闊客。

約翰終於進來，不久其他人也跑來坐在我們旁邊的桌子，包括約翰的「太太」、她的朋友潘美拉，還有兩個男的！

我湊過去跟約翰說：「她在旁邊桌子。」

「是呀。」

她看到我在約翰身邊負責打點，便伸過頭來問：「我能不能跟約翰談談？」

我一個字也沒說，約翰也默不作聲。

我等了一下，再湊過去跟約翰說：「她想跟你談談。」

他等了一下，「好吧。」他說。

我等得更久一些，再伸頭過去跟她說：「約翰可以跟妳談啦。」

她坐在我們這邊，開始對「小約翰」下工夫，挨在他身邊。我看得出事情有了轉機。

我很喜歡開玩笑，因此每當他們開始和好了，我就提醒約翰一些事情：「約翰，那次的電話……」

「對了！」他說：「搞什麼鬼嘛，打了一個小時的電話？」

她說是潘美拉打的電話。

看來更有進展了，於是我指出，潘美拉是她帶來的。

「對呀！」他說。（這一來一往的遊戲好玩極了，玩了滿久的。）

表演完畢後，艾環槽的表演女郎跑來跟我們聊天，直到她們要進去準備下一場表演。約翰說：「離這裡不遠，有一家很好的小酒吧。我們去那裡吧。」

我開車送他去。進去酒吧以後他說：「看到那邊的女人嗎？她是個很好的律師。來吧，介紹你認識。」

他介紹我們認識之後，說要上洗手間，然後就一直沒回來。我想是他要跟「太太」重拾舊歡，覺得我在阻撓。

我說：「嗨！」點了杯飲料。（我又開始玩起那個滿不在乎和沒紳士風度的遊戲。）

「知不知道，」她對我說：「我是拉斯維加斯比較出色的律師之一。」

「不，妳才不是呢！」我冷冷的回答：「也許妳白天是律師，但妳現在是什麼？妳只不過是在拉斯維加斯一家小酒吧裡流連廝混的人。」

她很喜歡我，我們去找地方跳舞。她跳得很好，我又很愛跳舞，我們玩得很愉快。

正跳得起勁，我的背卻突然痛起來了。這發生得很突然，而且很痛。現在回想，當時我已經連續三天三夜未睡，淨跟這些瘋狂的人和事周旋，終於累壞了。

她說她會帶我到她家。而當我一躺在她的床上，就昏睡過去了。

第二天早上醒過來，床是那麼漂亮，陽光普照；但她不見了，只有一個女僕。

「先生，」女僕說：「你醒過來了嗎？我已準備好做早餐了。」

「呃？」

「我送進來吧，你想吃什麼？」把菜單唸了一遍給我聽。我點了早餐，躺在床上吃了，就在我不認識的女人的床上吃！我完全不知道她是誰或什麼來歷！

再問了女僕幾個問題，她也對這神祕女郎一無所知；她才剛開始上第一天的班呢，她還以為我是房子的男主人，覺得我會問她問題才真稀奇。最後我穿好衣服離開，從此再沒碰過這位神祕的女人。

與職業賭徒論輸贏

第一次到賭城，我就坐下來把所有賭博遊戲的勝算給計算出來。我發現擲骰子的勝算是〇．四九三之類。如果我賭一塊錢，實際上我只要花一．四毛錢。於是我跟自己說：「為什麼這麼不想賭呢？花不了多少錢的！」

我開始下注，一下子我就連續輸了五元——就那麼一元、兩元、三、四、五元。理論上我應該才輸掉七分錢，但我已輸掉五元了！從此我也沒再賭過錢了（就是說，如果要用我自已錢的話）。我真幸運，一開始就輸錢。

還有一次，我在跟一位表演女郎吃午餐。那是個安靜的下午，沒有平常的吵雜，她說：「看那邊那個人，在草地上走的那個！他是『希臘歷克』，是個職業賭徒。」

我很清楚在賭城贏錢的勝算有多大，便說：「他怎麼可能靠賭維生？」

「我叫他過來。」

歷克過來，她介紹我們認識。

「瑪麗琳說你是個職業賭徒。」

「沒錯。」

「我很想知道你怎麼可能靠賭博維生，因為像骰子之類的勝算才〇．四九三。」

「你說的對，」他說：「讓我解釋給你聽。我不賭骰子或什麼的。我只賭那些對我有利的。」

「哼！它們什麼時候對你有利過？」我不相信的問。

「其實這也很容易，」他說：「我就在賭桌旁邊閒逛，如果有人說：『九點！一定是九點！』那人興奮極了，他認定這是九點，而且正想下注。我早已經計算出所有勝算，於是我說：『我跟你賭四元對你三元，這不是九點！』長期來說我會贏。我不直接下注在骰子上，但我跟其他賭客賭——他們都有偏見，迷信一些幸運數字。」

歷克繼續說道：「現在我已聲名在外，就更好辦了，因為很多人會來跟我賭。就算他們知道勝算不怎麼大，但只為了如果真的贏了希臘歷克，就可以四處告訴別人。我是真的靠賭博維生，這種生活也好極了！」

希臘歷克確實是個很有學問的角色，他人很好。我謝謝他教了我這麼多，現在我全都明白了。知道嗎？我總喜歡弄明白這個世界到底是怎麼一回事！

對不起，薪水太高了！

我對康乃爾大學的許多科系都不怎麼感興趣。這並不代表他們有什麼問題，只不過是我剛好對這些科系沒興趣而已。這包括了家政學、哲學（這個系的傢伙特別不正常），以及其他有文化的東西，像音樂等等。當然，康乃爾大學有很多我很喜歡往來的人，例如數學系的凱克（Mark Kac）教授和費勒（William Feller）教授、化學系的卡爾文（M. Calvin）教授，以及動物系的大好人葛瑞芬（Donald Griffin）博士——他就是發現蝙蝠乃是依靠回音自我導航的人。但像他們這樣的人不夠多，其他的許多事物我又覺得不夠水準，廢話連篇。此外，綺色佳只是一個小鎮。

那裡的天氣不是很好。有一天我開著車，突然開始下起雪來，事前毫無朕兆，我也沒有心理準備，心裡想：「噢，它不會怎麼嚴重的，繼續開車吧。」

但積雪愈來愈深，車子也開始偶爾打滑起來，我想：只好把輪胎綁上雪鍊。走到車外，把雪鏈放在雪上；天氣真冷呀，全身都在哆嗦發抖了。把車子倒退壓在雪鍊上，你就會碰到這個問題——或者說我們在那時候碰到的問題：你先得把裡面的一個掛鉤勾上。由於鐵鉤必須綁得很緊，因此掛鉤很難勾得上去。然後你就要用快凍僵的手指，把一個夾鉗按下去。你人在輪胎旁的外側，但掛鉤在輪胎的內側，因此一切都很難控制。它一直滑掉，天氣又冷，雪又一直下，你拚命想把這夾鉗按下，手痛得不得了，但那鬼東西還是下不來。我記得就在那一刻我決定了：這太瘋狂了，世界上一定還有其他地方，那裡的人是不用擔心這種棘手問題的。

我想起以前曾經應巴查教授之邀，到加州理工學院訪問過兩次；巴查以前也在康乃爾教書。他很聰明，對我的性格也瞭若指掌。他說：「費曼，我這裡有多一輛車，借給你。另外這是到好萊塢及日落區的地圖，好好享受吧。」

於是我每晚開著他的車子到日落區，去那裡的夜總會及酒吧湊熱鬧。我從拉斯維加斯學會喜歡這些事物——漂亮女孩、大賭徒等等。巴查實在很清楚，如何令我對加州理工學院產生興趣！

兩堆草中的驢子

你一定聽過那隻驢子的故事。驢子站在兩堆乾草的正中央，不知道該往哪一堆走去，因為兩邊的草都一樣多。唉，那不算什麼了。康乃爾大學跟加州理工學院競相提出優厚待遇：

每當我覺得加州理工實在比較好，決定要離開的時候，康乃爾卻會提出更優厚的條件；而當我想留在康乃爾時，加州理工的人又會提出些什麼。所以你可以想像有隻驢子站在兩堆草中央，只不過情況更加複雜，因為一旦牠開始走向某堆草，另外一堆草立刻增多。

讓我做成最後決定的，是我的教授休假年。那時我想再度去巴西訪問，這次要去十個月，而我在康乃爾又剛巧已到了可以休假一年的時候。我不願喪失這個權利，於是我製造了個理由來做決定。我寫信給巴查，告訴他我的決定。

巴查回信：「我們會立刻聘請你，而且你可以用你的第一年做為休假年。」他們就是那副德性：無論我的決定如何，他們總有辦法把我的決定搞砸。因此我在加州理工學院的第一年，事實上是在巴西過的。到了第二年，我才在加州理工正式教書。這是整件事情的始末。

自從一九五一年起，我就待在加州理工學院，而且一直都很快樂。對我這種性格的人來說，這裡是再適合也沒有了。那裡有很多頂尖的人物，他們對自己的工作很有興趣；我也很喜歡跟他們聊，因此我一直都覺得很愜意。

但當我到了加州理工還沒多久，有一天我們受到霧霾的侵襲。那時的霧霾比現在要厲害多了，我雙眼被熏得刺痛萬分。我站在角落裡，眼淚直流，心裡便想：「這太瘋狂了！這是絕對的神經病！在康乃爾的時候還好好的。我要離開這裡！」

於是我打電話到康乃爾大學，問他們我還可不可能回去。他們說：「當然可以！我們立刻著手安排，明天打電話給你。」

不再改變主意

第二天，我碰到了極大的運氣，讓我做出決定——也許上帝在幫我忙做決定。我正在走回辦公室的路上，有個傢伙跑到我面前說：「嘿，費曼！你有沒有聽到最新發生的大事？巴德（Walter Baade）發現恆星原來有兩種不同類型！我們以往計算星系和我們的距離時，原來都只是以一種造父變星為基準。但現在發現還有另一種，因此宇宙的年齡可能比我們想像中要老兩倍、三倍，甚至四倍！」

我很清楚這是怎麼一回事。那時候，地球好像比宇宙還要老。根據估計，地球年齡為四十六億年，但宇宙的年齡只有二、三十億年。這是一個很大的謎團！而巴德的這個發現把謎團解開了：重新計算之後，證明宇宙年齡比以前想像中的要老。但重點是，當時我立刻知道了這項新發現——那傢伙匆匆跑過來，把第一手的消息告訴了我。

還沒回到我的辦公室，另一個傢伙又走過來了。這是梅索森，他主修生物、副修物理，我曾經是他博士論文口試的委員之一。他建造了第一部「密度梯度離心機」，用來分離及測量分子的密度。他對我說：「看看我剛得到的實驗數據！」

他證明了當一個細菌製造出一個新細菌時，它會把一個完整的分子傳給那個新細菌；這個分子就是DNA了。在這之前，我們一直以為什麼東西都在分裂、分裂。因此大家原先也以為細菌會分裂，一半成為新細菌。但那是不可能的：包含著遺傳訊息的那個最小分子，不可能一分為二；它必須複製自己，把複製品給新細菌，給自己留一份。梅索森證實這個想法了，他用的方法是這樣的：他先讓細菌在重氮中生長，然後再讓它們在普通的氮氣裡生長。實驗進行期間，他用他的密度梯度離心機測量分子的重量。

在第一代的新細菌中，染色體分子的重量剛好是介於用重氮製造出來的分子，以及用普通氮氣製造出來的分子之間。如果所有東西（包括染色體分子）都一分為二的話，這個結果是合理的。但在接下來的很多代細菌中，如果還是一分為二的話，那麼染色體分子的重量應該是重分子和輕分子兩者之差的四分之一、八分之一及十六分之一等等，然而實驗結果卻顯示分子的重量只有兩組。一組的重量跟新的第一代相同（介於較重的和較輕的分子之間），另外一組則較輕——剛好就是用普通氮氣製造出來的分子重量。因此，儘管每過一代，較重分子所占比例會減少一半，但它們可沒減重量。這個實驗結果令人興奮極了，這是一個很重要、對基礎研究影響重大的發現。

我一邊走進辦公室，一邊意識到這裡才是我想待下來的地方。在這兒，科學界的各路人馬都會告訴我他們的研究成果，真是令人興奮！這才是我想要的，真的！

因此，稍後當康乃爾大學打電話給我，說他們已差不多全安排好的時候，我說：「真是很對不起，我又改變主意了。」但是我已經決定，我以後都不用再決定什麼了。沒有任何東西（絕對沒有！）可以讓我再改變主意了。

一個人年輕的時候，你有很多事情要擔心：要不要到這個地方，你的母親又會怎樣……

等等。你擔心、做決定，但又發生了其他的事情。事實上，比較容易的做法是什麼都不管，就那樣決定。不用管那麼多——再沒什麼能使你改變主意了。我還在麻省理工當學生時，曾經有過一次這樣的經驗。我每次在餐廳裡都拿不定主意要吃哪種飯後甜點，煩死了，於是我決定從此以後都只挑巧克力冰淇淋，不再為此煩心。那個問題便就此解決了。

總之，我也就那樣決定，從此待在加州理工學院。

拒絕高薪誘惑

不過，還是有人嘗試過要改變我留在加州理工學院的念頭。那時，費米剛過世不久，芝加哥大學的人在物色可替代費米的人選。他們派了兩個人來我家拜訪；當時我對他們的動機一無所知。而他們開始談論各種我應該去芝加哥大學的好理由：我可以做這做那，那裡有許多優秀人才，我有機會做很多事情。我一直沒有問他們待遇問題，而他們拚命暗示，只要我問的話，他們就會告訴我。終於，他們還是問我想不想知道薪水有多少。

「噢，不！」我說：「我已經決定待在加州理工學院。我的太太瑪麗露就在隔壁，如果她聽到薪水有那麼高時，我們又會吵起來。而且，我早已決定不再做決定了；我要永遠留在這裡。」我不讓他們告訴我，芝加哥大學打算付給我的薪資。

過了大約一個月，在一場學術會議上，馬歇爾（Leona Marshall）跑來跟我說：「真是奇怪，你竟然沒有接受芝加哥大學的職位。我們覺得很失望，也不明白為什麼你會拒絕這麼優厚的待遇。」

「那很容易，」我說：「因為我從頭到尾沒讓他們告訴我待遇如何。」

一星期之後，我收到馬歇爾的一封信。把信打開，他第一句話就寫說：「他們提出的待遇是……」十分龐大的一筆數字，大概是三、四倍於我現在的薪水，很驚人呢！信中繼續寫說：「在你讀下去之前，我就讓你知道待遇是多少。也許現在你會重新考慮，因為他們告訴我這個空缺還在，而我們都很希望你能來加入我們。」

我寫了封信給他們說：「知道了薪水的數目之後，我已決定必須要拒絕了。我必須拒絕這麼高的薪水，原因是如果我真的拿那種高薪，我就可以實現一切從前想做的事了——找一個很漂亮的情婦，替她找間公寓，買漂亮東西給她……用你們給我的薪水，我真的可以那樣做，但我也知道我會變成怎麼樣。我會開始擔心她在做些什麼；等我回家時又會爭吵不休，這些煩惱會使我很不舒服、很不快樂。我再沒法好好做物理，結果會一團糟！我一直都想做的事情，都是對我有害無益的。我只好決定，我沒法接受你們的邀請了。」

第五部

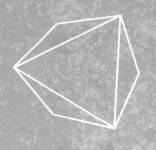

笑鬧中的真智慧

桃太郎，我投降！

在巴西那年，快到年終的時候，我接到惠勒教授的信。他說日本即將舉行一場理論物理的國際會議，問我願不願意參加。戰前日本出過幾位大有名氣的物理學家，例如諾貝爾獎得主湯川秀樹（Hideki Yukawa）與朝永振一郎（Sin-Itiro Tomonaga）、以及「日本物理之父」仁科芳雄（Yoshio Nishina）等。這場會議的舉行，是戰後日本物理學界重新恢復生命力的第一個跡象；我們都覺得應該參加，以幫助他們向前邁進。

惠勒在信中說，如果我們能先學一點日語會更好，他還附了一本軍中使用的片語讀本。我找到一位日本婦人為我矯正發音，自己也練習用筷子夾起紙屑，並且讀了很多介紹日本的書籍。當時對我而言，日本是個神祕的國度，我想，能到一個陌生而奇妙的國家是件很有趣的事，因此我非常用功。

抵達日本時，有人在機場接我們，帶我們到東京一家由名建築師萊特（Frank L. Wright）設計的旅館。這是一家仿歐式的旅館，他們的歐洲風格徹底到連服務生都穿著全套的西方制服。感覺上，我們不像身處日本，簡直就是到了歐洲或美國。帶我們到房間的服務生走來走去，把百葉窗拉上拉下，等我們給小費──處處都是美國作風！

我們的東道主什麼都安排好了。第一天晚上，我們在旅館頂樓用餐，招呼我們的，是個穿和服的日本女人，菜單上寫的還是英文。我費了好大的勁才學會一些日本話，所以晚餐快結束時，我跟女服務生說：「コーヒーを持てきて下さい。」她鞠了個躬，然後出去了。

我的朋友馬夏克疊聲的問：「什麼？什麼？」

「我在說日本話，」我說。

「噢，你這騙子！你在亂開玩笑，費曼。」

「你什麼意思？」我一本正經。

「好吧！你剛才在說什麼？」他說。

「我請她給我們咖啡。」

馬夏克不相信。「我和你打賭，」他說：「如果她端咖啡進來……」

女服務生端著咖啡出現，馬夏克輸了。

原來，我是唯一學了點日語的人，連要我們學日語的惠勒教授自己都沒花工夫學，我簡直受不了。我讀過一些關於日本旅館的資料，日本式的旅館應該和我們住的這家大不相同！

日本文化真奇怪

第二天早上，我請那位為我們安排行程的日本人到我房間來。我說：「我想住到一家日本式的旅館裡。」

「費曼教授，這恐怕是不可能的。」

我在書上讀過，日本人都很客氣，但也非常固執；你必須不斷的下工夫。所以我決定要像他們一般頑固，而且一樣的客氣。這是一場心戰，我們反反覆覆磨了半小時。

「為什麼你要改住日式旅館呢？」

「因為在這家旅館裡，並不能感覺到自己身在日本。」

「日式旅館不好，你要睡在地板上。」

「我就是想這樣，我要嘗嘗看那究竟是什麼滋味。」

「而且那裡沒有椅子，要你直接坐在桌子前面的地板上。」

「沒關係，這樣很好，我就是要找這樣的地方。」

最後，他才坦承：「假如你住另外一家旅館，巴士要繞道接你去開會。」

「不，不需要，」我說：「早上我會自己來這家旅館搭車。」

「好吧，好吧，這樣就沒問題。」結果就是這麼簡單，只不過要花半個小時才能談到真正的問題。

他正要走到電話旁，打電話給另一家旅館，卻又突然想起什麼停下來。事情又觸礁了。我又花了十五分鐘才搞懂，這次問題出在郵件，萬一會場有什麼函件要傳過來呢？他們早已在這家旅館做好妥善的信件寄送安排。

「沒關係，」我說：「早上我來搭巴士的時候，會先到旅館看看有沒有我的信。」

「好吧，那就沒問題。」他打了電話，我們終於上路去日式旅館。

一到旅館，我就知道還是值得的：那家旅館真可愛，在它的大門前有個讓你脫鞋子的地方，然後有位穿傳統和服的女孩，腳上穿著拖鞋出來，拿起你的行李。你得跟著她行經走廊上鋪著蓆子的地板，穿過紙門，只聽得她「漆─漆─漆」的踩著碎步。一切都太美好了！

走進我的房間之後，為我安排事情的日本人整個趴在地板上，鼻子貼著地板。女服務生也跪下來鼻子貼到地板上。我覺得手足無措，我也該把鼻子貼到地板上嗎？

原來他們是在彼此問候，他替我表示接受了這個房間。這真是個很棒的房間。今天大家都對日式房間的標準配備很熟悉，但當時對我來說，一切都是嶄新的經驗。牆壁上一小塊凹下去的地方，掛了一幅畫；花瓶裡雅致的插著柳樹，地板上擺了一張桌子，旁邊放了椅墊。房間的一頭還有兩扇紙門，推開後直接面向花園。

招呼我的女服務生是個中年婦人。她幫我脫掉外套，給我一件和服──那是一件藍白相間的簡單袍子，讓我在旅館裡穿。

我推開門欣賞花園的可愛，然後坐在桌子前做點事。

十幾、二十分鐘後，好像有什麼映入我的眼簾。我抬頭往花園的方向看去，看到一位很美麗的年輕日本女人，穿著很可愛的衣服，坐在玄關上。

我讀了很多關於日本風俗的資料，曉得為什麼她被派來我的房間。我想：「這可能很有趣！」

她會講一點英語。「你喜歡逛花園嗎？」她問。

我穿上鞋子，披上和服就走出去。她勾著我的手臂，指點花園的景色給我看。

後來我發現，原來只因為她懂一點英語，旅館經理覺得我大概會喜歡她帶我去逛逛花園，就這麼簡單而已。當然，我有點失望，但我知道東西文化交流時，很容易發生誤會。

讓自己日本化

過了一會兒，女服務生進來，說了幾句日本話——跟洗澡有關。我知道日本式洗澡很有趣，我很想試試看，所以我說：「好！」

書上說日本式洗澡很複雜，他們在浴池裡放很多水，從外面加熱。大家不能把肥皂放進洗澡水裡，把水弄髒——這樣下一個人就沒辦法洗了。

我走到盥洗室，浴池就在那邊。雖然中間有門而且緊閉，但我聽得出來隔壁有人在洗澡。突然門打開了，正在洗澡的那個人出來看看是誰闖進來。「教授！」他用英語對我說：

「其他人在洗澡的時候，你這樣走進盥洗室是個很糟糕的錯誤！」居然是湯川教授！

他告訴我，毫無疑問，女服務生是問我要不要洗澡；要的話，她會先為我準備妥當，並且在浴室空出來時通知我。當我犯下這麼嚴重的社交錯誤時，我實在很慶幸對方是湯川教授而不是其他人。

這間日本旅館很宜人，有其他人來探訪我時，服務尤其周到。有人來到我的房間時，我們就坐在地板上談話。不到五分鐘，女服務生就端著茶盤進來，上面除了茶，還有糖果，就好像在家裡招待客人一樣。在美國，如果有人到旅館房間來拜訪你，沒人會理你，你得打電話叫人來服務。

在這裡用餐也與眾不同。你吃飯的時候，端食物進來的女孩會一直陪在旁邊，所以你不是孤單一個人進餐；儘管我沒辦法跟這女孩深入交談，不過沒關係。食物也很特別，例如湯是用一個有蓋的小碗盛著，打開蓋子以後，呈現一幅美麗的圖畫：點點綠蔥浮在美味的湯上，真是精采。對日本人來說，食物的外觀也很重要。

我決定盡可能過日式的生活，但這卻意味著我得吃很多魚。從小我就不喜歡吃魚，但是我發現，在日本不吃魚實在太孩子氣了，我在那裡吃了很多魚，而且樂此不疲。（等我回到美國，第一件事就是跑去賣魚的地方，但是太可怕了——就像從前一樣，我沒法忍受。後來我找出原因：原來魚必須非常、非常新鮮，否則就會帶有一些令我討厭的怪味。）

有一次，我在日式旅館吃飯，他們端來一杯黃色的液體，裡面裝著一個又圓又硬、蛋黃大小的東西。一直到那時為止，我什麼都吃；但是這個東西把我嚇壞了，它看起來盤盤結結，像腦子一樣。我問女服務生那是什麼，她回答：「くり！」

這對我沒多大幫助，我猜那大概是章魚卵或其他類似的東西。我心裡毛毛的把它吃了下去，因為我想要盡可能日本化。（三十年來，我一直記得くり這個詞，好像是什麼攸關性命的東西一樣。）

第二天，我在會場問一個日本人「くり」到底是什麼。我告訴他，我覺得很難下嚥。「那是板栗，」他回答。

我做錯了什麼？

我學會的日本話，許多時候還真的發揮了極大作用。有一次，巴士遲遲不啟程，有個傢伙說：「嗨，費曼！你懂日語，叫他們快點開動！」

我就說：「はやく、はやく、いきましょう、いきましょう！」意思是「快點！快點！走吧！走吧！」

我立刻發現，我的日本話大概不是平常用語。我是從軍隊的片語讀本學會這些話，而它們一定十分粗魯；因為旅館裡的人都像老鼠般慌張的跑開，嘴裡說：「是！是！」而車子也立刻開走。

在日本的會議一共分為兩部分，一半在東京、另一半在京都。在前往京都途中，我告訴我的朋友派斯（Abraham Pais）關於日式旅館的事，他也想試試。我們住在一家名叫「都城」的旅館，那裡有日式也有美式房間，派斯就和我共住一個日式房間。

第二天早上，負責照料我們房間的年輕女服務生為我們準備好洗澡水，洗澡盆就在房間裡。過了一會兒，她端著早餐進來，我這時衣服還未穿好。她轉向我，很有禮貌的打招呼：「おはようございます（早安）。」

派斯正好從浴室出來，身上一絲不掛而且滴著水。她轉向派斯，同樣泰然自若的說：「おはようございます。」然後把早餐盤子放下。

派斯看著我說：「天哪，我們太不文明了。」

在美國，女服務生來送早餐的時候，如果看到男房客一絲不掛站在那裡，保管會有尖叫和麻煩。但在日本，他們完全習以為常。我們覺得，在這些事情上，他們比我們先進而且文明。

在這段期間，我在研究液態氦的理論，而且發現可以利用量子動力學的定律來解釋「超流動性」（super-fluidity）現象。我為此感到驕傲，而且將在京都會議中，發表我的研究及發現。

發表研究報告之前的那個晚上，在餐會中坐我旁邊的恰好是翁沙格（Lars Onsager，一九六八年諾貝爾化學獎得主）教授。他是固態物理和液態氦問題的泰斗，也是那種不鳴則已、一鳴驚人的學者。

「費曼，」他以沙啞的聲音說：「聽人家說，你自認已經了解液態氦了。」

「呃，是的……」

「哼！」那便是他整個晚上跟我說過唯一的一段話，內容實在不怎麼令人鼓舞。

第二天我發表報告，說明我所知道的液態氦理論。末尾，我抱怨我對液態氦仍然有些弄不懂的地方：到底液態氦的相變（從某一相轉變到另一相）是屬於一級相變（例如當固體熔化或液體沸騰時，溫度不變）、還是二級相變（例如在磁鐵中觀測到的某些現象，其中溫度不停變動）？

翁沙格教授站起來，以他冷冷的聲音說：「費曼教授在我們這個領域還只是個新手，我想他需要一點指導。有些事情他應該知道，我們應該教教他。」

我心想：「天哪！我做錯了什麼啦？」

翁沙格說：「我們應該告訴他，從來沒有人能從基本理論開始，研究出任何相變是屬於哪一級。因此，如果他的理論不能讓他正確得出相變是哪一級，也並不代表他還未充分了解液態氦的其他層面。」

原來翁沙格教授要說的只是恭維的好話呢！但是他剛開始講話的語氣，讓我以為這次會被修理得很慘！

別急著出風頭

不到一天，我在房間就接到《時代》雜誌打來的電話，打電話的人說：「我們對你的研究很有興趣，你能不能寄一份報告給我們？」

我從來沒有上過《時代》雜誌，覺得興奮極了。我很為自己的研究感到驕傲，研究成果在會議上也頗受肯定，因此我說：「當然可以！」

「很好。請把它寄到我們在東京的辦事處。」他把地址給我，我覺得太棒了。

我把地址複述了一遍，那人說：「沒錯。很謝謝你，派斯先生。」

「噢，不！」我震驚的說：「我不是派斯，你要找的是派斯先生嗎？對不起，他回來的時候，我會告訴他你要跟他談。」

幾小時後，派斯回來了。「嘿，派斯！」我興奮的說：「《時代》雜誌打電話來！他們希望你寄一份你剛發表的報告過去。」

我十分震驚。

「噢，」他說：「出風頭準沒什麼好事！」

往後，我慢慢發現派斯說的很對；但在當時，我覺得如果自己名字能出現在《時代》雜誌上的話，實在很棒。

愉快的日本之行

那是我第一次到日本。我很想再回去，我告訴他們，只要有大學想要找我演講，我都肯去。因此日本人就安排了一連串的地點，讓我到每個地方待上幾天。

這時候，我已經和瑪麗露結了婚，而不管到哪裡，我們都受到很好的招待。有個地方特別為我們安排了一套舞蹈儀式，通常他們只為大的團體表演。在另一個地方，所有的學生都跑到船上來見我們；還有一處地方，連市長都親自來與我們會面。

有個地方非常特別，我們住在樹林裡一間樸素的小屋裡，那是天皇到這裡住的地方。那地方很可愛，周圍環繞著樹林，有一種清幽之美。天皇會來這種地方小住，表示他對於大自然的感情，要比我們這些西方人強烈多了。

在每個地方，研究物理的人都會告訴我，他們正在做些什麼研究，我再跟他們討論。他們會告訴我，他們正在研究的大方向，然後就開始寫下一堆方程式。

「等一下，」我說：「你講的問題有沒有什麼例子？」

「當然有。」

「很好，那麼就舉一個例子。」這是我的作風：除非我腦袋裡能出現一個具體的例子，然後根據這個實例來演算下去，否則我無法理解他們說的東西。所以有些傢伙一開始時，會覺得我反應有點慢，不了解問題所在，因為我問一大堆笨問題，像「陰極是正的還是負的？陰離子是這樣的還是那樣的？」

但是過了一會兒，當那傢伙寫下一大堆方程式，停下來解釋一些東西時，我會說：「等一下，這裡有個錯誤。這不可能是正確的。」

那傢伙瞪著他的方程式，果然，過了一會兒，他發現了錯誤，然後開始搞不懂這個開始時幾乎什麼都不知道的傢伙，怎麼有辦法在這堆雜亂無章的方程式中找出錯誤？

他以為我是一步步的跟著他演算，其實不然。我腦中想的，是他正在分析的理論中某個特定的實例，而根據過去的經驗和直覺，我很清楚這個實例的特性。所以當方程式計算出它應該會如何如何，我便知道那是錯誤的推論，於是跳起來說：「等一下，那裡有個錯誤。」

所以，在日本時，除非他們給我一個實際的例子，否則我沒有辦法了解或者討論他們的研究工作，但是大多數人都提不出這樣的例子。提得出來的例子往往極為薄弱，用其他更簡單的方法就可以解決問題了。

由於我總是要求別人給我實際例子，而不是要他們寫下數學方程式，所以有一份在科學家之間流傳的油印刊物（這是他們在戰後設計出來的一種簡單有效的科學資訊傳播方式），用〈費曼的轟炸及我們的回應〉的文章標題，來總結我在日本各地的訪問。

到過若干大學訪問之後，我在京都的湯川研究院待了好幾個月。我真喜歡在那裡工作，一切都那麼美好：早上你去上班，把鞋子脫掉，想喝茶的時候，就會有人過來奉上一杯茶。真是令人愉快！

向日語投降

在京都時，我拚命學日語，比以前下了更多苦功，後來進步到可以搭計程車到處跑、辦事情。那段期間，我跟一個日本人學日語，每天一小時。

有一天，他正在教我「看」這個字的日語。「好，」他說：「如果你想說『我可以看看你的花園嗎？』你應該怎麼說？」我用剛剛學會的字，造了一個句子。

「不對，不對！」他說：「當你說：『你想不想看看我的花園？』你用的是第一個『看』，可是當你想看看別人的花園時，你必須用另外那個『看』字，比較有禮貌。」

基本上，第一種說法的含意是「你想不想瞄一下我的爛花園？」可是當你想看別人的花園時，你得說些類似「我能否參觀你那漂亮的花園？」這樣的話。因此你必須用兩種不同的字眼。

然後他又出了另一道題目：「你到廟裡去，想看看那裡的花園……」

我造了一個句子，這次我用的是有禮貌的「看」字。

「不對，不對！」他說：「寺廟裡的花園更加、更加的優雅。所以你說話的語氣應該好像『我能把目光放在你那典雅無比的花園上嗎？』」

同樣的一項概念，卻要用三、四種不同的字眼來表達，只因為當我做這件事時，就很糟糕；但當做的人是你的時候，就很典雅。

我學日語的主要原因，是為了討論專業上的東西，所以我打算看看同樣的問題是不是也會發生在科學家身上。

第二天我在研究所裡問我的日本同事：「『我解了狄拉克方程式』的日語要怎麼說？」他們教我說。

「好。現在我要說：『請你解狄拉克方程式好嗎？』我要怎麼說？」

「那樣嘛，你得用不同的『解』字，」他們說。

「為什麼？」我抗議：「不管是我解方程式，還是你來解方程式，我們做的是同樣的鬼東西！」

「是，沒錯，但要用不同的字眼。這樣比較有禮貌。」

我投降了。我覺得日語不是我這種人學的，於是從此停止學日語。

不要太相信專家

一九五〇年代初期，我們的問題是：找出能解釋貝他衰變（beta decay）的正確理論。這牽涉到兩種粒子，一種名叫τ介子（τ讀為濤），另一種叫θ介子（θ讀為西塔）。它們的質量差不多一模一樣，可是一種會蛻變為兩個π介子（π讀為拍），另一種則蛻變為三個π介子。其實它們並不只是質量差不多，而且壽命也一樣，真是個奇怪的巧合。於是大家都很關心這問題。

在我參加的一場會議上，有人報告說，從迴旋加速器生產出來的τ介子和θ介子，即使在不同角度測量或是粒子的能量不同時，它們的產量比例始終不變：總是多少個τ介子對多少個θ介子。

當然，其中一種可能性是：兩者實際上是同一種粒子，只不過它有時蛻變為兩個π介子，有時蛻變為三個。但沒有人會贊同這個想法，因為物理學有個「宇稱（parity）定律」，那是建立在「所有的物理定律，其鏡中影像都是對稱的」的假定上。因此，任何東西要不就蛻

變成兩個 π 介子，要不就蛻變成三個。

那時候，我還有點搞不清楚狀況，我總是有點落後。其他人好像都一副很聰明的樣子，我感覺自己追不上。會議期間，我跟布洛克（Martin Block）住同一個房間，他是實驗物理學家。一天晚上，他對我說：「你們幹嘛那麼死守著宇稱定律？也許 τ 介子和 θ 介子根本是一而二、二而一。假如宇稱定律錯了會怎樣？」

我想了一下說：「這就等於說，自然律會分為左旋和右旋兩種，至於哪一些算是右旋，可以用物理現象來定義。我也不覺得那會有多可怕，雖然那一定有些什麼不良後果，我不知道。你為什麼明天不問問那些專家？」

他說：「不，他們不會聽我的，你來問。」

於是第二天開會時，當我們談到 τ 介子－θ 介子大謎團時，歐本海默說：「我們應該聽些新一點、怪一點的意見。」

我便站起來說：「我是替布洛克問這個問題的：如果宇稱定律錯了，會有什麼後果？」之後葛爾曼經常笑我，說我當時沒膽量用自己的名義問問題。但事實上那不是原因。真正的原因是，在當時我就感覺到那可能是個很重要的想法，誰提出這個問題，往後很可能會名留青史。

李政道站起來，回答了一些很複雜的東西，而按例我又是不太聽得懂。會議快結束時，布洛克問我李政道說了些什麼，我說不知道，但就我所知，這問題還沒有答案——還是有可能發生的。我不認為可能性會很高，但我覺得那是有可能的。

冉濟（Norman Ramsey，一九八九年諾貝爾物理獎得主）問我他應不應該做個實驗，尋找宇稱不守恆的例子。我說：「最佳回答是，我跟你賭五十比一，你什麼也找不到。」

他說：「那對我而言，機會已經夠高了。」但他始終沒有進行那個實驗。

後來吳健雄以實驗證明了宇稱也有不守恆的時候，而這替貝他衰變理論帶來了許多新的可能性，也啟發了一大堆其他實驗。有些證明了從原子核出來的電子，有一部分飛向左邊、一部分飛向右邊；更有其他形形式式的實驗，全都是跟宇稱有關的有趣發現。然而數據是那麼的混亂，根本沒有人能夠把東西拼湊在一起。

吳健雄以實驗證明宇稱不守恆之前，在紐約州的羅徹斯特舉行了一場會議，那是一年一度的羅徹斯特研討會。我還是事事落於人後，而李政道已在發表關於宇稱不守恆的論文。他和楊振寧做出宇稱並不守恆的結論。研討會上，李政道提出了可解釋這現象的理論。

〔中文版注：楊振寧和李政道因此獲得一九五七年的諾貝爾物理獎。〕

我全都明白了

會議期間，我住在我位於紐約州雪城的妹妹家。我把論文帶回家跟她說：「我搞不懂李政道和楊振寧說的東西，這全都那麼複雜！」

「不，」她說：「你的意思並不是說你無法弄懂它，而是你沒有發明它。你沒有用你的方法，從聽到線索開始做起，把它推演出來。你應該做的是想像自己重新在當學生，把這篇論文帶到樓上去，逐字逐句的讀，檢查每一條方程式。然後你就什麼都弄懂了。」

我接受了她的建議，把那東西從頭看到尾，發現它真的很明顯簡單。我只是一直害怕去讀它，總覺得它太深奧。

這篇論文提醒了我很久以前做的一些研究，那是跟左右不對稱方程式有關的。現在再來看李政道的方程式，我發覺他的答案比較簡單：所有東西都是左旋耦合的。就電子及緲子（muon）來說，我的推論預測跟李政道的一樣，除了我把某些加減號顛倒過來而已。當時我沒想到：其實李政道只不過討論了最簡單的緲子耦合例子，並沒有證明所有緲子都向左旋；但按照我的理論，所有緲子會自動左旋。因此，事實上我的推論比他的更上一層樓。我的加減號跟他用的顛倒，但我沒意識到我其他部分全都弄對。

我又做了幾項預測，全是一些還沒有人想過用實驗驗證的情況。可是當我考慮中子和質子，進行計算時，我的結論無法跟當時已知的中子與質子數據互相印證。這部分實在有點麻煩，不好弄。

第二天回到會場，有個叫凱斯（Ken Case）的大好人，把他發表論文的時間分了五分鐘給我，讓我報告這些新想法。我說我相信一切都是左旋耦合，又說電子和緲子的正負號用反了，此外我還在努力解決中子的相關問題。有些實驗物理學家問了我一些關於我的預測的問題。會議之後那個暑假，我就去巴西了。

再回到美國之後，我立刻想知道貝他衰變的研究進展得如何了。我跑到吳健雄在哥倫比亞大學的實驗室，但她不在，另一位女士給我看一些數據，卻沒有幫助。在我的模型中，電子在貝他衰變中應該都是左旋的，可是實驗顯示有時出現右旋的情況。全都對不起來。

回到加州理工，我問那些實驗物理學家，貝他衰變情況到底如何了。還記得詹森（Hans Jensen）、維普斯楚拉（Aaldert Wapstra）以及波漢（Felix Boehm）三人請我坐下來，一五一十的告訴了我其他人的實驗結果以及他們自己得到的數據。由於我很了解他們三人，知道他們用心的程度，因此我比較看重他們的數據。他們的實驗結果還滿一致的，但加上其他實驗室的結果，就變得亂七八糟了。

最後，他們把一切數據都交給我說：「目前情況是那麼的混亂，甚至一些已定論多年的理論都被懷疑了，像中子的貝他衰變是否仍是S和T。一切都亂七八糟。葛爾曼說那可能是V和A。」

我從小板凳上跳起來：「那麼我全——部——都明白了！」

他們以為我又在開玩笑。但我在羅徹斯特研討會上碰到的困難，正是在中子與質子蛻變時，除了好像應該是V和A、而不是S和T之外，其餘一切都吻合我的理論。因此，現在我的理論完備無瑕了！

迎頭趕上

當天晚上，我就用我這個理論把一切都計算出來。首先我算出了緲子和中子的蛻變率。如果理論正確，這兩項數字之間應該出現某種關聯。我的計算結果跟應有的答案相差了百分之九。那已很接近了，只差百分之九。好像應該更接近的，但百分之九已經夠接近了。

我繼續檢查其他的一些計算，全都符合，再計算新的東西，也符合。我興奮極了。這是我生平第一次、事實上也是唯一的一次，我知道一項別人都不知道的自然律。〔當然，我這樣說不全對，因為後來我發現葛爾曼、蘇打山（E. C. George Sudarshan）以及馬沙克（Robert Marshak）等人也推演出同樣的理論。不過，那並沒有壞了我的興致。〕

在這之前我做過的工作，全都不過是把別人的理論拿來，改進其中一些計算技巧；或者是利用什麼方程式，例如把薛丁格方程式（Schrödinger equation）用在氦現象上面。那裡牽涉到的問題只不過是：你有這方程式及現象，它們如何運作？

我想到狄拉克（Paul Dirac，一九三三年諾貝爾物理獎得主），他也一度單獨「擁有」他的方程式——用以說明電子現象的方程式。而現在我也擁有這個新的貝他衰變的方程式。它沒有狄拉克方程式那麼耀眼，但它也很不錯。這是我唯一發現過新定律的一次。

我打電話給在雪城的妹妹，謝謝她建議我坐下來好好的讀通李政道和楊振寧的論文。經過了一段不安和覺得事事落於人後的日子，現在我終於覺得已經加入大家的行列了；我也有新發現了，全由於妹妹的建議。很感謝她，我重新回到物理之路了。我告訴了她一切，除了那百分之九的差別。

我十分興奮，不停的計算，而事情就如流水行雲般順利，一切都自動吻合，毫不牽強。到這時候，我已開始忘記那百分之九的事情了，因為其他一切都那麼順利。

寧要物理，不要女友

我坐在廚房窗子旁的小桌那裡，一直工作到深夜。愈來愈晚了——大約凌晨兩、三點。我努力計算，得到很多相互吻合的結果。我在思考、我在專心，外面很黑、很靜……突然窗口上「搭搭搭搭」的響起來。我一看，那裡有一張白白的臉，離我只有幾公分，我驚嚇之下便大叫起來！

原來這是我的一位朋友，她很生氣，因為我度假回來，卻沒有立刻打電話給她。我讓她進來，盡可能解釋我正在忙，我剛發現了一項很重要的定律。我說：「請到外面去，讓我把它完成。」

她說：「不，我不想打擾到你。我去客廳坐好了。」

我說：「好吧，但我還要花許多時間。」

她沒有真的坐在客廳。最好的說法是她蹲在角落把手盤起來，不來「打擾」我。她的目的當然是要打擾我！而她成功了。我很生氣，我受不了了。我必須繼續計算下去，我在進行一些很重大的發現，精神亢奮；而起碼在這個時刻，那比這位女士還重要。我忘記後來怎樣讓她離開了，總之並不容易。

再工作一些時候，真的很晚了，覺得肚子好餓。我走到街上離我家不遠的一家小餐廳。以前我經常都這樣深夜去吃東西的。

曾經有很多次，我被警察攔下來，因為我會邊走邊想，然後停下來——有時想得連走路都沒法走，你得停下來澄清一些事；有時也會伸出雙手，自言自語的說：「這跟這的距離是這樣，然後這會那樣……」

警察看到了，便走過來問：「你叫什麼名字？住哪裡？你在幹嘛？」

「噢，我在想東西。對不起，我住這裡，經常去這家餐廳……」

後來他們都知道我是誰，也不再攔我了。

走到餐廳，一邊吃東西，一邊還是忍不住興奮的告訴那裡的一位女士，我剛有了一項大發現。她卻開始說，她是一個消防員的妻子或什麼的妻子，很寂寞。

但我沒興趣。有時候人生就是如此的相互交錯。

興奮的一刻

第二天，我跑去找維普斯楚拉等人，告訴他們：「我已經全部弄出來了，一切都符合無誤。」

克利斯帝也在那裡，他說：「你用的是什麼貝他衰變常數？」

「某某書裡的多少多少。」

「但那已不對了。最近的實驗顯示那數字有百分之七的誤差。」

我想起那百分之九了。我好像在預言什麼一樣：我在家裡用這理論計算，它說中子衰變率有百分之九的差別，第二天卻有人告訴我，我引用的貝他衰變常數有百分之七的誤差。但重要的是，改變將會是從百分之九變成百分之十六的誤差呢（那就不好了），還是從百分之九變成很理想的百分之二？

就在那時，妹妹從雪城打電話來：「那百分之九是怎麼一回事？」

「我剛發現出現了新數據：百分之七……」

「往哪邊改？」

「我還在問，我再打電話給妳吧。」

我興奮到無法思考，就好像在趕搭班機一樣，根本不知道晚了多少。你實在趕不上了，突然旁邊有人說：「現在是日光節約時間呢！」對，但究竟是往前撥一小時、還是往後撥一小時呢？在太激動的時候是想不出來的。

克利斯帝走進他的房間，我進去另一個房間。我們都必須靜靜的想一想：這往這邊改變，那往那邊改變——這並不太困難，真的，只是很令人興奮。

克利斯帝出來了，我也從房間走出來，我們都同意：相差將會是百分之二——在可接受的實驗誤差範圍內。畢竟如果他們才剛把常數修改了百分之七，那百分之二極可能就是實驗誤差。我打電話給我妹妹：「百分之二。」理論正確！

〔基於當時還不知道的原因，其實相差只有百分之一。後來，卡比博（Nicola Cabibbo）把這點澄清。因此那百分之二也不全是實驗誤差。〕

葛爾曼綜合了我們的想法，寫成一篇論文。這理論還滿可愛的，它不困難，卻可以解釋很多現象。但就像前面說過，當時有很多很亂的數據。在某些情況，我們甚至還會宣稱，哪些實驗有錯誤。

最好的例子，是泰勒格第（Valentine Telegdi）的實驗了。他測量了中子蛻變時，從不同方向出來的電子數。我們的理論預測，這些數目全都一樣，但他卻發現從某個方向出來的電子數比其他的多了百分之十一。泰勒格第是極優秀的實驗物理學家，很小心仔細。有一次，當他在某個地方做演講時，他提到我們的理論說：「做理論的人的毛病是，他們從來不把注意力放在實驗上！」

泰勒格第也寫信給我們，語氣雖然不完全是責備，但很明顯的表示：他認為我們的理論是錯的。信末他寫說：「這F－G（指Feynman與Gell-Mann）理論是完全不F－G（fit-good，吻合之意）的。」

葛爾曼說：「我們該怎麼辦？你也知道泰勒格第是個很優秀的實驗物理學家。」

我說：「我們等。」

兩天之後，泰勒格第又寫了封信來，他完全改變立場了。從我們的理論裡，他發現：他忽略了實驗中，從中子朝各方向反彈的質子並不一致；他假設那在任何方向都一樣。他拿我們理論所推測的修正值，取代他原先在用的數據，結果完全改觀，實驗和理論完全吻合。

我知道泰勒格第很優秀，和他爭論是很吃力的。但那時候，我已深信他的實驗數據出了問題，而他自己會把它找出來——當然他比我更懂得找這錯誤了，因此我說我們不要嘗試找出錯誤，只要耐心等候便可。

不再輕信專家

我跑去告訴巴查教授，告訴他我們的成功。他說：「是的，你們提出了中子－質子耦合是V而不是T，而以前大家都以為是T。到底是哪一個實驗說是T呢？你為什麼不檢查一下以前的實驗，看看出了什麼問題？」

我跑去把最先說那應該是T的論文找出來一看，立刻大吃一驚。我記得以前看過那篇論文（那時《物理評論》期刊還不很厚，我每篇論文都讀），而當我再看這篇論文，看到那些圖表時，我想：「那證明不了什麼？」因為，圖表中的曲線取決於數據範圍最邊邊的一、兩個數據點——通常這些點都比較不可靠。而我清楚記得，當我第一次看這篇論文時，就曾經想到過這一點。

當我開始思考貝他衰變這問題時，我讀了許多由「專家」寫的報告，全都說那是T。我從來沒有看看最初的數據，我只是像中了毒般去讀其他的論文。如果我是個真正優秀的物理學家，在羅徹斯特想到這問題時，我就應該立刻去看看「到底T的說法有多可靠？」——那才是明智之舉。我會立刻看出，我早已注意到那張圖表有問題。

從那時起，我再也不理會由「專家」做出來的結果。我總是自己動手計算每一步驟。當大家說夸克理論很不錯時，我找了兩位博士——瑞夫道（Finn Ravndal）與奇斯林格（Mark Kislinger），跟我一起檢查所有的理論，以確定它給的結果能跟實驗結果吻合，以及它確實是個重要的好理論。

我再也沒有犯相信專家意見的毛病了。當然，你只能活一次，於是你犯該犯的錯誤，學習什麼不該做，你的一生也就這樣過去了。

我就是不要簽

有一次，附近市立大學教科學的老師跑來，問我願不願意到他們學校演講，酬勞是五十美元。我告訴他，我擔心的不是錢：「你說是『市立』大學，對不對？」

「不錯。」

我想到以往跟政府部門打交道時，往往需要應付一大堆例行文書程序，便笑起來，說：「我很樂意做演講，但是有一個條件，」我故意賣個關子，再繼續說下去：「就是我最多只會簽十三次名字，而且那還包括兌支票時簽的一次！」

他也笑起來了：「十三次！沒問題。」

開始進行了。首先我要簽署一份文件，說我確實忠於政府，否則就不能在市立大學裡面演講，而且我要簽兩次。接下來，我要簽一份願意放棄什麼權利之類的東西——記不清楚了，是給市政府的。不多久，簽名的數目就開始增加。

此外我又要簽了一份文件，證明我是貨真價實的教授。當然，這是市政府的防弊措施，他們要確保主事者不會偷偷的找自己妻子或朋友來演講，甚至根本拿了錢不請人來演講。他們要保證很多事情，簽名次數便一直增加了。

起初笑起來的那位老師也開始緊張了，但最後剛剛好，我剛好簽了十二次，剩下一次可以用來簽支票；於是我就到他們學校履行諾言。

簽了十三次

幾天之後，那位老師把支票帶來給我，但他額角冒著汗——因為除非我先簽一張表格證明我真的做了演講，否則他就不能把支票給我。

我說：「如果我簽了這張表格，我就沒法兌現支票了。你也在場，演講你也聽了，為什麼你不能簽？」

「先生，」他說：「這件事情是不是有點太無聊了？」

「不。我們一開頭就講好這樣安排的。那時我們沒想過真的會到十三次，但當時我們雙方同意了，我覺得我們應該堅持到底。」

他說：「我已經很努力，問過很多人了，什麼方法我都試過了；但是他們都告訴我沒辦法，你不簽這表格就沒法拿到支票。」

「無所謂，」我說：「我只簽了十二次名，演講也講了，我可以不要那筆錢。」

「但我很過意不去。」

「沒關係，我們講好的，不要擔心。」

第二天他打電話來：「他們不能不給你那筆錢！款項已經編列出來，他們非把錢給你不可！」

「好吧，如果非這樣不可，就讓他們把錢給我吧。」

「但你要在表格上簽名。」

「我不簽那表格！」

他們全被卡死了。在他們的系統裡，像這樣的一筆錢——該付給這個人，卻因為他不肯簽名而無法付，簡直無法處理！

最後，事情終於擺平了。過程拖了很久，也很複雜。總之，我用我的第十三次簽名，把支票兌現了。

會議在哪裡？

不知道為什麼，每次出遠門時，我總會很大意，記不得邀請我的人的地址、電話，甚至記不住任何跟東道主有關的事情。每次我都以為會有人來接我，或者同行的人很清楚我們要往何處去。不過事情也往往會化險為夷。

一九五七年間，我去北卡羅萊納大學參加一場討論重力的研討會。我的責任是以另一領域的物理專家身分，來討論重力。

由於我無法參加第一天的會議，因此當我從飛機場走出來時，已經是會議的第二天了。我走到叫計程車的地方，跟那人說：「我要到北卡大學。」

「你說的是哪一所大學？」他說：「是在羅里的北卡州立大學呢，還是在教堂山的北卡大學？」

不用說，我完全搞不清楚。「它們在哪裡呢？」我問，心想這所跟那所的位置應該很接近。

「一家在北方，另一家朝南走，路程都差不多遠。」

我身上沒帶任何資料可讓我弄清楚究竟是哪一所，而周圍也沒有像我這樣晚了一天才赴會的人。

我靈機一動。「聽著，」我跟計程車招呼站的人說：「會議是昨天開始的，所以昨天一定有很多人路過這裡，去參加研討會。讓我形容一下這些人，看你有沒有印象：他們多半有點迷迷糊糊的，邊走邊談，不大理會自己究竟往哪個方向走，談話內容都是『嘰——喵——妞，嘰——喵——妞』的。」

他整張臉都亮起來了，說：「你要去的是教堂山！」他揮手招來計程車，「帶這位先生去北卡大學教堂山分校。」

「謝謝！」我說，順利的抵達會議所在地。

〔中文版注：「嘰——喵——妞」為G$\mu\nu$的音譯。μ、ν是希臘字母，而$G_{\mu\nu}$則是重力物理的一個常用符號。〕

如果科學就是藝術

有一次，我在宴會中表演森巴鼓。我愈打愈起勁，有個傢伙特別受到鼓聲的感染，走進浴室，脫掉上衣，把刮鬍膏擠滿在胸前，弄成一幅很滑稽的圖案，又把櫻桃掛在耳朵上，跑出來狂舞。當然，我立刻和這瘋子成為好朋友了。他叫左賜恩（Jirayr Zorthian），是個藝術家。

我們經常討論藝術和科學。我會說：「藝術家是迷失的一群，他們沒有任何實在的對象！他們曾經以宗教為對象，但是現在他們失去了宗教，一無所有。他們不了解眼前的科技世界，他們一點也不懂得真實世界之美——亦即科學世界之美。所以在內心深處，他們根本沒有東西可畫。」

而左賜恩則會回嘴說：藝術家根本不需要具體的實物，他們滿是各種可以用藝術表達的感情；而且藝術可以是非常抽象的，更何況當科學家把大自然分解成數學方程式時，他們同時也摧毀了大自然之美。

拜師學畫

有一次我到左賜恩家為他慶生，我們又開始了類似的愚蠢辯論，一直辯到凌晨三點。第二天早上，我打電話給他：「聽著，我們所以爭論不休，卻毫無結論，是因為你對科學一竅不通，而我對藝術也是一竅不通。所以，以後星期天我們輪流上陣，我教你科學，你給我上藝術課。」

「好，」他說：「我教你素描。」

「那是不可能的！」我說。在中學的時候，我唯一會畫的圖就只有沙漠裡的金字塔，因為金字塔的構圖主要是由直線組成，偶爾我會試試加上棕櫚樹和太陽。我是絲毫沒有藝術天分的。坐在我旁邊的同學呢，和我一樣差勁，每次老師讓我們自由發揮的時候，他都會畫兩團扁扁的、橢圓形的東西，好像兩個輪胎疊在一起，然後有一根樹幹從上面伸出來，頂上是個綠色的三角形——這就叫做一棵樹。所以，我跟左賜恩打賭，他一定沒辦法教我畫畫。

「當然你得用功學！」他說。

我答應一定會用功，但還是打賭他沒辦法教會我。其實我很想學會畫畫，原因只有我自己知道：我很想表達內心深處對這個世界之美的感受；這感受很難形容清楚，因為那是一種情感，這很類似一個人對宗教的感覺——在宗教裡，有個上帝在主宰著宇宙萬物。而在科學裡，只要想到世間外形迥異、各行其是的萬物，卻都被「幕後」同樣的組織體、同樣的物理定律所管轄，你會覺得這世界一定有某種運行的通則。這是一種對大自然數字之美的感情，對於她內在運作方式之妙的讚歎；了解到我們所見的種種現象，都是源自原子之間複雜的交互作用，會更有感於大自然的美妙和奇幻！這是一種敬畏的感覺——對科學的敬畏。我覺得，透過繪畫，我可以和有同感的人溝通這份情感；也許在剎那間，就能提醒他去感受宇宙的榮耀。

事實上，左賜恩是個很好的老師。他叫我先回家隨便畫點什麼。我試著畫了一隻鞋，又畫了插在花瓶裡的一朵花，但都畫得一塌糊塗。

我們再碰面時，我給他看我的習作。「噢，看！」他說：「你看，在後方這裡，花瓶的線條沒有碰到葉片。」其實我的本意是要讓這條線一直畫到葉片的位置。「很好，這是一種表現景深的手法，很聰明呢。」

「還有，你沒有把所有的線條都畫得一樣粗細（這也不是我刻意營造的），也很好。假如一張畫上所有線條都一樣粗細，看起來會很呆板。」課就這樣繼續下去了，每次我以為是錯誤的地方，他卻用一種正面的看法教會我其他東西。他從來不說我錯，也不讓我難堪。所以我不斷嘗試，漸漸有一點點進步，但是我從不滿足。

為了有更多練習作畫的機會，我還參加國際函授學院的課程。我得承認他們的課還真不賴。一開頭，他們先要我畫三角錐和圓柱體，練習加上陰影等，課程涵蓋了好幾種繪畫的領域：素描、蠟筆畫、水彩畫、油畫等。課程快結束時，我的興致卻逐漸冷卻下來。我畫了一幅油畫，但是一直沒寄去給他們。函授學院不停寫信給我，鼓勵我繼續學下去，他們真的很不錯。

另一方面，我不斷練習素描，對素描的興趣愈來愈濃厚。假如我在學術會議上覺得很無聊的時候——比方有一次，心理學家羅哲斯（Carl Rogers）到我們學校來，跟我們討論加州理工學院是不是應該設立心理系；我就開始畫其他在場的人物。我隨身帶著一個小本子，無論走到那裡，都可以練習畫畫。所以，我跟左賜恩上課時，確實是很用功的。

可是，左賜恩卻沒有學到多少物理，他太容易分心了。我試著教他電磁學，但當我一提「電力」，他就告訴我他有個馬達壞掉了，問我怎樣才能把它修好。我想讓他實際看看電磁鐵怎麼發生作用，便造了個小線圈，然後把一根釘子懸在半空中，一通電，釘子就自動盪進線圈中。他居然說：「噢，這就跟做愛一樣嘛！」我只好死了心，物理課就此結束。

於是我們又有了新的爭論：到底是他教得比我好呢，還是因為我是個比較優秀的學生？

畫出心中的感覺

我放棄了原先的想法——教一個藝術家了解我對大自然的感受，以便他能描繪出這種感覺。現在我得加倍努力學畫，讓自己畫出心中的感覺。這是很具野心的嘗試，我沒有把這個想法告訴別人，因為我覺得我可能做不到。

開始學畫畫不久，有位我認識的女士看了我的習作，說：「你應該到帕沙迪納美術館看看。他們開了素描班，有模特兒——裸體模特兒，讓學生畫。」

「不行，」我說：「我畫得還不夠好，我會覺得很尷尬。」

「你畫得夠好了，你應該看看有些人畫的那副模樣！」

於是我鼓足了勇氣，到美術館去學畫畫。第一堂課，他們只告訴你應該準備什麼樣的白報紙以及各種鉛筆和炭筆。第二堂課，模特兒來了，擺了十分鐘的姿勢。

我開始畫模特兒的素描，但是一條腿還沒畫好，十分鐘就已經到了。我環顧四周，每個人都已經畫好整幅圖畫，連她背後的陰影也畫了。我明白我太不自量力了。但是慢慢的，模特兒終於在課堂上擺足半小時的姿勢了。我很努力的、費了好大的勁，終於畫好她整個身體的輪廓。這次還算有點希望，所以我沒有像過去那樣把畫蓋起來，不敢讓別人看。

我們要互相觀摩其他人畫的畫，我這才發現他們真的能畫：不只畫了模特兒，還把所有細節和陰影都畫出來，包括她坐的椅子及上面放的一本小書、講臺等等，巨細靡遺！他們每個人的炭筆都「沙！沙！沙！」的，就什麼都畫好了。我覺得我沒什麼指望。

我走回去，打算把我的畫蓋起來。我的畫上只有稀稀疏疏的幾條線，擠在白報紙的左上角，因為之前我都只在筆記本大小的紙上畫畫，有點成為習慣了。但這時，恰好有幾個班上同學站在我的畫旁邊看，其中有個人說：「噢，看看這幅畫，每一筆都恰到好處！」

我不知道他話中確實的意義，但是我深受鼓舞，下一堂課才敢繼續上。另一方面，左賜恩不停的告訴我，把畫布填得太滿的畫不是什麼佳作。左賜恩的任務是，教我不要擔心其他人怎麼畫，他說其他人也不見得有多高明。

不逼學生往特定方向走

我注意到素描班的老師話並不多，他告訴我唯一的一件事，就是我的畫在紙上顯得太小了。他反而鼓勵我們嘗試各種新的畫畫方式。

這讓我想到我們教物理的方式：我們有太多的技巧，太多的數學方程式，所以我們這些當教授的，不停告訴學生這該怎麼做，那該怎麼做。但是，繪畫老師卻很害怕告訴你任何事情。如果你的線條畫得太重，老師不能說：「你的線條太重了。」因為有些藝術家正是以厚重的線條畫出偉大的傑作。繪畫老師不願意逼迫你往特定的方向走，所以他們碰到的溝通問題是：怎麼讓學生慢慢領悟繪畫的技巧，而不是單靠傳授；但是物理教師卻老在傳授解物理習題的技巧，而不是從物理的精神層面來啟發學生。

他們總是不斷叫我畫畫時，要更放鬆一點。但是，我覺得叫一個剛學開車的人放鬆駕駛盤，是不大說得通的，也不可能成功。只有當你知道怎麼樣可以小心的把事情做好時，才有可能開始放鬆。所以，我很反對這種不停的叫人放鬆的說法。

他們還發明了一種讓我們放鬆的練習，就是畫畫時不看畫紙——目光絕不要從模特兒身上移開，手則在畫紙上描繪出線條，卻不要低頭看自己畫成什麼樣子。

有位同學說：「我沒辦法不看，我只好作弊，我打賭班上每個人都作弊。」

「我沒有作弊！」我說。

「噢，胡說！」他們說。

我做完我的練習，他們都過來看看我畫了些什麼。他們發現我真的沒有作弊：我的筆尖從一開始就斷了，因此畫紙上除了禿筆的印痕外，什麼都沒有。

當我終於削好鉛筆之後，我又試了一次，我發現我的畫別有一股力量，有點滑稽、有點像畢卡索的特色，我很喜歡。我很滿意這幅畫的原因是：我知道，以這種方式不可能畫得多好，所以這幅畫畫得差，一點也不足為奇。

其實所謂「放鬆」，也不過就是這麼一回事。本來我以為放鬆的意思是「亂畫一通」，其實放鬆真的就是放輕鬆，不要擔心會畫成什麼樣子。

我在素描班有很大的進步，感覺很不錯。一向以來，課堂上的模特兒都是屬於粗線條、沒什麼身材的那種，不過畫起來也滿有趣的。但是到了最後一堂課，來了一位漂亮的金髮女郎，身材的比例恰到好處。而到那時候我才發現，我還是不懂得怎麼畫畫：我根本畫不出任何近似這個漂亮女孩的形貌！畫其他模特兒時，畫得大一點或小一點都沒什麼差別，反正他們的身材都不怎麼樣。但當你要畫一個外貌、身材都這麼勻稱的女孩時，你騙不了自己，你知道每一筆都必須恰到好處才行！

中間休息的時候，我聽到有個很能畫的傢伙問那漂亮女孩，願不願意充當私人模特兒，她答應了。「好極了，但我還沒有工作室，我得先解決這問題，」他說。

他的畫畫得實在好，我覺得我可以跟他學到很多；而且我估量絕不再有機會畫這樣一位漂亮的模特兒，所以我說：「我家樓下還有一個房間，可以充當工作室。」

他們兩人都同意了。我拿了一些那傢伙畫的畫給左賜恩看，他嚇了一跳，「畫得沒有多好嘛！」他說。他解釋不好的原因給我聽，但我一直沒真正聽懂。

藝術鑑賞功力大增

學畫畫前，我對於看畫從來都興趣缺缺，對藝術品不怎麼會欣賞；只除了一、兩次，像有次在日本的一家美術館，看到一幅褐色的紙上畫著竹子。對我來說，這幅畫的美就在於畫家幾筆揮毫下，竹子就渾然天成，我可以在真實與假象之間流連忘返。

上完繪畫課以後的那個暑假，我到義大利參加科學會議，順便到梵諦岡的西斯汀教堂參觀。我一大早就到那兒，第一個買到票，門一開就跑上樓去。因此，我得以在別人都還沒有進來以前，趁著這短短的空檔，在寂靜肅穆中獨享大教堂。

很快的，遊客全湧進來，人潮鬧哄哄的到處流竄，說著不同的語言，指指點點。我四處逛，抬頭看了一下天花板，然後稍稍往下看，看到幾幅很大的裱框的畫。我想：「天啊，我從來不知道有這些畫！」

不幸，我把《旅遊指南》遺留在旅館了，但是我想：「我知道為什麼這些畫沒有什麼名氣了，因為這些都畫得不夠好。」接著我看到另一幅畫，心想：「哇！這幅畫得倒很好。」再看另外一些畫。「這幅很好，那幅也不錯，可是那幅很差。」我從來沒聽說過這些畫，但最終我覺得除了其中兩幅之外，其餘的都很不錯。

走進一間叫「拉斐爾房間」（Sala de Raphael）的展覽室，發現同樣的現象。我結論：「拉斐爾的作品水準很不穩定，並不是每次都成功，有時畫得很好，有時卻畫出一堆垃圾。」

回到旅館以後，我翻閱《旅遊指南》，在有關西斯汀教堂這部分上寫著：「在米開朗基羅的畫作下方，有十四幅波提且利（Sandro Botticelli）、佩魯吉諾（Pietro Perugino）的畫，」他們都是偉大的畫家；「另外兩幅則是由不著名的某某及某某所畫。」我興奮莫名，雖然我說不出這些畫的名稱和作者，我卻能夠分辨出哪些是佳作，哪些不是！科學家隨時都知道自己在做些什麼，因此當藝術家說「這幅畫是傑作」，或「這幅畫很差」，而沒法解釋理由的時候，我們往往就會懷疑他們的說法。我拿畫給左賜恩看的時候，情形正是如此。但是，現在我也可以分辨得出來了。

拉斐爾房間的祕密呢？原來在於那裡的畫，只有少數真正出自拉斐爾這位大師的手筆，其餘都是他學生的作品。而我喜歡的幾幅，正好都是拉斐爾的作品。我對自己的藝術鑑賞力信心大增。

後來，我那素描班的同學和漂亮模特兒來過我家幾次，我努力描畫，並跟我的同學學習。練習了好幾次之後，我終於畫了一幅自己覺得很不錯的畫——是模特兒的人頭像。我為這初次的成功興奮不已。

賣畫的樂趣

我終於有足夠自信以後，便開口問老朋友德米屈亞迪斯（Steve Demitriades），可不可以請他美麗的妻子充當我的模特兒，我會以這幅畫像回報他。他笑起來了：「如果她肯浪費時間為你擺姿勢，我沒什麼意見，哈哈！」我很努力的畫這幅畫，而當他看到這幅畫時，他反過來完全站在我這邊了：「畫得真好！」他讚歎：「你能不能找個攝影師把它拍下來，多弄幾份？我想寄回去希臘給我媽媽看！」他母親還沒見過這個媳婦。這真是令我非常振奮，因為我已進步到有人想要我的畫的地步了。

另外也發生了一件差不多的事。有一次，加州理工學院有人辦了個畫展，我也提供了兩幅素描和一幅油畫。他說：「我們應該替這些畫訂個價碼。」

我想：「別傻了！我不想賣掉這些畫。」

「這樣畫展會更有趣。假如你不會捨不得這些畫的話，就訂個價錢吧！」

畫展結束後，他告訴我有個女孩子買了一幅我的畫，而且她想和我談談，以對這幅畫做更進一步的了解。這幅畫的名字叫〈太陽的磁場〉。為了畫這幅畫，我特地跟科羅拉多的太陽實驗室借了一張很漂亮的太陽日珥（solar prominence）照片。由於我了解太陽的磁場如何影響太陽的火焰，所以我想到了描繪磁場線條的技巧（有點像女孩飄動的頭髮），我希望畫些其他藝術家不會想到要畫的美麗東西：太陽磁場複雜、扭曲、時疏時密的線條。

我向她解釋所有的想法，並且把激發我靈感的那張照片給她看。

她告訴我這個故事：她和她先生一起來參觀畫展，兩人都很喜歡這幅畫。她提議：「我們何不乾脆買下這幅畫？」

但是，她先生是那種凡事都要三思而後行的人，「再考慮一下吧！」他說。

她想起幾個月後就是她先生的生日，所以當天就回到展覽會場，買下了這幅畫，決定在她先生生日那天，給他來個意外驚喜。

那天晚上，她先生下班時垂頭喪氣；最後發現，他後來想買下那幅畫，逗她高興。但等他回去畫展一看，卻發現畫已經被別人買走了。

我從這個故事裡，得到一些很新鮮的啟示：至少在某個層面上，我終於了解到藝術究竟是為什麼而存在。藝術能為人帶來快樂；你創造的東西可以令人喜愛到得而喜，失而沮喪！科學卻是普遍性的、宏觀的，你不大會跟那些欣賞科學的人有個別而直接的認識。

我更了解到賣畫不是為了賺錢；而是讓真正想要這幅畫的人可以把畫買回家，是讓那些得不到這幅畫就很難過的人能擁有這幅畫。真是有趣極了。

所以，我決定開始賣畫。但我不希望有人買畫的原因，只是因為「物理教授通常不會畫畫，這多有趣啊！」所以我要取個筆名。我的朋友賴特（Dudley Wright）建議我叫「歐飛」（Au Fait），在法文裡是「完成」的意思。我用英文音譯為Ofey，剛好就是黑人拿來稱呼白人的字眼。當然，反正我是白人，所以無所謂。

有個模特兒想讓我替她畫一張素描，但是她沒有錢。模特兒通常都沒錢，如果她們有錢就不會來做這一行了。她說如果我替她畫一幅畫，她願意免費當三次模特兒。

「恰好相反，」我說：「只要妳免費當一次模特兒，我就送妳三張畫。」

後來，她把我送她的其中一幅畫，掛在房間的牆上，她的男朋友很快就注意到了，十分喜歡。他甚至願意出六十美元跟我訂一幅她的畫像。（我的行情愈來愈見俏了！）

然後，這女孩還想到要當我的經紀人，四處告訴別人「帕沙迪納有位新畫家……」。兜售我的畫作，她可以多賺點外快。這是個截然不同的世界，真是有趣呢！她幫我安排在帕沙迪納最高級的布洛克百貨公司展出我的畫作，她和百貨公司藝術品部門的職員一起挑了一些畫，全部裱框，都是我早些時候畫的一些植物（我並不很喜歡的畫）。布洛克百貨給我一張簽好名的文件，上面說我有某張、某張畫在那裡託售。

當然，最後連一張畫也沒賣出去。但那真是我的一大成就：我的畫居然在布洛克百貨公司展售！不談別的，單單是我可以因此而告訴別人，我在藝術領域裡也曾經達到顛峰時期，就夠有意思了。

嘗試裸體素描

大部分時間，我都透過左賜恩找模特兒，但偶爾我也會自己想辦法。每當我碰到看起來對畫畫會有興趣的年輕女人，我就請她們當我的模特兒。但通常我都只畫了她們的臉孔，因為我不知道怎樣開口請她們裸體供我作畫。

有一次我去左賜恩家，跟他太太提到：「我從來沒有辦法讓這些女孩裸體擺姿勢，我不知道左賜恩是怎麼辦到的。」

「你有問過她們嗎？」

「噢，我從來沒有想過要問。」

下一個模特兒是加州理工的學生，我問她願不願意裸體擺姿勢。「當然可以！」她說，就這樣了，原來並不那麼困難。我想是自己想太多了，老覺得問這種問題有些不對勁。

到那時為止，我已畫過很多素描；而在那個階段，我比較喜歡畫裸體像。我想那也不完全是藝術，而是一種混合體，但藝術究竟占多大成分，就不得而知了。

左賜恩介紹的一位模特兒，曾經是《花花公子》雜誌的玩伴女郎，長得既高又漂亮，任何一個女孩看到她，都會十分嫉妒。但是，她卻覺得自己太高了，進房間時都半彎著腰。她擺姿勢的時候，我試著教她「站直一點」，因為她實在是優雅、引人矚目。她聽了我的話。

然後她又擔心其他事情了：她的腹股溝有凹痕。我拿出一本解剖學的書來解釋給她聽，之所以會出現凹痕，乃是由於肌肉附著在骼骨上；而且不是每個人身上都有這種凹痕，只有像她這樣身材勻稱得恰到好處的人，才會有。我從她身上學到的是，不管長得多美，每個女人都在擔心自己的外貌。

我想替她畫一幅彩色的蠟筆畫，做為一種實驗。我想先以炭筆素描，再著上顏色。我以輕鬆的心情畫好炭筆素描，畫的時候絲毫不擔心會畫成什麼樣子。結果卻發現，這是我所畫過最好的一幅畫！我打消了著色的念頭，就讓這幅畫保持原貌。

我的「經紀人」看到這幅畫，決定把它拿去兜售。

「妳不能就這樣拿去賣，」我說：「這只是用白報紙畫的。」

「噢，甭管它，」她說。

幾個星期後，她帶著那幅畫回來，畫已經裱上了美麗的木框，鑲著紅條和金邊。一幅畫裱框後竟然可以美化這許多，真是一件有趣、但會令藝術家為之氣結的事。

我的經紀人告訴我，有一位女士很欣賞這幅畫，她們就去找裱畫商。裱畫商說有一種特別的技術可以裱白報紙：先把它浸在塑膠裡，然後這樣、再那樣。這位女士不厭其煩的把畫裱好，然後叫我的經紀人把畫帶回來給我看看。那位女士還說：「我想畫家本人會很高興看到，這畫裱好之後是多可愛。」

我當然很高興。這顯示又有人能直接從我的畫作中得到快樂，這才是賣畫的真正樂趣。

為按摩院作畫

有一段時間，城裡有幾家上空餐廳——你可以在那兒吃中餐或晚餐，跳舞的女孩起先只是上空，過一會兒就一絲不掛。其中有一家上空餐廳離我家只有兩千多公尺，所以我常常前往光顧。我通常坐在那裡，在畫有花邊的桌墊紙上，推演一些物理問題；有時候也會畫畫跳舞女郎或者其他顧客，稍微練習一下。

我的太太溫妮絲（費曼的第三任太太）是英國人，她倒是很能接受我前去光顧這家上空餐廳。她說：「英國男人也常常去俱樂部。」所以，這就有點像我的俱樂部。

餐廳裡到處掛著畫，但是我都不太喜歡。它們都是用螢光顏料在黑色天鵝絨上畫的畫，看起來滿醜的，題材都是女孩脫掉毛線衫之類。我有一幅畫，畫的是我的模特兒凱絲，畫得很不錯。我就把這幅畫送給餐廳老闆，讓他掛在牆上。他很高興。

結果，送畫給他為我帶來許多好處——餐廳老闆變得十分友善，每次都請我喝東西。現在，每次我到那裡，女服務生就會送來免費的七喜汽水。我就坐在那裡看看跳舞，做一點物理，準備一下講稿，或信手塗鴉。如果累了，我就觀賞一下節目，再繼續工作。餐廳老闆知道我不想被打擾，所以如果有個醉鬼過來跟我搭訕，女服務生會立刻過來把他支開。如果來的是女孩子，他就不會做什麼。我們變成了好朋友，他叫芝安奴尼（Gianonni）。

餐廳掛我的畫帶來的另一效應，是很多人會問起這幅畫。

有一天，有個傢伙過來對我說：「芝安奴尼說，那幅畫是你畫的。」

「是啊。」

「好，我想跟你訂一幅畫。」

「可以，你喜歡什麼題材？」

「我想要畫一個裸體的西班牙鬥牛女郎，被一頭人面公牛攻擊。」

「嗯，呃，如果你能告訴我你訂這畫的用途，會對我有點幫助。」

「我想掛在我的店裡。」

「什麼樣的店？」

「按摩院。你曉得，就是一個個小房間，有按摩女郎——明白了嗎？」

「是，我明白。」我不想畫這個題材，因此我極力勸阻他：「你的客人看到這幅畫會怎麼想？還有這些按摩女郎感覺又如何？這些男人進到你的按摩院，看過畫以後興奮起來——難道你想讓他們這樣對待你手下的女孩子嗎？」他不為所動。

「假如警察進來看到這張畫，你還能口口聲聲說你開的只是按摩院嗎？」

「好啦，好啦，」他說：「你說的很對。我得改變主意。我想要的畫是，如果警察看到了，他們會覺得這家按摩院沒有問題；但當顧客看到以後，他會明白。」

「好吧，」我說。

我們談妥了六十塊錢的價碼，然後我開始下工夫在這幅畫上。首先，我得想清楚要怎麼畫。我想了又想，常常覺得還不如當初就依他的主意，畫那個裸體的西班牙女郎。

最後我想到該怎麼辦了。我要畫一個假想的羅馬女奴隸，正在為羅馬的大人物按摩，這也許是個參議員之類。因為她是奴隸，所以她臉上會有一些特別的表情，對未來帶著點認命的態度。

我為這幅畫下了很多苦功。我以凱絲為模特兒，後來又找了一位男模特兒。我做了很多研究，很快的，我付模特兒的錢已經有八十塊了，但我不在乎錢，我喜歡有人委託我作畫的挑戰。最後，我畫了個雄壯魁梧的男人躺在長檯上，有個女奴隸在為他按摩，女孩穿的袍子遮了一半胸部，另一半裸露著，我把她臉上那種認命的表情畫得恰到好處。

我正要把我的傑作拿去按摩院交貨的時候，芝安奴尼告訴我那傢伙已經被抓了，而且關在牢裡。於是我問上空餐廳的女孩子，帕沙迪納還有沒有其他好一點的按摩院，會願意把我的畫掛在會客廳內。

她們給了我一串名字和地址，還告訴我：「如果你去某某按摩院時，找法蘭克，他是個好人。他不在的話就別進去。」或者，「不要跟艾迪談，他對畫一竅不通。」

第二天我把畫捲起，放在我的旅行車後座。溫妮絲祝我好運之後，我就出發往訪帕沙迪納的妓院，賣我的畫。

裸畫賣給氣象局

在前往名單上的第一家按摩院之前，我突然想到：「我應該先去問問原先那家按摩院。也許他們還照常營業，而且說不定接手的人願意買我的畫。」到了那兒敲門，門開了一點點縫，看到一個女孩的眼睛。「我們認識嗎？」她問。

「不，不認識，但是妳想不想買一幅很適合掛在進門處的畫？」

「對不起，」她說：「但我們已經和一位畫家簽好約，他正在替我們畫畫。」

「我就是那個畫家，」我說：「你們的畫已經畫好了！」

原來那個傢伙入獄前，已把這幅畫的事情告訴了他太太，於是我進去把畫攤開來給她們看。按摩院現在是由那傢伙的太太和他妹妹在經營，她們對我的畫不太滿意，想找其他女孩來看看。我把畫掛在會客廳的牆上，所有的女孩都從後面各個房間走出來，開始發表評論。

有個女孩說她不喜歡奴隸臉上的表情。「她看起來很不快樂，」她說：「她應該帶著笑臉。」

我問她：「告訴我，妳在替男人按摩、而他沒在看妳的時候，妳會笑嗎？」

「噢，不！」她說：「我的感覺就像她臉上表情顯現的一樣。但你不應該把它展現在畫上。」

我把畫留給她們，但是過了一星期的反覆質疑之後，她們終於決定不要這幅畫。而原來她們不要這幅畫的真正原因，是那個裸露的乳房。我解釋我已經把那傢伙的最初構想淡化了許多，但是她們說，大家對這幅畫的想法跟他的不同。諷刺的是，這樣一家按摩院的經營者和從業人員對一個裸露的乳房，竟然會如此矜持，實在很有趣。最後我把畫帶回家。

我的朋友賴特是個生意人，他看到這幅畫，我便告訴他事情的始末。他說：「你應該把價錢提高三倍。沒有人能真正確定藝術品的價值，所以通常他們會想，『價錢愈高，一定愈有價值！』」我說：「你瘋了！」但是，純粹出於好玩，我買了個二十美元的框把畫裱好，等待下一位顧客。

有個在氣象局工作的人，看到了我給芝安奴尼的畫，問我有沒有其他畫作。我請他和他太太到我家樓下的工作室來，他們問起我那剛裱好的畫。「這幅要兩百美元。」我把六十美元乘以三，再加上畫框的二十美元。第二天，他們回來買下這幅畫。於是，原本替按摩院畫的畫，後來就高掛在氣象局的辦公室內。

上法庭作證

有一天，警察突擊檢查芝安奴尼的餐廳，逮捕了幾個跳舞女郎。有人曾經想叫芝安奴尼停止上空秀的表演，他不願意。最後整件事鬧上法庭，地方報紙都登了這條新聞。

芝安奴尼到處向老主顧求助，希望有人為他作證支持他，每個人都有藉口：「我在經營夏令營，如果家長知道我到這種地方來，他們就不會把小孩送來參加我辦的夏令營……」或者是「我在做某種生意。如果報上登出來我去過這種地方，顧客會不再上門了。」

我跟自己說：「我是唯一無牽無掛的人，我沒理由不去作證。我喜歡他的店，希望它能經營下去，我更不覺得上空舞蹈有什麼不對。」於是我告訴芝安奴尼：「好，我很樂意為你作證。」

在法庭上，最大的爭議是：上空舞蹈是不是能為這個社區所接受？社區標準容不容許上空舞蹈存在？辯方律師想讓我代表社區標準的專家意見。他問我有沒有去過其他酒吧？

「有的。」

「那麼，你通常每星期去芝安奴尼的餐廳幾次？」

「每星期五、六次。」（報紙上登：加州理工學院物理系教授每週看五、六次上空秀。）

「芝安奴尼的顧客涵蓋了社區裡的哪些階層？」

「幾乎什麼階層都涵蓋了：有做房地產的、有人在市政府做事，也有加油站工人、工程師，還有一位物理教授……」

「既然社區裡這麼多不同階層的人都看上空秀，而且很喜歡上空秀，你是不是說上空秀應該可以為社區所接受？」

「我必須知道你所謂『可以為社區所接受』是什麼意思。任何一件事都不可能被每個人接受，所以所謂『可以為社區所接受』，指的是有多大比例的社區居民接受這件事？」

辯方律師提出一個數字，控方律師反對。法官宣布暫停，他們到裡面的房間討論了十五分鐘，決定所謂「可以為社區所接受」的意思，是百分之五十的社區居民都能接受。

儘管我逼著他們想得更精確，但是我也沒有實際數字做為依據，所以我說：「我相信有超過百分之五十的社區居民能接受上空秀，因此上空秀應該是可以為社區所接受的。」

芝安奴尼暫時輸掉了這場官司，但是他的案子和另一樁類似的案子，一直上訴到最高法院。在這段期間，他的餐廳照常營業，而我依舊有免費的七喜汽水可喝。

舉辦「歐飛」個展

大概在同一期間，有些人試圖在加州理工學院培養一點藝術氣息。有人捐錢把一幢舊的科學大樓改建成美術工作室，設備和材料全都替學生準備好了，而且還從南非聘請了一位藝術家來推動學校的藝術活動。很多不同專長的教師都被請來授課，我安排左賜恩來教素描，還有人教版畫；我也試著學版畫。

有一天，那南非藝術家到我家來看我的畫。他提到想為我辦一場個展，說不定還滿好玩的。這回我是在作弊了：如果我不是加州理工學院的教授，他們絕不會認為值得為我的畫辦個展。

「我有些比較好的畫已經賣了，要我打電話給這些人把畫借回來，我會覺得很尷尬。」我說。

「不用擔心，費曼先生，」他保證：「你不需要打任何電話，我們會安排一切，把畫展辦得專業而且沒有瑕疵。」

我給了他一份向我買過畫的人的名單。我的顧客很快就接到他的電話：「聽說你有一幅歐飛畫的畫。」

「噢，沒錯！」

「我們計劃辦一場歐飛的畫展，不知道你願不願意把畫借給我們展覽？」當然他們都樂意出借。

畫展在加州理工學院教職員俱樂部的地下室舉行。一切都有模有樣，每幅畫都有標題，而且借來展出的畫都有適當的說明，例如「芝安奴尼先生提供」等等。

有一幅畫，畫的是素描班的那位漂亮金髮模特兒，我原本想用這張畫做為陰影的研究。我把一盞燈放到她腿的高度，往旁邊及上方投射燈光。她坐著的時候，我把實際的陰影畫出來——她的鼻梁在臉部投射出一個頗不自然的陰影，看起來還不太差。我也畫了她的身體，所以你可以看到她的胸部及胸部投射的陰影。我把這幅畫和其他畫一起展出，並且把標題定為〈居禮夫人觀察鐳的輻射〉。我想要傳達的是，從來沒有人把居禮夫人當成一位有美麗頭髮、會裸露胸部的女人，他們只會想到跟鐳有關的部分。

有位名叫德雷福斯（Henry Dreyfuss）的知名工業設計家，在畫展結束之後，請了很多人到他家作客，包括出錢贊助藝術的女士、加州理工學院校長夫婦等等。其中一位藝術愛好者走過來和我攀談：「費曼先生，請告訴我，你是臨摹照片還是畫真的模特兒？」

「我都是直接畫模特兒。」

「那麼，你是怎麼找到居禮夫人替你擺姿勢作畫的？」

藝術家學科學

那時候，洛杉磯美術館和我有同樣想法，認為藝術家一點都不了解科學。我的想法是，藝術家不了解大自然的基本通則以及大自然之美，因此也無法在繪畫中把大自然的這一面表現出來。美術館的想法是，藝術家應該對科技多一點認識，應該更熟悉機械及科學的其他應用層面。

所以，美術館擬定了一項計畫，在企業的贊助下，邀請當時一些傑出的藝術家去一些科技公司參觀。藝術家可以隨意在這些公司四處走動觀察，直到他們看到一些有趣的事物，做為繪畫的素材。美術館認為，如果有一個懂科技的人可以在藝術家參觀企業的同時，居間協調，效果可能會比較好。他們知道我很善於向別人解釋事情，而且我對藝術也不完全是外行（事實上，我想他們知道我在學畫）。總之，他們問我是不是可以從旁協助，我答應了。

跟藝術家一起參觀企業，非常有趣。典型的情況是，有人拿個真空管給我們看，裡面閃爍著藍色、扭動的美麗光芒。藝術家興奮極了，問我他們怎麼樣可以把這東西用在展覽上，怎樣才能讓這種現象發揮作用？

藝術家都是些很有趣的人。但有些是徹頭徹尾的冒牌貨，他們聲稱自己是藝術家，別人也認為他們是藝術家；但是當你坐下來和他們交談時，他們談不出個所以然來！其中有個傢伙是個特大號冒牌貨，總是穿著奇裝異服，戴頂大大的黑色圓頂高帽。他老是不清不楚的回答你的問題，當你想要更進一步了解他話中含意、或問他剛剛用過的幾個字眼，他又把話題帶到另一個方向去了。最後，他對這次藝術與科技交流畫展的唯一貢獻，是他的自畫像。

其他有些藝術家的談話，初聽起來好像沒多大意思，但是他們會盡力說明自己的意念。有一次，我陪厄文（Robert Irwin）一起去某個地方。那是一趟為時兩天的旅程。我們反覆討論了很久之後，我終於明白他想解釋給我聽的是什麼，而我覺得他的想法十分有趣而奇妙。

還有些藝術家對現實世界完全沒有概念，他們以為科學家是某種偉大的魔術師，能製造任何東西，他們會說些像是「我想畫一張三維空間的畫，畫中的東西全懸浮在空中，發出閃光。」他們想像出自己想要的世界，完全不曉得這樣想合不合理。

最後，他們辦了一場畫展，並請我擔任評審委員。儘管其中有些還算不錯的作品，是藝術家在參觀企業界時激發出來的靈感；但是我覺得大部分的佳作，都是在最後一分鐘才在絕望中趕著交出來的作品，和科技扯不上什麼關係。其他評審委員都不同意我的看法，我發現自己的處境頗為艱難。我並不善於評畫，我發覺從一開始，我就不該加入評審委員會。

美術館裡有個人叫塔克曼（Maurice Tuchman），他真的懂藝術，他也知道我曾經在加州理工學院辦過個展。他說：「知道嗎，你以後都不會再畫畫了。」

「什麼？這太荒謬了！為什麼我不會再……」

「因為你已經辦過個展了，而且你只不過是個業餘畫家。」

往後，雖然我繼續畫畫，但是我已不再像從前那麼投入和認真，也不曾再賣出任何一幅畫。塔克曼是個聰明的傢伙，我跟他學了很多。而如果我不是那麼頑固的話，我應該可以學到更多的！

假聰明，真笨蛋

一九五〇年代初期，我曾經短暫的害過一種中年人的通病：我到處做關於科學哲學的演講，講題像是科學如何滿足人類的好奇心、它如何提供你新的世界觀、賦予人類很多機會及力量等等。可是問題是，看看那時剛出爐不久的原子彈，大家就應該想想，讓人類具備這麼多的力量，到底是件好事還是壞事？此外，我也在思索科學和宗教的關係。大約就在這個時候，我受邀到紐約參加一場研討會，談論「平等之道德問題」。

在這之前，他們已經為年紀較大的人在長島開過一次研討會，今年他們卻決定找一些較為年輕的人，一起討論他們在其他研討會上總結出來的論文。

在我出發之前，他們寄了一份書單給大家，那是「一些你也許會喜歡看的書；如果有那些你想介紹其他人看的書，也請寄來給我們，我們會把書收藏在圖書館裡，好讓其他人也能讀到。」

收到這份書單之後，我從第一頁開始掃視下來：列在那裡的書，我一本也沒讀過。我覺得有點不妥——我根本不適合參加這場研討會嘛。我繼續看第二頁：還是一本都沒讀過。看完了整份書單，我發覺他們列的書我一本也沒讀過。看來我一定是個什麼白痴文盲了！那裡列了許多很好的書，像傑佛遜（Thomas Jefferson）的《談自由》等等。不錯，那裡有幾位作者的書我是讀過的，有本書是海森堡（Werner Heisenberg，一九三二年諾貝爾物理獎得主）寫的，另外還有薛丁格和愛因斯坦，可是愛因斯坦寫的是《我的晚年》，薛丁格寫的則是《生命是什麼？》，跟我以前念過的作品都不一樣。因此我真的覺得自己有點不自量力，我真的不該參加那場研討會的。也許我到時就乖乖的坐在旁邊，多聽少說吧。

我跑去參加了第一次的入門會議，會上有人站起來，說我們有兩個問題需要討論。第一個有點不清不楚的——什麼跟道德、平等有關的，但我聽不懂問題到底是什麼。第二個問題是，「我們要用我們的方法證明，不同學門的人也能溝通和對話。」他們請來了國際律師、歷史學家、耶穌會牧師、猶太教士，以及科學家（那就是我了）等等。

立刻，我的邏輯思維就開始這樣推理起來：第二個問題可以不理，因為如果這行得通，就行得通；如果行不通，就行不通。換句話說，如果沒有對話，我們就根本用不著去證明大家能否對話，去「討論」我們能否對話了！因此，比較重要的是第一個問題，但那個問題我聽不懂。

我正準備舉手問：「能否請你把問題定義得清楚一點？」但我又想，「不，我才是什麼都不懂呢，我最好還是先聽別人說吧，不要又惹出麻煩來啦。」

知識的支離破碎？

我參加的分組要討論的是「教育平等之道德問題」。而在小組會議中，那位耶穌會牧師總是在談論「知識的支離破碎」。他會說：「教育平等之道德的真正問題，乃是在於知識的支離破碎。」這位牧師說的跟十三世紀時的情形有關，當時教育乃是由天主教會主控，世界簡單得很。上帝高高在上，一切都來自上帝，一切都很有系統。但是到了今天，要把一切都弄明白並不那麼容易，因此知識變得支離破碎了。我覺得「知識的支離破碎」跟「一切」無關，但他從來沒有把這「一切」定義清楚，因此我也無從論證。

最後我問：「跟知識的支離破碎相關的，到底是哪些道德問題？」他的回答卻只是一團團的迷霧，我說：「我聽不懂。」但其他人都表示他們全聽懂，並且試著要解釋給我聽，但他們根本說不明白！

於是小組裡的其他成員叫我寫下，為什麼我不覺得知識的支離破碎是個道德問題。回到下榻的宿舍，我盡我所能、很仔細的寫下在我心目中，「教育平等之道德問題」大概是指些什麼，我又舉了幾個我猜是跟我們主題有關的例子。例如在教育中，我們總是造成更多的差異。如果有人在某方面很行，我們的教育制度會幫他發展這方面的才能，結果造成差異，即不平等。這是合乎道德的做法嗎？我再舉了幾個例子之後，說雖然「知識的支離破碎」是一大問題，因為世界確實很複雜，使得學習十分困難；可是就題目本身來說，我不明白知識的支離破碎，跟教育的平等之道德問題有什麼關聯。

第二天，我在會議上提出我的論點，他們說：「是的，費曼先生提出了一些很有趣的觀點，我們應該加以討論；但我們暫時得把這些觀點存檔，以後再討論。」他們全搞錯了。我是在嘗試把問題定義清楚；研討會之所以開得毫無頭緒，主要是因為他們連題目都沒有明確的界定，因此大家都不知道應該說什麼。

會中有一位社會學家寫了一篇我們都要讀的論文，他來開會之前就寫好了。我一讀他的論文，眼珠子都要掉下來了，我根本看不懂他在寫些什麼！我猜那是因為我沒有讀完書單上的書。我感到很不安，覺得自己「不夠格」，但最後我跟自己說：「停下來，慢慢的把一句話讀完，好好弄清楚到底它說的是什麼鬼東西。」

於是我停下來——隨便的停，然後仔細讀那句話。記不清它的原文了，但跟這很接近：「社會區域的個體份子常常透過形象化的、符號化的管道獲得資訊。」我反覆的讀，把它翻譯出來。你可曉得它是什麼意思？「大家都閱讀」！

再讀下一句，發覺那一句也可以翻譯出來，整篇文篇就變得空洞萬分了——「有些人閱讀；有些人聽收音機」之類；只不過他用些很華麗的包裝，因此一開頭根本看不懂。等我終於把它翻譯出來之後，發現它根本什麼也沒說。

會議中只有一件還滿有趣的事。會議上每個人說的話都是那麼重要，重要得他們安排了速記打字員在那裡，把每句話記錄下來。會議的第二天，速記員跑來問我：「你的職業是什麼？一定不是個教授吧。」

「我就是個教授，」我說。

「哪一方面的教授？」

「物理——科學方面。」

「噢，這就是原因了！」他說。

「什麼的原因？」

他說：「你看，我是速記員，我把大家說的每一句話都記錄下來。但他們說的，我全都聽不懂，而每次你站起來問問題或者說些什麼，我卻能完全明白你說些什麼。因此我原本以為你不可能是個教授。」

不了解身處的年代

會議期間有一次聚餐，餐宴中有位神學院院長發表演說。他看來人很好、很「猶太」，演說講得很好、很有技巧。因此雖然現在回想，覺得他說的話很荒謬，但當時他的論點都很清晰，令人覺得義正辭嚴。他談到各國福利分別很大，因此構成嫉妒、進而引起衝突；現在我們又製造了核武器，一發生戰爭我們就完蛋。因此正確的解決辦法，是減少各地的差異，邁向和平；而由於美國擁有這麼多資源，我們應該把東西送給其他國家，直到均富狀態。大家都留心傾聽，充滿了犧牲之情、博愛之心，覺得確實應該這樣做。但還沒有回到宿舍，我就醒過來了。

第二天，我們小組有人說：「我覺得昨晚那場演說很好，我們應該全力支持神學院院長的論點，那應該成為我們研討會的總結論。」

我說，把資源平均分配的想法，乃是基於世界上資源有限的理論，而不知怎的，好像我們是從窮困國那裡掠奪了很多東西，因此應該送回去給他們。但這個理論並沒有考慮各國出現差異的真正原因，事實上是：我們發展了生產食物的新技術、新機械，以及用來做很多事情的新機械；而發展這些新事物的先決條件，是聚集資金。重要的是製造東西的能力，而不是那些東西本身。（不過，現在我明白，這些人都不是從事科學研究，一點都不懂科學、不懂得技術為何物，他們根本不了解自己身處的年代。）

這場研討會令我的情緒變得那麼緊張，以致我在紐約的一位朋友，必須努力使我鎮靜下來。「喂！」她說：「你在發抖呢！你真是發神經！放輕鬆點，不要看得那麼認真，往後退一步，把事情看清楚一點吧。」我回想在研討會發生的一切，想它是多麼的荒謬，一切便不那麼壞了。要是有人再邀我參加類似的會議，我一定逃之夭夭——絕對不要！不要！但直到今天，我還是接到這種邀請。

研討會結束後，大家一起檢討這次會議的成果。其他人拚命說他們收穫多豐富、會議多成功等等。他們問我時，我說：「這場研討會比做羅夏克墨漬測驗（Rorschach inkblot test）還要糟糕。我們都在看一團毫無意義的墨水漬；其他人問你看到什麼，但當你說出你看到什麼時，其他人卻跟你辯論起來了！」

更糟的是，研討會結束時，他們要舉行另一次會議。這次連公眾也一起來參加，而我們小組的主持人居然大言不慚的說，由於我們已得到這麼多成果，因此沒有什麼時間可供大眾參與討論，我們只要把結論告訴他們便好了。我眼睛睜得大大的，眼珠也快掉下來了：我覺得我們什麼鬼成果都沒有！

最後，我們討論：到底是否已經找到能讓不同背景的人溝通對話的方法——即我們的第二個基本「問題」。我說我注意到一些有趣的事：我們每個人都從自己的角度談「平等之道德問題」是什麼，完全不管其他人的觀點。例如，我們的歷史學家提出，要從歷史上看道德問題到底如何產生和形成，從而了解問題所在；國際律師則說，了解這問題的方法是，要明白在不同情況之下，每個人的反應都不同，安排事情的方式也不一樣；耶穌會牧師卻永遠在談「知識之支離破碎」；而我呢，做為一名科學家，我建議應該把問題獨立出來，有點像伽利略做實驗的技巧……。「因此，就我看來，」我說：「我們根本沒有什麼對話可言。相反的，除了混沌一片之外，我們什麼成果也沒有！」

當然我立刻受到攻擊，受到圍剿。「你不認為秩序可以從混沌中產生嗎？」「呃，做為一般通則，或者……」面對這樣的問題，我真不知道該怎麼辦。

「秩序可不可以從混沌中產生？」可以？不可以？我該說些什麼呢？

經過偽裝的笨蛋

會議中有很多笨蛋——經過偽裝的笨蛋，把我逼瘋了。一般的笨蛋還好，你可以跟他們談、解釋，幫助他們走出迷惘。但經過偽裝的笨蛋——明明是笨蛋卻假裝不是，拚命想叫別人佩服他們，希望別人覺得他們聰明、偉大……。這，我受不了！一般的笨蛋並不會騙人，誠實的笨蛋都很不錯；但是，不誠實的笨蛋便糟糕透了！而那就是我在會議中要應付的——一群偽裝過的假聰明、真笨蛋，我覺得很生氣！我決定，以後再也不要像那樣生氣了，我再也不要參加這種會議。

還有一點，會議期間我住在猶太神學院裡，很多年輕的猶太牧師（我猜他們是東正教派的），在那裡潛修苦讀。由於我有猶太背景，因此當他們談到《猶太法典》時，我也知道他們在說些什麼；雖然我以前沒有認真看過《猶太法典》。

《猶太法典》是大開本的書，它的版面很有趣：在每頁上方的角落有一小塊正方形，裡面寫的是法典的原文；在正方形旁邊的L形版面，則寫滿了其他人的眉批。《猶太法典》出自中世紀的推論模式，裡面的東西已一再的討論又討論。但好像從十三、十四世紀或十五世紀以後，就不准別人再加上眉批了，因此它完全沒有近代的評語。總之，《猶太法典》是一本很神奇的、偉大的、類似文學作品的經典，裡頭有瑣碎的問題，也有很困難的問題，例如關於教師的問題，怎樣教書等等。神學院的學生告訴我，《猶太法典》沒有其他譯本，這令我很好奇，因為這本經典是如此的寶貴。

電是不是火？

有一天，兩位猶太牧師跑來找我說：「我們明白，在今天的世界中，如果我們不學一點科學，是無法成為追上時代的猶太牧師的。因此想來問你一些問題。」

當然，他們其實有幾千種學科學的方法，哥倫比亞大學就在旁邊；但我也很想知道他們想問些什麼，對什麼有興趣。

他們說：「唔，比如說，究竟電是不是火？」

「不，」我說：「但……你們的問題到底是什麼？」

他們說：「《猶太法典》裡說，你不能在星期六生火。我們的問題是，我們在星期六能不能用電器？」

我呆住了。他們並不是對科學有興趣！科學對他們生活所帶來的影響，只不過是能否讓他們將《猶太法典》詮釋得更好而已！他們並不是對外面的世界及自然現象有興趣，他們只是有興趣解決一些由於《猶太法典》而引起的問題！

之後有一天（我想那是個星期六），我想搭乘電梯，電梯口卻有個人站在那裡。電梯來了，我走進去，他也跟進來。我說：「幾樓？」正準備按下按鈕。

「不，不！」他說：「這是我的職責。」

「什麼？」

「是呀！這裡的學生在星期六都不能按按鈕，因此我替他們按，因為我不是猶太人呀，所以我按就可以。我站在電梯口附近，他們告訴我去幾樓，我就替他們按。」

這真的讓我生氣了，我想設計他們，讓他們在邏輯詭辯中敗陣。我在猶太家庭裡長大，因此我知道很多可以用來找碴的邏輯語病。我想，這太好玩了！

我的計畫是這樣的，首先我問：「猶太人的想法是不是任何人都可能有的想法？如果答案為否，那麼很顯然它並不具有真正的人文價值……。」於是他們必須回答：「是的，猶太人的想法對任何人都適合。」接下來我會帶著他們繞圈圈，問：「如果你認為有些事情是不合道德的，但是你卻聘請別人來做，這種做法合不合乎道德？例如說，你會不會請人替你搶劫？」我會慢慢把他們逼到窄路上，慢慢的、很小心的，直到把他們困住！

你可知道發生了什麼事？他們都是猶太教學生，對不？他們比我聰明十倍！一旦我快要把他們趕到洞口，他們便拚命轉呀，扭呀——記不得他們說些什麼了，總之，他們便掙脫了！我以為想到了些很聰明、原創的主意；但他們在《猶太法典》裡卻早已討論了上千年，因此他們把我擊得潰不成軍，大獲全勝。

後來，我跟那些學生保證：當他們按下電梯按鈕時，所出現的令他們擔心的電火花，並不是火。我說：「電跟火不一樣，電並不是化學作用，火才是。」

「噢？」他們說。

「當然，在火裡頭的原子之間也有電。」

「啊哈！」他們說。

「電也在世界上任何一種現象裡出現。」

我甚至還提出實際可行的方法，以解決火花的問題。「如果那真會使你不安，你們可以在開關上加一個電容器，那麼無論開電或關電時，都不會出現火花——哪裡都不會。」但不曉得為什麼，他們也不喜歡這個主意。

食古不化？遺風餘澤？

這真是令人失望。這些人的人生才剛開始，但他們的生命卻都用在詮釋中世紀的《猶太法典》上面。想想看，在今天的年代，大家學習的目的是加入社會，做些事情——就算是做個猶太牧師，也是要入世。但令他們對科學產生興趣的唯一原因，卻只不過是由於那些古老的、狹隘的、從中古時代遺留下來的問題，在面對新現象時碰到了其他問題，就這樣而已！

當時還發生了一件值得一提的事。神學院學生跟我討論過的另一個問題，是為什麼在學術界，比方說理論物理學界，猶太裔占了大多數？那些學生認為，原因在於猶太人具有尊重學習的傳統：他們尊重猶太牧師（其實他們就負有教師的功能），也尊重教育。每個猶太家族都把這項傳統傳下去，因此如果有個猶太小孩在學校表現出色，他一定是功課很好——雖然也許他同時是個美式足球健將。

同一天的下午，這個說法就應驗了。其中一位學生邀我到他家裡坐。當他介紹我與他母親見面時，她高興得鼓起掌來。那天她剛從華盛頓回來，她興奮的說：「噢！今天實在太完美了，先是跟一位將軍會面，現在又碰到一位教授！」

我很清楚，很多人是不會將碰到大學教授和碰到大將軍相提並論的。他們不會覺得兩者一般重要或同樣的美好，因此我猜那些學生說的話，實在也有幾分道理。

你們就這樣選書？

二次大戰以後，物理學家經常受邀到華盛頓首府，給各個政府單位提供意見；軍方尤其重視我們的建議。我猜那是因為他們覺得，既然這些科學家能夠製造出像原子彈這麼重要的武器，那麼大概還能在其他事情派上用場。

我也曾經受邀去參加一個替陸軍評估武器的委員會，而我回信說，我只是一名理論物理的學者，對那些武器實在一竅不通。

陸軍居然回信說，根據過往經驗，理論物理學家在協助他們做決策方面，貢獻良多，所以可否請我再考慮一下？

我再寫信回去，說我實在什麼都不懂，懷疑自己到底能幫上些什麼忙。

最後我收到陸軍部長的信，建議一個折衷辦法：請我參加第一次會議，先聽聽看，再考慮我能否協助他們，要不要繼續參與其他活動。我當然說好吧，不然還能怎麼樣？

抵達華盛頓，第一件事是參加一場雞尾酒會，跟大家見個面。會上有很多將軍及軍方的大人物，大家都在聊天，場面很令人愉快。

有個身穿軍服的傢伙跑來，跟我說軍方很高興物理學家也來參與建言，因為他們碰到很多問題。其中一個問題是，他們的坦克車油耗得很快，走不遠，因此問題是如何能一邊走、一邊加油。這位仁兄想到一個主意，物理學家既然有辦法從鈾裡取得能量，那麼我能不能想出以二氧化矽（就是泥沙）為燃料的方法？如果做得到，那麼坦克車只要在車底裝個小鏟，一邊走一邊把泥沙弄起來當燃料就行了！他覺得這個主意棒極了，而我要做的，只不過是把細節設計出來便好了。於是我以為，第二天開會時，我們要談的就是這一類問題。

到了會場，我注意到在前一天酒會裡，介紹我認識一大堆人的傢伙就坐在我旁邊，看來他是軍方派來隨時盯著我的。坐在我另一邊的，是個以前聽說過的大將軍。

在第一節會議中，他們討論的是一些技術問題，我也發表了意見。但會議快結束時，他們開始討論跟後勤有關的問題，這我就真的一點也不懂了。這個問題的重點，是要決定在不同的時間，各個據點要存放多少東西。雖然我拚命不開口，但當你跟這些「重要人物」圍坐在一起，討論這些「重要問題」時，就算你真的什麼也不懂，你還是不能不講話的。因此在這部分討論中，我也發表了意見。

休息喝咖啡時，負責跟著我的傢伙說：「我很佩服你剛才在會議上說的東西。那可真是很重要的貢獻。」

我停下來想我對後勤問題的「貢獻」，覺得連梅西百貨公司負責採購聖誕禮品的職員，都要比我清楚怎樣處理那些問題。因此我下了結論：第一、如果我真有什麼貢獻，那純屬巧合；第二、任何人都可以做出貢獻，但大多數人會比我更強；第三、這些甜言蜜語應該足以讓我醒過來，看清楚自己沒能力做什麼貢獻的事實。

接下來，他們就在會議上決定，與其討論特定的技術事項，不如討論如何組織科學研究的問題，例如，科學研究到底應該隸屬於工兵部隊，還是軍需處？我卻覺得，如果我還希望能有什麼真正貢獻的話，就只有在討論一些特定技術事項上，而不是如何在陸軍體系裡組織起科學研究工作。

一直到那時候，我都沒有讓會議主席（也就是最初堅持要請我來的大人物）察覺我對這些狀況的感覺。當我們各自收拾公事包、準備離開時，他笑容滿面的對我說：「那麼，你會參加我們的下一次會議了……」

「不，我不會。」他的臉突然變了，他很意外我在「貢獻」了那麼多之後，說不。

到了一九六〇年代初，我有很多朋友還在擔任政府的顧問，而我完全不覺得在這方面有任何社會責任。我盡力抗拒華府方面的邀請，這樣做在當時來說，還真需要一點勇氣。

為學生選書

那時候，我教大學一年級的物理課。有一次下課後，我的助理哈維說：「你應該看看小學數學課本長的樣子！我女兒帶回家的東西和想法，實在有夠荒謬！」

我沒把他的話放在心上。

可是第二天，我接到一通電話，打電話的是帕沙迪納一位很有名的律師羅禮士先生。那時，他是加州州政府課程委員會的一員；課程委員會的任務是替加州挑選新的中小學教科書。由於加州法律規定，所有公立學校所使用的教科書，都必須由加州教育廳來挑選；於是他們設立起課程委員會，幫忙審核教科書以及提供意見，好讓他們決定要挑哪些書。

剛好在那時候，許多教科書都在使用一種新方法來教算術，他們稱之為「新數學」。由於平常幫忙看書的都是學校老師或者行政人員，因此他們覺得這次應該找些平常將數學應用在科學上的、知道學數學到底能做什麼的人，來幫忙評估課本。

我大概是因為長期拒絕跟政府合作，而產生罪惡感——我居然答應參加他們的委員會！

立刻，我便收到出版商的信以及接到他們的電話。他們說的都是「很高興知道您是委員之一，我們確實希望委員會內有真正的科學家……」以及「委員會網羅到真正的科學家，實在太好了，因為敝公司的書都是十分科學的……」。

可是他們也會說：「我們希望能跟您說明敝公司出版的教科書的內容……」和「我們願意提供任何協助，以方便您審核敝公司的課本……」。

我覺得那有點神經病。我是個講求客觀的科學家，而由於到最後，學校的學生得到的只是課本（老師得到的是《教師手冊》，我也會審核這部分），出版商的任何說明都只會混淆視聽而已。所以我不想跟任何出版商談話，而總是回答說：「你不需要說明了，我相信你們的課本就已經能夠說明一切。」

事實上，我代表的是某個區域，包括了洛杉磯地區的大部分，但不包括洛杉磯市本身。代表洛杉磯市的是一位很親切友善的女士，名叫懷特豪斯太太，她來自洛城的學校體系。羅禮士先生要我跟她會晤，了解一下課程委員會做過些什麼以及如何運作。

懷特豪斯太太首先告訴我，他們下次會議中將要討論的事情（他們早已開過一次會了，我是後來才被選進委員會的）。「他們將要討論數數字。」我不知道那是什麼，後來才知道那就是我稱為整數的東西。他們什麼東西都有個與眾不同的名字，於是打從一開始，我就有麻煩了。

她告訴我，其他委員通常是怎樣評核新課本的。他們每種書都拿很多樣本，送給自己區域的老師以及行政人員，然後蒐集大家對這些書本的意見。由於我不認識什麼中小學老師或行政人員，再加上我覺得自己就可以判斷課本到底好還是不好，因此我決定親自審閱所有的書。另一方面，在我那區，有些人預期會受邀參與評書工作以及提供意見。懷特豪斯太太提議將這些人的意見跟她的報告一起送上去，好讓他們覺得舒服點，那樣我也不用擔心他們的不滿和抱怨。他們對這個做法確實很滿意，我也沒惹什麼麻煩。

「火山」頻頻爆發！

幾天之後，負責課本收發的職員打電話給我說：「費曼先生，我們已準備好把書送過來給你了，一共是一百五十公斤重的書。」我嚇了一大跳。

「沒關係，費曼先生，我們會找人來幫你看書。」

我搞不懂你怎麼能那麼做：要不就自己看，要不就不看呀，怎麼能找人代你看書？我在地下室書房裡弄了個書櫃，專門用來放這些課本（書疊起來有六公尺高），逐本逐本的看，準備下次開會時討論。我們將會從小學課本開始討論。

這個工程非常浩大，我全天候待在地下室裡，全力以赴。後來我太太說，這段時間她好像活在一座火山頂上一般。安靜一陣之後，突然會「隆隆隆隆！」——地下室的「火山」又大爆發了。

火山爆發的原因是那些書都太糟了。它們全都是敗絮其中，急就章印出來的。有時候他們想力求嚴謹些，卻用了些「差不多」正確的例子（像用路上車子來介紹「集」的觀念），然而其實那牽涉到許多滿奧妙的想法。此外，定義不夠精確，所有東西都有點含糊不清，模稜兩可——他們根本不夠聰明，而且不知道什麼叫「嚴謹」。他們都在騙人，都在教一些連自己也搞不懂的東西；而事實上，這些東西對那些小孩來說，學來也沒什麼用。

我很清楚他們的意圖。那時候，自從蘇聯發射了旅伴號（Sputnik）人造衛星之後，很多人覺得我們科技落後了，於是就請數學家提供意見，看怎樣用些有趣、近代的數學觀念來教數學。原先的目的，是要使那些覺得數學枯燥無味的學生提高興趣。

讓我舉個例子：他們討論數字的不同進位制——五進位制、六進位制、七進位制等。如果學生已經明白十進位的話，那麼討論其他進位制還說得過去，這可讓學生腦袋輕鬆一下。可是在這些課本裡，他們把這轉變成每個小孩都要學會的進位制！於是就出現了這類令人望而生畏的習題：「把這些以七為基底的數字，改寫為以五為基底的數字」。把數字從一種進位制轉換到另一種進位制，是完完全全沒用的事情。如果你會轉換，也許還滿好玩的；如果不會，沒關係，因為那一點也代表不了什麼。

總之，我在看這些書——所有這些書，居然沒有一本提到算術在科學上的應用。如果它們真有提及算術的任何應用，他們舉的例子也不過是買郵票之類。大多數的時候，它們討論的都是些抽象的新數學廢話。

這算什麼加法？

最後我看到一本書上說：「數學在科學上的用途有多方面。我們舉一個天文學的例子，天文學是恆星的科學。」翻過一頁，它寫說：「紅色恆星的溫度為四千度、黃色恆星的溫度是五千度……」到目前為止，還好。繼續看下去：「綠色恆星的溫度是七千度、藍色恆星的溫度為一萬度，而紫色恆星的溫度為……（一個很大的數字）。」事實上，根本沒有綠色或紫色的恆星，但關於其他恆星的數據大致上還算正確。這算是含混過關的正確，但麻煩已出現了！所有事情的毛病都一樣：都是由不曉得自己在說些什麼鬼話的人寫出來的，因此裡頭總會有些小錯誤，總是會有錯誤！我真不明白，用這些書來教育小孩怎麼可能教得好？我不曉得問題出在哪裡，可是這些書差勁透了，全糟透了！

不過話說回來，我還是對這本書比較滿意，因為這是第一本舉例說明算術應用在科學上的書。當我讀到恆星溫度的部分時，我是有點不高興；但我不是非常不高興，因為至少它大致上是對了——作者只不過是舉錯例子而已。可是接下來的習題，它寫道：「約翰和他父親在室外觀測恆星。約翰看到兩顆藍色恆星和一顆紅色恆星。他父親則看到一顆綠色恆星、一顆紫色恆星和兩顆黃色恆星。那麼約翰和他父親看到的恆星溫度，總共是多少？」——太恐怖了，我簡直暴跳如雷！

恆星的溫度只不過是一個例子。事實上，類似情形不斷發生，不斷出現許許多多不堪的荒謬。把兩顆恆星的溫度加起來，是完全沒道理的！從來沒有人會這樣做，除了也許可以計算恆星的平均溫度值，但絕對不是要得到所有恆星的總溫度！這真離譜！整件事的目的，只不過是引導學生練習加法而已，但他們根本不知道自己在說什麼。這情形就好像你在讀書，偶爾句子會出現幾個錯誤，但突然有一整個句子都印反了。那些數學課本就是那個樣子，簡直沒希望！

空白書也有分數？

然後，我參加第一次會議。其他委員給某些書打了分數，他們也想看看我的評分；而我打的分數跟他們的，經常差異很大。他們便問：「你為什麼給那本書那樣低的分數？」我就回答說，那本書的問題出在某某頁的這個和那個——我全做了筆記。他們立刻發現我是個大金礦：我能夠詳細告訴他們每本書的優缺點，我打的分數全都有根有據的。

我也反問他們，為什麼他們把這本書的分數打得那麼高？他們會說：「讓我們先聽聽你對某某書的看法。」我總是問不出他們為什麼那樣評分。相反的，他們不斷的問我的想法。

談到其中一本書時，他們又問我的想法了。這本書是一套三本的其中一本，屬於輔助教材，由同一家公司出版。

我說：「收發部的人沒送這本書給我，但其餘兩本很不錯。」

另外還有人問同樣的問題：「你覺得這本書怎麼樣？」

「我說過，他們沒送這本書給我，因此我還沒什麼可說的。」

收發部的人剛好在那兒，他說：「對不起，這件事我可以解釋清楚。我沒給你送這本書的原因，是這本書還沒編好。依照規定，他們必須在某某天之前把書送到我們那裡，而那家出版商的書要晚好幾天才能編好，因此他們先把封面送過來，裡面都是白紙。他們附了一封道歉信，希望三本書都能被列入考慮，雖然說第三本會晚一點才出書。」

最後發現，居然還有一些委員給這本空白的假書打上了分數！而由於這本書有人評分，他們難以置信這會是一本空白的書。事實上，這本不存在的書得到的分數，比另外兩本的分數還要高一點點呢。

我相信這一切之所以會發生，原因在於制度以及作業流程上出了問題：當委員把書分送到自己區域的老師以及行政人員手上之後，由於他們也都很忙、或者漫不經心，「反正這本書一定有許多人會看，不差我一個！」然後隨便給它填個分數——至少是某些人，不是全部人都這樣；總會有一些人發現那是空白書，而沒打分數、沒填寫報告。當委員收到各人的報告時，他也不曉得：為什麼這本書收回來的報告比其他書收到的報告少；換句話說，也許某本書收回來十份報告，但這本書只有六個人寫了報告。於是委員就把有報告的分數平均，而沒有考慮那些沒回來的報告，結果還得到一個合理的分數。這個把什麼都取平均值的方法，就會忽略了有些書只有封皮、內裡什麼都沒有的事實！

我這個理論，是在看到課程委員會發生的情形而想到的。以那本空白書為例，每十人中有六人交回報告，而在其他書來說，每十人中有八、九人交報告。當委員就六個數字取平均值時，這跟其他書從八、九個數字求得的平均值，結果看似沒什麼兩樣。

當然，發現自己給那本空白書打分數的時候，他們都很尷尬，但這卻讓我信心略增。原來其他委員花了很多工夫在「把書籍送給別人審閱、以及回收意見」上面，並且參加書商舉辦的說明會；他們在自己還沒親自看過那本書之前，就聽別人宣揚書的內容；整個課程委員會中，大概只有我讀完所有的書，而且是除了擷取書籍本身提供的訊息之外，完全沒去聽取其他資訊的人。

像我那樣仔細評核教科書，相對於蒐集很多漫不經心的報告來取平均值，這是兩種極端的做法。

這讓我想起一個很有名的老謎題：中國皇帝高高在上，平民百姓都無緣得見。好啦，現在的問題是，皇帝的鼻子有多長？於是有人走遍全中國，問了千千萬萬的人：大家認為皇帝鼻子有多長？然後他取了蒐集來的所有數字的平均值；而由於他平均了這麼多人的數字，大家就相信這答案很「準確」了。

但這是什麼爛方法嘛，當你蒐集很多從沒仔細看過樣本的人的意見，再好的平均值也沒法提供更多更好的資訊。

流程也出問題

一開始時，我們都不能談論課本的價錢。他們只告訴我們可以挑多少本書，因此我們挑選出來的課本中，有很多都是輔助教材；這是因為每本新課本都有缺點。最嚴重的失敗，是那些「新數學」教科書：它們不提東西學了有什麼用處，習題也不夠多。不錯，這些書都沒有以賣郵票為例子，它們反而談太多抽象的數字概念、太少現實世界中的應用。

學生應該學些什麼？加、減、乘、除嗎？我們便推薦一些相關的作品為課外讀物，每班一、兩種。經過許多討論之後，我們挑選出來的課本，都是能互補長短，相輔相成的。

可是，當我們把這些辛苦得來的推薦書單，提報給教育廳，他們卻說：可用經費沒有預期中那麼多，我們必須重新檢討，把書本的價錢考慮在內，進行刪減。

這樣一來，原本四平八穩的課程完全被破壞掉了。我們原本設計的重點，是老師可以從中找到各種例子。但現在我們再也沒法安排出一套良好的課程來。再經過加州參議院預算委員會的審查後，這些課程被刪得更慘，簡直糟透了！後來他們討論到這個問題時，曾經請我在州參議員面前列席備詢，但我拒絕了；那時候，我已為這些事情跟別人爭辯太多，覺得疲乏萬分。

我覺得，我們已把結果提交教育廳，接下來像提報州政府等工作，都應該由他們去處理了。但這在法理上來說，雖是完全正確，但就政治運作層面來說，卻大錯特錯了。也許我不應該那麼快便放棄，但花了那麼多工夫，經過那麼多的討論，才擬出一套還不錯的課程，到頭來卻被刪改，那是十分令人沮喪的事！

如果把作業流程倒過來做，即從書本的價錢開始考量，再買你買得起的書，那麼整件事便可能改觀，不必浪費那麼多的力氣！

歷史重演

然而，讓我決定辭掉委員會工作的原因，是第二年討論科學教科書的經驗。起先我想，也許科學書的情況會不一樣，於是我仔細看了幾本。

歷史重演了：有些東西粗看很不錯，事實上卻令人髮指。例如，有一本書列了四張圖：第一張是一個上滿發條的玩具，第二張是一輛汽車，再來是一個小孩騎腳踏車等等。在每張圖片下面，它問：「是什麼使它運作？」

我想：「我知道他們的用意了，他們想討論力學，就介紹彈簧如何運作；想討論化學，就介紹汽車引擎如何運轉；想討論生物學，就介紹肌肉如何作用。」

這是我爸爸會跟我談的一類題目：「是什麼使得它動？每樣東西之所以會動，皆因為太陽在照射。」然後好玩的部分來了，我們會繼續討論下去……

「不，玩具動的原因是發條上緊了，」我會說。

「發條為什麼會上緊了？」他又會問。

「我把它轉緊的。」

「你為什麼能動？」

「因為我吃東西。」

「太陽在照射，食物才長出來。因此由於太陽照射，這些東西才會動。」那樣我就會明白，物體的運動只不過是太陽能量的轉換而已。

翻到下一頁，課本的答案卻是：關於上了發條的玩具，「能量使它動。」至於在腳踏車上的小孩，「能量使它動。」每個圖的答案都是「能量使它動。」

那根本毫無意義可言。隨便說，用「瓦卡力斯」代替能量的位置。那麼「瓦卡力斯使它動」就成了我們的新定律了，這句話沒包含半點知識在內。學生什麼也沒學到，它只不過是個名詞而已！

他們應該做的是讓學生看看玩具的內部，看看裡頭的發條，學學齒輪，不要管什麼「能量」了。往後，當這小孩明白玩具到底如何運作，他們就可以討論與能量有關的定律了。

事實上，甚至連「能量使它動」這句話也不對；因為如果它停下來，你也可以說「能量使它停下來」。書裡說的其實是指「濃縮狀態」的能量被轉化為「稀釋狀態」，這是個很深奧的問題呢。在這些例子中，能量不會增加或減少，它只會從一種形式轉變到另一種形式。當物體停止不動時，能量就轉變為熱，回歸混沌之中。

可是每本書都同一個樣子，它們說的都是毫無用處、錯亂不堪、模稜兩可、混淆不清、似是而非的東西。我無法想像有誰能從這些課本學到任何科學——因為它們教的根本不是科學！

看到這些科學課本有著數學課本的同樣毛病之後，我的火山又爆發了。看了那麼多的數學課本卻只有無力感之後，我實在無法再忍受另一年的痛楚，於是辭職了。

後來我聽說那本「能量使它動」的書被委員會挑中，將呈教育廳，我便決定再做最後的努力。委員會每次開會，公眾都可以參與評論，於是我也在會中挺身而出，說出為什麼我覺得那本書不好。

接替我委員位置的人說：「某某飛機公司的六十五位工程師，都投了贊成票呢！」

我毫不懷疑那家飛機公司有一些很好的工程師，但六十五位工程師的意見是範圍很廣的意見，其中也一定有些學藝不精的傢伙！於是再一次，又淪落到替皇帝鼻子取平均值或者是替空白書打分數的問題。如果先由這家飛機公司決定哪些工程師較為優秀，由他們來評書，效果一定更好。我不敢說我比六十五個人都聰明，但跟六十五個人的平均程度來比，我當然贏定了！

他無法理解我的論點，教育廳後來通過使用那本書。

這樣做能保護納稅人嗎？

當我還在委員會時，我要到舊金山參加好幾次會議。第一次會議後回到洛杉磯，我到委員會那裡領回我的車馬費。

「一共是多少錢，費曼先生？」

「唔，就是來回洛杉磯、舊金山的機票，加上我不在時，車子停在機場的停車費吧。」

「你有沒有保留機票？」
我剛好有保留機票。
「停車費的收據呢？」
「沒有，但我一共花了兩塊三毛五美元。」
「但我們必須看收據。」
「我剛告訴過你那是多少錢。如果你不相信我，為什麼你還讓我告訴你，那些課本是好書或是壞書？」
結果是一場爭辯。很不幸，我太習慣在私人公司或大學裡向一般的正常人演講授課了。我太習慣的是：「花費一共是多少？」「多少多少。」「請你點收，費曼先生。」
當下我決定，從此不再給他們任何收據。
開完第二次會，他們又問我拿機票和收據。
「我沒有留。」
「你不能老這樣，費曼先生。」
「當我接受委員會的職位時，你們告訴我會負擔所有花費。」
「但我們預期你會提供收據，以證明你花的錢。」
「我沒有什麼東西來證明，但你知道我住在洛杉磯而我到這些地方開會。你以為我用什麼鬼方法去到這些地方？」

他們不肯示弱，我也不肯。我覺得當你處在那種處境之下，而選擇了不後退的話，不成功就得成仁了。因此我很甘心，始終都沒有領回我的車馬費。

這是我經常玩的遊戲之一。他們想要收據？我一張收據也不要給他們。那麼，你就拿不到錢了。

好，那麼我就不拿這筆錢。他們不相信我？見他的鬼吧！他們不必付我錢。當然這是很荒謬的！

我也知道這是政府作風，那麼去他的政府吧！我覺得人應該把人當人看待。而直到我被當人看待之前，我不要跟他們有任何瓜葛！他們覺得難受嗎？我也覺得難受呀！就那樣算了吧。我知道他們在「保護納稅人」，但請看看在下面的例子中，納稅人到底受到怎麼樣的保護。

經過冗長的討論後，有兩本書一直還是無法定論，它們得票都很接近；於是我們把決定留給教育廳。現在他們已將價錢也考慮在內了，而由於兩本書不相上下，教育廳決定公開招標，價低者得標。有人提出問題：「學校將會在平常的時間收到書，還是可以早一點在開學前就收到書呢？」

得標出版商的代表站起來說：「我們很高興你們接受我們投的標；我們一定在開學前就可以送書到學校。」

輸掉的出版商也有代表在那裡，他站起來說：「由於我們是根據比較晚的期限來投標，因此我覺得我們應該再有一次機會，以較早的期限再投一次，因為我們也可以在開學之前出書。」

羅禮士先生問這第二家出版社的人：「如果你的書早一點送來，價錢是多少呢？」

那人說了個數字。居然較為便宜！

第一家的人站起來：「如果他更改他們的標，我也有權利更改我們的標！」結果，他的更加便宜了！

羅禮士問：「嗯，怎麼會那樣？早點拿到書，價錢還更便宜？」

「沒錯，」有個傢伙說：「我們可以利用一種平常不會用的印刷方法……。」他解釋了為什麼結果會比較便宜。

另一個人同意：「當你生產加快時，成本更便宜！」

那真是令人震驚。結果居然便宜了兩百萬美元！羅禮士被這突如其來的轉變，弄得怒火中燒。

實際的情形，當然是交貨期限提早，讓這些人有藉口重新投標。一般來說，當價錢不是考量因素時，他們不必降低價錢，出版商想把價錢定在哪裡都可以，降低價錢對於競爭並沒有好處。他們這種赤裸裸的競爭方式，還真是讓課程委員會的人印象深刻！

檯面下有動作

噢，順帶一提，每次課程委員會開會，總有出版商招待委員會的人，請委員吃午餐，介紹他們的書。我從來都沒參加過。

現在一切都好像很明顯了，但當時我還搞不清狀況。有一天我收到「西聯公司」寄來的包裹，裡面是一些乾果之類，還有一封信說：「祝感恩節快樂——巴米里奧與家人。」

這是長島的一家人寄來的，但我從未聽過他們的名字。看來有人要寄東西給朋友，而搞錯名字和地址了。我必須把事情弄清楚，我打電話到西聯公司，找到寄包裹的人。

「哈囉，我叫費曼。我收到一個包裹……」

「噢，哈囉，費曼先生，我是巴米里奧。」他是那麼的友善，讓我以為我應該認識他！而我確實經常忘記很多人是誰。

於是我說：「對不起，巴米里奧先生，但我不大記得你是誰。」

原來，他是其中一個出版商的代表！他們的書在我的審核名單內。

「我明白了，但這很容易讓人誤會。」

「這純粹是我們家送給你們家的小禮物而已。」

「不錯，但我正在審核你們的書，許多人可能會誤解你的好意呢！」我那時知道是怎麼一回事了，但我假裝是個百分之百的傻瓜。

另外有一次，某個出版商送了一個真皮的公事包給我，上面用燙金刻上我的名字。我於是說：「我不能收下，我在審核你們的書，你好像不明白這點！」

有一個在課程委員會待了很久的委員說：「我從來不接受那些禮物；那令我很生氣，但這些事還是不停發生。」

我錯過了一次大好時機。如果當時我腦筋動得夠快，就會很好玩了。那次抵達舊金山的旅館時，已經是晚上，會議在第二天舉行，我便決定到市中心逛逛，吃點東西。剛從電梯出來，兩個坐在旅館會客廳的傢伙跳起來說：「晚安，費曼先生。你要去哪裡？要不要我們帶你看看舊金山？」他們是一家出版商派來的，我完全不想跟他們攪和。

「我要出去吃些東西。」

「我們可以帶你去吃晚餐。」

「不，我想自己一個人去。」

「這樣吧，不管你想怎麼樣，我們都能幫得上忙。」

我忍不住要逗逗他們，說：「唔，我想出去找麻煩。」

「那我們也幫得上忙呢。」

「不，我會自己想辦法。」然後我想：「錯了！我應該任他們搞，把一切記錄下來，好讓加州州政府的人知道，這些出版商到底有多過分！」但等我目睹那兩百萬美元的差額之後，只有天曉得什麼叫人情壓力了！

諾貝爾獎害人不淺

加拿大有個規模很大的物理學生協會，經常召開會議、發表論文等。有一次，溫哥華分會想請我去和他們談談話。負責安排這次活動的女孩跟我的祕書聯繫好，沒知會我，就老遠飛到洛杉磯來，直接走進我的辦公室。她是個俏皮漂亮的金髮女孩（這點對事情很有幫助，理論上不應該造成差別的，但事實上卻有影響）。令我印象深刻的是，溫哥華的學生出錢促成了整件事情，他們在溫哥華對我招待得很周到。於是，我知道要發表演講，同時又享受到樂趣的祕訣了：等學生來邀請你。

在我得到諾貝爾物理獎之後幾年，有一次，加州大學爾灣分校的物理社邀請我去演講。我說：「我很樂意去，但我只想對物理社的學生演講，因為我不想太沒禮貌——我從過去的經驗知道，若不是那樣，會有麻煩。」

我告訴他們，過去我每年都到一所中學跟他們談相對論之類的東西。但是拿了諾貝爾獎之後，我毫無心理準備的、像往常一樣跑去這所中學演講，卻有三百個學生擠在那裡，結果一團混亂！

我有三、四次這種受驚的經驗，像個白痴一樣，一時之間無法意會過來。當加州大學柏克萊分校邀請我去做物理演講時，我準備了一些頗為專門的題材，預期聽眾都是物理系學生。但是等我到達會場時，發現偌大的演講廳裡擠滿了人！事實上我知道，懂得我演講內容的人，不可能擠得滿一座演講廳的！我的問題是，我總是希望能讓聽演講的人開心，但是如果每個人再加上他們的兄弟姊妹都跑來聽，我就沒轍了，因為我不知道究竟來了些什麼人！

爾灣分校的學生明白了「我沒法簡簡單單的跑到一間學校，跟物理社的學生演講」後，我說：「我們來想一個很沉悶的題目，取個很沉悶的教授名字，只有那些真正對物理有興趣的學生才會來，這才是我們想要的聽眾，好不好？你們不要大做宣傳。」

於是，爾灣校園裡貼了幾張海報：「華盛頓大學華倫教授，將於五月十七日下午三點於D一〇二教室，發表質子結構的演講。」

等我上臺後，我說：「華倫教授臨時有事沒法來演講，所以他打電話給我，問我能不能來談談這個題目。剛巧我對這個題目也稍微做過一些研究，所以我就來了。」簡直是天衣無縫。

但是不知怎的，這個社團的輔導老師發現了我們玩的把戲，大發雷霆。他對學生說：「你們知道嗎？如果大家知道費曼教授要來，很多人都會想來聽他演講。」

學生解釋：「正是因為這樣，我們才那樣做呀！」但是教授仍然大為光火，因為他事前對這個玩笑竟然毫無所悉。

知道那些學生碰上這個大麻煩，我決定寫信給那位教授，向他解釋這一切都是我的錯，是我要求他們依我的安排，否則我不肯演講；是我叫學生不要告訴任何人；我說我很抱歉，請原諒我等等。這就是我得了那該死的獎之後，所要忍受的麻煩事！

去年阿拉斯加大學的學生邀請我去演講，除了地方電視臺的訪問之外，整個過程都十分愉快。我不想接受採訪，那沒有什麼意思。我來是要對物理系學生演講，僅此而已，如果城裡每個人都想知道我講了些什麼，學校報紙刊登報導就夠了——我得了個諾貝爾獎，大家還是必須來採訪我這個大人物的，對不對？

我有個很有錢的朋友，他提到這些捐錢設立獎金或贊助演講的人時，說：「小心觀察，看看他們到底做過什麼違背良心的事情，需要靠這來減輕罪惡感。」

我的朋友山德士（Matthew Sands，《費曼物理學講義》的共同作者）有一度想寫一本書，書名就叫《諾貝爾的另一個錯誤》。

可否不領獎？

有很多年，每逢諾貝爾獎揭曉的日子快到時，我也會注意一下誰可能得獎。但一段日子之後，我連諾貝爾獎「季節」到了也不知道。因此我真是搞不懂，為什麼有人會在清晨三點半或四點鐘打電話給我。

「費曼教授嗎？」

「嘿！為什麼這時候打電話來煩我？」

「我想你會很高興知道，你得了諾貝爾獎。」

「是，但我在睡覺！如果你等到早上再打來告訴我，不是更好嗎？」我把電話掛斷。

太太問：「那是誰呀？」

「他們說我得了諾貝爾獎。」

「噢，理查，到底是誰呀？」我常開玩笑，所以她學聰明了，從不上當，但是這回被我逮著了。

電話又響了：「費曼教授，你有沒有聽說……」

極失望的說：「有。」

然後我開始想：「我要怎麼樣才能把這一切就此打住？我不要這些麻煩事！」第一件事是拔掉電話線，因為電話一通接一通進來。我想回去睡覺，但發覺再也睡不著了。

我下樓到書房去想：我要怎麼辦？也許我不要接受這個獎了。然後會發生什麼事？也許根本不可能那樣做。

我把電話重新接好，電話鈴聲立刻響起，是《時代》雜誌的記者。我告訴他：「聽著，我有麻煩了，所以你不要公開下面這段話。我不知道應該怎麼擺脫這些事情，有沒有什麼辦法可讓我不去接受這個獎？」

他說：「先生，恐怕無論用什麼方法，都會比你乖乖領獎惹來更多麻煩。」顯然如此。我們談了十幾、二十分鐘，內容還滿精采的，他後來也沒有把這一段披露出來。

我向這位記者道謝，把電話掛斷。電話立刻又響起，是報社記者。

「好的，你可以來我家，沒關係，好的，好的……」

其中有一通電話是瑞典領事館打來的，他打算在洛杉磯辦一場接待會。

我覺得既然決定領獎，就得忍受這些麻煩了。

領事說：「列一張你想邀請的貴賓名單，我們也會列一張貴賓名單，然後我會到你的辦公室去比對兩張名單，看看有沒有重複，然後再擬定邀請名單……」

於是我擬了一張名單，大約有八個人——住在我對街的鄰居、我的藝術家朋友左賜恩等等。

領事帶著他的名單來我的辦公室：加州州長、這個長、那個長的，還有石油大亨、某位女演員……，加起來有三百個人！不用說，兩份名單一點都沒重複！

然後，我開始有點緊張。一想到要和這些權貴顯要會面，就害怕。

領事看到我在擔心。「噢，別擔心，」他說：「他們大多數都不會來。」

這下可好，我從來沒有安排過像這樣的宴會——邀請的來賓是你預期不會來的人！我不要向任何人打躬作揖，讓他們有幸受邀，同時又能拒邀，這真是太蠢了。

那天回家時，我覺得懊惱極了。我打電話到瑞典領事館說：「我再想了一下，我就是沒法忍受這場接待會。」

他很高興，說：「你說的對極了。」我想他跟我殊途同歸，他大概想的是「要為這呆子籌辦宴會，真是麻煩透了」。結果每個人都很開心：沒有人想來參加接待會，包括得獎的貴賓，主人更是樂得輕鬆了！

青蛙儀式

這段時間，我一直都有心理調適的困難。你知道，在我成長的過程中，父親一直對皇室和偽君子不以為然（他從事賣制服的生意，很清楚同樣一個人，穿上制服和卸下制服有什麼差別）。事實上，我一輩子都對這類事情冷嘲熱諷，因此我有很強烈的感覺，我不可能泰然自若的走上臺，去覲見瑞典國王。我知道這很孩子氣，但是我的成長經驗就是如此，所以這會構成問題。

別人告訴我，瑞典有個規矩，就是領完獎以後，要從國王面前倒退著走回自己的位置，不能轉身。於是我告訴自己：「好吧，看我修理他們！」然後我就在樓梯練習倒退著跳上跳下，打算藉此顯示他們的規矩有多荒謬。我心情惡劣得很！

當然，我這種行為十分幼稚可笑。

後來，我發現規矩改了，領完獎後可以轉身，像個正常人一樣走回自己的位置，鼻子朝正前方。

我又很高興的發現，在瑞典並不是每個人都這麼把皇家儀式當一回事。到了那兒我才發現，他們跟我站在同一陣線。例如，瑞典的學生會為每位諾貝爾獎得主，舉行一些很特別的「青蛙儀式」。

當你拿到那小小的青蛙後，你必須學青蛙叫。我年輕的時候，十分反文化。我父親有很多好書，其中一本是由希臘名劇作家阿里斯托芬（Aristophanes）所寫的喜劇《蛙》。有一次我翻了這本書，看到裡面有隻青蛙講話。書裡寫的是：「布悅克——科耶克——科耶克——」我想：「青蛙不會這樣叫的，這樣形容青蛙真是奇怪！」於是我自己試著那樣叫，試了幾次之後，發現這跟青蛙的叫聲確實很相似。

這很有用，後來在瑞典學生為諾貝爾獎得主舉行的儀式中，我可以表演維妙維肖的青蛙叫聲！而倒退著跳來跳去，在這時候也恰好派上用場。這部分我很喜歡，儀式也進行得十分順利。

頒獎前的煎熬

儘管玩得很高興，我卻一直有心理障礙。我擔心的是在國王的晚宴上要發表的謝詞。他們頒給你諾貝爾獎的時候，同時也會給你幾本厚厚的精裝書，是有關過去諾貝爾獎的歷史，裡面記載歷任諾貝爾得主的謝詞，好像那是多了不得的一件事。於是你開始覺得謝詞的內容有一點重要，因為會印在書上。我當時不了解的是，幾乎沒有人會注意聽謝詞的內容，更沒有人會讀那堆謝詞！

但我當時完全不知所措了，我就是沒辦法只說「非常謝謝」的類似客套話。雖然這樣做很容易，但是我必須實話實說。真相是，我並不真的想要這座諾貝爾獎，當我根本不想要拿獎時，我怎麼還能說謝謝呢？

我太太說我緊張得不像樣，成天為了演講的內容憂心忡忡。但是我終於想到個法子，可以讓演講內容聽起來完美無缺，但同時也是我的由衷之言。相信臺下的聽眾完全無法想像，我為了準備這個演講，經歷了什麼樣的煎熬。

我的開場白是：對我而言，從科學研究的發現中所得到的樂趣，以及從別人可以利用我的研究成果等等，我已經得到了我的獎賞。我試圖說明，我已經得到了我所期望的一切，因此，其餘的事物相形之下，也就無足輕重，我真的已經得到了我的獎。

然後，我很快的說，我接到了成疊的信件，讓我想起過去曾經認識的許多人，包括童年好友的來信，告訴我他們早上看到報紙刊登的消息時，跳起來大叫：「我認識這個人！他小時候常和我們一起玩！」這些信件表達了熱情的支持與愛，我為此謝謝他們。

諾貝爾也瘋狂

演講進行得很順利，但是對於和皇室相處，我一直有些困難。在國王舉辦的晚宴上，我坐在一位公主的旁邊，她曾經在美國上大學，因此我誤以為她的心態會跟我相近。我以為她和別的年輕學生沒什麼兩樣，我就談到有關在晚宴之前國王和皇室其他成員必須站立很久、和所有的來賓握手的事。我說：「如果是在美國，我們會讓這件事情更有效率，我們會發明一部握手機。」

「對，但在這裡不會有什麼市場，」她不安的說：「皇室的人沒那麼多。」

「恰好相反，市場大得很。起初，只有國王會有一部握手機，而且我們可以免費送他。然後，其他人當然也會想擁有這種機器。問題來了，誰才被批准擁有握手機呢？當然，首相可以有一部，參議院議長也可以買一部，然後重要的資深民代也可以買；所以市場會不斷擴大。很快的，你不需要大排長龍等著和機器握手了，你送你的握手機去跟別人的握手機握手就可以了！」

鄰座還有一位女士，是安排這次晚宴的負責人。女服務生來替我倒酒，我說：「不，謝謝，我不喝酒。」

這位女士說：「不，不，讓她倒。」

「但是我不喝酒。」

她說：「沒關係。你看，她有兩個瓶子。我們知道八十八號來賓也不喝酒。」（八十八號坐在我後面。）「兩個瓶子看起來一模一樣，但其中一瓶沒有摻酒。」

「妳怎麼會知道？」我驚歎。

她微笑：「看看國王，他也不喝酒。」

她還告訴我，他們那年碰到的種種困難。其中一個困難是，蘇聯大使該坐哪個位子？像這種晚宴的問題總是在於，誰要坐得比較靠近國王。諾貝爾獎得主的位子，通常要比外交使節團離國王近一點，外交官的位子就依他們駐瑞典時間的長短來決定。當時，美國大使駐瑞典的時間比蘇聯大使長，但是剛巧那年的諾貝爾文學獎得主蕭洛霍夫（Mikhail Sholokhov）是蘇聯人，蘇聯大使因為必須替蕭洛霍夫翻譯，所以想坐在他旁邊。因此，問題就在於要怎麼樣才能讓蘇聯大使坐得離國王近一點，而又不會冒犯到美國大使和其他的外交使節團成員。

她說：「你應該看看由此而引起的一場混戰——信件來來去去，電話響個不停。最後我才獲准安排蘇聯大使坐在蕭洛霍夫先生鄰座。大家終於同意的安排，是當晚蘇聯大使不會正式代表蘇聯大使館，而只是蕭洛霍夫先生的翻譯。」

吃完晚餐，我們走到另一個房間，大家三三兩兩交談。有一位丹麥的某某公主在其中一桌，一群人圍繞著她。我看到那桌有個空位，就坐下來。

她轉頭對我說：「噢，你是諾貝爾獎得主。你是做哪方面的研究？」

我說：「物理。」

「噢，沒有人懂得任何關於物理的東西，所以我猜我們沒辦法談物理。」

「剛好相反，」我回答：「有人懂得物理時，我們反而不能談物理。沒有人懂的東西，才是我們可以談論的事情。我們可以談天氣、社會問題、心理，我們可以談國際金融──但是不能談黃金買賣，因為大家都懂黃金買賣了。所以大家都可以談的事情，正是沒有人懂的事情！」

我不知道這些人是如何辦到的：他們有一種讓臉上出現寒霜的方法，她正是個中高手！她立刻轉過頭去跟別人談話了。

回歸自我

過了一會兒，我明白他們的談話完全把我排拒在外，便起身走開。坐在同一桌的日本大使起來跟著我。他說：「費曼教授，我想告訴你一些關於外交的事情。」他講了一個很長的故事，提到有個日本年輕人進大學念國際關係，想要對國家有所貢獻。大二的時候，他開始有些痛苦，懷疑自己究竟在學什麼。畢業後，開始在大使館工作，更懷疑自己對外交有多少了解。最後，他終於明白，沒有人懂得關於國際關係的任何事情。想通了這個道理之後，他就有資格成為大使了！「所以，費曼教授，下次要舉例說明每個人都在談論大家都不懂的東西時，請把國際關係也列在名單裡頭！」

他是個非常有趣的人，我們就談起來。我一直對於不同國家和不同民族如何有不同的發展，十分感興趣。我告訴這位日本大使，我一直對一件很不尋常的事情感興趣：日本如何能這麼快速的發展成這樣現代化的世界強權呢？「日本人能夠做到這地步，跟日本人性格或作風裡的哪一面有關？」我問。

大使的回答深得我心。他說：「我不知道。我只能假設，但我不知道那正不正確。日本人相信他們只有一種出頭的方式，就是讓子女受更多的教育，比自己受的教育更多。對他們而言，脫離農夫的地位，成為知識份子是很重要的事。所以每個家庭都勤於督促小孩，要在學校有良好的表現，努力上進。因為這種不斷學習的傾向，外來的新觀念會在教育體系中很快的散播，也許那是日本快速發展的原因之一。」

整體而言，我的瑞典之行還算相當愉快。我沒有立即回家，而到瑞士的歐洲粒子物理研究中心（CERN）去演講。當我在同行面前出現時，身上還穿著國王晚宴中的那套西裝。過去我從來不曾西裝筆挺的發表演說。我的開場白是：「你知道嗎？很滑稽，在瑞典的時候，我們坐在那兒討論得了諾貝爾獎以後會不會有什麼改變。事實上改變已經出現了：我還滿喜歡這套禮服的。」

大家都以噓聲回報。維斯可夫（歐洲粒子物理研究中心主任）跳起來把外套脫下，說：「演講的時候不要穿西裝！」

我把禮服外套脫掉，鬆鬆領帶，說：「在瑞典過了這一段時間以後，我開始喜歡這玩意兒；但現在我回到這個世界，一切又正常了。謝謝你們幫我回復本來的面目！」他們不要我改變，所以在歐洲粒子物理研究中心，他們很快的就把瑞典對我的影響消除殆盡了。

當了「遞補」名人

得到一筆獎金也很不錯，我這才能買下海邊的一幢房子。但是整體來說，我覺得如果沒得到諾貝爾獎會更好，因為得獎以後，再沒有人會在公開場合率直待你了。

在某種層面來說，這個獎會令人坐立不安；但有一次，我確實從中得到一點樂趣。得獎之後沒多久，巴西政府邀我和溫妮絲擔任里約嘉年華會慶典的貴賓。我們欣然接受邀請，而且玩得非常愉快。我們一支舞接著一支舞的跳個不停，又觀賞了街上盛大的遊行，隊伍中著名的森巴樂團演奏著美妙的節奏和音樂。報章雜誌的攝影記者不停拍照：「看！美國教授和巴西小姐共舞。」

成為此地的「名人」很好玩，但是我們顯然是錯誤的名人，那一年沒有人對貴賓大驚小怪。後來我才發現，我們受邀是怎麼回事。原來，他們最初是邀請著名的女明星珍娜露露布麗姬妲，但在嘉年華會展開前夕，她回絕了邀請。負責籌備嘉年華會的巴西觀光部長，他有幾位在物理研究中心工作的朋友，他們知道我曾經參加森巴樂團表演。既然我剛得了諾貝爾獎，在媒體上也有曝光；在一陣慌亂惶恐中，觀光部長和他的朋友想出了讓一位物理教授來取代珍娜露露布麗姬妲的瘋狂點子。

不用說，這位觀光部長因為那年嘉年華會辦得太糟，丟掉了他在政府部門的飯碗！

無心插柳變專家

拜亞絲（Nina Byers）是加州大學洛杉磯分校的教授，大約在一九七〇年代初，她負起安排物理討論會的責任。參加這個討論會的，通常都是其他大學的物理學家，討論的都是很專門的題材。但部分由於當時大環境使然，她覺得物理學家應該多接受一些文化薰陶，因此想安排這方面的演講。由於洛杉磯很接近墨西哥，她想安排一場關於墨西哥古老文化的演講，即討論馬雅人在數學及天文學上的發展。

她周圍尋找適合做這場演講的教授，但在洛杉磯分校本身，居然找不到夠資格的專家。她打電話到其他地方，也還沒有找到。

於是她想起了布朗大學的紐格伯爾（Otto Neugebauer）教授。他是研究巴比倫數學的專家（注一）。她打電話給紐格伯爾，問他知不知道在美國西岸，有誰能講馬雅數學及天文學的題目。

「有！」他說：「我知道有一個合適人選，他的本行並非人類學或歷史，他是業餘的；但他很顯然對這個題目知道很多。他叫費曼。」

拜亞絲差點要跳樓了！她要推動的是替物理學家帶來一點文化氣息，但現在唯一的方法居然仍是要請物理學家來演講！

度蜜月的收穫

我之所以會懂得一些馬雅數學，完全是因為跟我第二任太太瑪麗露到墨西哥度蜜月時，陪她旅行太累而學來的。瑪麗露對藝術史、特別是墨西哥的藝術史，很有興趣。因此我們就到那裡度蜜月，而我就陪著她在金字塔爬上爬下。瑪麗露介紹我看很多很有趣的事物，像某些圖像和設計之間的關係；但是在又溼又熱的叢林中走了幾天（及幾夜）之後，我覺得筋疲力盡了。

在瓜地馬拉一個鳥不生蛋的小鎮裡，我們走進一家博物館；他們展示了一份滿是奇怪符號、圖片、線和點的文獻。這是稱為德勒斯登古抄本（Dresden Codex）的副本，是由一個叫維拉哥塔（Villacorta）的人複製的。這本古書是馬雅人寫的書，在德勒斯登的博物館裡被發現。

我知道那些線條和點都是數字。當我還只是個小孩子時，我父親曾經帶我去紐約參觀世界博覽會，他們在那裡搭了一座仿建的馬雅廟宇。父親告訴我，馬雅人怎麼發明了「零」這個數字，以及其他很多很有趣的事情。

瓜地馬拉的博物館也有販賣古抄本的複製本，我也買了一份。在每頁的左邊是古書的複印，右邊是簡介以及用西班牙文翻譯的部分內容。

我很喜歡解謎題及密碼，因此當我看到那些線及點，就不禁想：「這可好玩了！」我把西班牙譯文遮起來，開始玩解開馬雅人的線及點之謎的遊戲。我留在旅館內研究，而瑪麗露還是整天在金字塔爬上爬下。

很快我就發現，一條線等於五個點、零的寫法等等。但要花更多工夫之後，我才發現線和點最初一次總是逢二十進一位，但在第二次則逢十八就進一位（構成三百六十的循環）。我又研究出各個臉譜的意思：它們一定是代表多少日和週。

回到美國以後，我繼續研究。解這些東西很有趣，因為開始時你什麼也不知道，一點線索都沒有；但接下來，你會注意到某些經常出現的數字，它們加起來又等於其他數字，就這樣一直研究下去。

在古書內某個地方，五八四這個數字顯得很突出。這個五八四被拆分為二三六、九〇、二五〇、八這四個週期。另一個顯赫的數字是二九二〇，或者是五八四乘五（或是三六五乘八）。此外，那裡有一張乘法表，都是二九二〇的倍數，最大的是一三乘二九二〇，接下來是很多的一三乘二九二〇的倍數，很滑稽的數字呢！我看來看去覺得那全是筆誤。直到多年以後，我才想通了它們是些什麼。

由於有些跟五八四這數字有關的圖形乃是代表日子，而五八四又被分得那麼特別，我就想：如果它不是什麼神祕週期的話，就很可能跟天文有關。

我便跑到天文圖書館，發現從地球觀測，金星的週期是五八三．九二天。接下來，二三六、九〇、二五〇和八，就明顯起來了，它們是金星的不同盈虧期。做為晨星時，晚上就看不到它（這時它在太陽的另一邊）；然後，它在晚上出現，最後又不見了（在地球和太陽之間）。之所以會有九〇和八的差別，是因為當金星在太陽的另一邊，它會比當它在地球和太陽之間時，移動較慢。而二三六和二五〇的差別，則可能代表了馬雅的東地平線和西地平線的分別。

我又發現，附近另一張表上都是一萬一千九百五十九日的週期。結果這張表是用來預測月食的。還有另一張表呢，則是九十一的倍數，從大的數目往下降。但我始終沒有弄懂這是什麼（其他人也沒有）。

研究進行得差不多之後，我終於決定看看那些西班牙譯文，看看我猜中了多少；卻發覺他們說的全是廢話！西班牙譯文裡說，這個符號代表土星，那個是神……。但這些解說，完全沒有絲毫意義。於是我再不需要把它遮起來了，我也沒法從他們的說明裡學到什麼。

從那之後，我又讀了更多關於馬雅人的書，知道在這方面的專家是一個叫湯普森（Eric Thompson）的人，現在我也收藏了好幾本他寫的書。

我又「不務正業」了

當拜亞絲打電話給我時，我的德勒斯登古抄本的複製本早已搞丟了——我把它借給羅勃森太太。她先前在巴黎的一個古董商那裡找到一些馬雅古抄本，她帶給我看。我還記得回家時把它放在車子前排座位，邊開車邊想：「我要小心點開車，這是新的古抄本呢。」但當我仔細一看，立刻發現它是假的。隨便花點工夫，就可認出上面的圖片來自德勒斯登古抄本的某一部分。於是我把我的複製本借給她，後來忘記書在她那裡。洛杉磯分校的圖書館管理員千辛萬苦的，才找到另一份由維拉哥塔複製的德勒斯登古抄本，來借給我。

我重新計算，事實上我這次了解的比上次還要多：我弄明白了那些「滑稽數字」到底是什麼。之前我以為它們是筆誤，但我發現這些原來都是一個更接近正確週期（五八三・九二三）的數字的整倍數——馬雅人早已覺得五八四不夠精確（注二）。

在洛杉磯分校做完演講後，拜亞絲教授贈送了一些很漂亮、彩色的德勒斯登古抄本複製本給我。幾個月之後，加州理工學院要我在帕沙迪納再就同樣題材演講一次。有位房地產商人借了一些很寶貴的馬雅神石雕以及陶瓷像給我。事實上，把這些古物從墨西哥帶出來，大概是不合法的。它們十分寶貴，我們也特別聘請安全人員來嚴加保護。

在加州理工學院演講舉行之前數天，《紐約時報》大肆報導，說發現了新的古抄本。直到那時候，我們只知道有三本古抄本（其餘兩本很難弄懂在寫些什麼）——成千上萬的古抄本，早被西班牙傳教士以「魔鬼之作品」的罪名燒掉。我有個堂姊妹在美聯社工作，她為我弄到一些《紐約時報》發表時使用的古抄本照片；我把它製成幻燈片，用在演講中。

不過，這本新古抄本也是假的。在演講中我指出，那些數字有馬德里古抄本的風格，但數字剛好是二三六、九〇、二五〇、八，這太巧了！古抄本有成千上萬本，而我們發現了其中一小片古抄本，上面寫的東西剛巧跟另一小片古抄本一模一樣！很明顯，這又是一些東拼西湊出來的東西，一點創意也沒有。

這些只懂得抄襲的人，永遠沒有勇氣弄些跟人家不一樣的東西。如果你找到一些真正的新事物，它一定有些與眾不同之處。你可以用火星的運行週期，虛構一些神話，再畫些圖、使用恰當的數字——不能太明顯，而是用些週期倍數之類；還故意加一些神祕的「錯誤」進去。數字要花點工夫才能算出，那樣大家會說：「哇！這一定是跟火星有關！」此外，更可以包括一些沒法看懂的東西，而不是跟以前看過的東西相仿。那才是個好贗品。

我的講題是〈解開馬雅象形文字之謎〉。從這次演講中，我得到很大的樂趣。於是我又再次「不務正業」了。聽眾排隊進入演講廳之前，經過這些玻璃櫃子，順便欣賞櫃內那些彩色的德勒斯登古抄本複製本，以及由荷槍實彈的守衛看守著、貨真價實的馬雅手工藝品；隨後，他們再聽兩小時的演講，由這個業餘專家告訴他們馬雅人的數字及天文學，甚至還教他們如何分辨古抄本的真偽；聽完離去時，再好好欣賞那些展示品。隨後幾個星期，葛爾曼也不甘示弱，做了六場精采的演講，從語言學的角度談世界各種語言間的關聯。

注一：當我在康乃爾大學、還只是個初出茅廬的年輕教授時，有一年，紐格伯爾教授曾經做了一系列談巴比倫人數學的演講，講座的名稱叫「梅森哲講座」（Messenger Lecture）。他講得精采極了！翌年是歐本海默當講者。記得當時我想：「如果有那麼一天，我也能夠來做這類演講有多好！」多年之後，我拒絕了很多的演講邀請，而康乃爾大學卻湊巧要請我當「梅森哲講座」的主講人。我當然無法拒絕，因為那是多年心願。於是我接受了威爾遜的邀請，到他家住了一個週末，討論了許多想法。結果就是一系列的演講，題目是「物理定律的特徵」。

〔中文版注：「物理定律的特徵」共有七講，演講內容後來出成書，中文版由天下文化出版，書名《物理之美——費曼與你談物理》。此書入選為「人類思想精粹」，與亞當．斯密的《國富論》、達爾文的《物種原始論》等經典並列。〕

注二：就在研究金星週期的修正表時，我發現了湯普森先生很少犯的誇大推論。他說只要看看表中數字，你就可以推論出馬雅人如何計算出金星的正確週期——用四次這個數字及一次那個差，就可得出四千年才出現一天誤差的週期。那真是令人讚歎，特別是馬雅人觀測金星才數百年而已。但事實上，湯普森只不過挑了一些數字組合，以得出他以為是正確的金星週期：583.92。但如果你考慮更正確的數字，像583.92，就會發現誤差加大了。當然，你也可以再從表中找不同的數字組合，以得出583.92，而且準確度同樣高。

教授鼓手上舞臺

我曾經教過一系列的物理課程，艾迪生韋斯利（Addison-Wesley）出版公司要將它編成一本書。有一次吃午飯時，我們談起這本書的封面應該畫些什麼。我覺得，既然這些課程是真實物理世界和數學的混合體，那麼封面可以用一個鼓為背景，上面畫些數學圖形——一些圓圈、線等，用以代表鼓面振盪時的結點。我覺得這個想法不錯，尤其是書裡頭也有討論到鼓面振盪這個問題。

書出版時，封面是很簡單的一大片紅色，但不知怎的，在序言裡卻有一張我在打鼓的照片。我想他們之所以會這樣做，是因為他們以為「作者希望書裡有張打鼓的圖片」。總之，每個人都很好奇，為什麼那套《費曼物理學講義》的序言裡，會有張我在打鼓的照片？因為鼓上又沒有什麼數學圖形把我的想法表達清楚（不錯，我很喜歡打鼓，但那是另一回事）。

在羅沙拉摩斯時，工作壓力非常大，沒有什麼消遣，沒有電影院或什麼的。但我在那裡已廢棄不用的男童學校內，找到一些他們蒐集回來的鼓——羅沙拉摩斯位於新墨西哥州，那裡多得是印第安人的村落。於是打鼓就成為我的消遣了，有時自己一個人打，有時候跟其他人一起打，但就只是隨便弄些聲音，隨便打而已。我並不懂得什麼特殊的節奏，不過印第安人打鼓的節奏還滿簡單的。那些鼓很不錯，我玩得很開心。

有時候我會把鼓帶到遠處森林裡，以免吵到別人，在那裡找根棒子擊鼓唱歌。記得有一次我圍繞著一棵樹，看著月亮，邊走邊打鼓，想像自己是個印第安人。

一天，有個傢伙跑來問我：「在感恩節的前後，你在森林裡打鼓嗎？」

「是呀，是我在打。」

「噢，那麼我太太說對了！」接著他告訴我這個故事：有個晚上他聽到遠處有鼓聲，走到住在樓上的朋友那裡問，他的朋友也聽到了。記住，這些人全都來自美國東部，對印第安人一無所知。他們覺得很有趣：這些印第安人一定在舉行什麼慶典之類，兩個人便決定跑去看看到底是怎麼回事。

一路走，鼓聲愈來愈大了，他們開始緊張起來。想到，印第安人可能派人站哨，防止外人干擾他們的慶典，於是他們趴下來，沿著小徑匍匐前進，直到鼓聲就在下個山丘後面。他們爬上山丘，很意外的發現那裡只有一個印第安人，獨自在進行他的慶典——圍著一棵樹跳舞，用根棒子打鼓，高聲唸咒語。兩人慢慢後退，因為他們不想打擾他：這印第安人看來很像正在施展什麼法術。

回家後，他們把看到的情形告訴了他們的妻子，她們說：「噢，那一定是費曼，他很喜歡打鼓。」

「別胡說了！」他們說：「連費曼都不會那麼瘋狂！」

於是接下來的幾個星期，他們周圍打探那印第安人到底是誰。附近的保留區有一些印第安人到羅沙拉摩斯工作，其中一位是技術區的技工；他們便問他看到的可能是誰。印第安人問了很多人，可是其他的印第安人全都不知道是誰；除了一個印第安人，因為沒有人能跟他講話。這個印第安人很以本族為榮，他留著兩條垂到背後的大辮子，頭總是抬得高高的，走到那裡都很有尊嚴的樣子，永遠單獨一個人，沒人能跟他講話。他太有威嚴了，根本沒人敢去問他任何東西。最後大家一致認定一定就是他了。（當我發現，他們認為我可能是那麼典型、那麼了不起的印第安人時，我覺得很高興，那真是一項榮譽。）

而跑來問我的那個傢伙，只不過是抱著姑且一試的想法罷了——做丈夫的總是喜歡證明他們妻子是錯的；但跟其他許多當丈夫的一樣，他發現他太太猜對了。

鼓藝日精

我的鼓打得愈來愈好了，有時候在一些聚會裡，我也會表演一下。其實我也不曉得自己在打些什麼，只不過隨意弄些有節奏感的聲音出來而已，但我因此就有點名氣了。羅沙拉摩斯的每個人都知道我喜歡打鼓。

戰爭結束後，我們全都要回到「文明世界」中去了，羅沙拉摩斯的人便笑我說，從此我就沒法打鼓，因為那太吵了。也因為我快要到綺色佳的康乃爾大學當個有威嚴的教授，我便把在羅沙拉摩斯期間才買來的鼓又賣了。

接下來的暑假，我必須回到新墨西哥州去完成一些報告，在那裡又看到那些鼓。我再也忍不住了，於是又去買了一個鼓，我想：「這鼓帶回去，只是為了隨時可以看看它而已。」

我在康乃爾住在一間小公寓中。我把鼓放在那兒，完全做觀賞之用。但有一天，我真的手癢了，我跟自己說：「這樣吧，我就很輕很小聲的……」

我坐下來，把鼓放在兩腿之間，用手指輕敲：「卜卜卜、卜度、卜。」然後又敲了幾下，聲音更大——畢竟這對我是很大的誘惑呢！我又更用力一點，最後電話鈴聲響起來。

「哈囉？」

「我是女房東。是你在那裡打鼓嗎？」

「是，很對不……」

「很好聽呢。我能不能到你那裡好好聽清楚一點？」

從那時起，每次我開始打鼓，女房東就會跑來聽。我重新獲得自由了，從此我就經常打鼓，快樂得不得了。

大約在同一時間，我認識了一位來自比屬剛果的女士，她送了我一些民族音樂的唱片。在當時來說，這類唱片是很稀罕的，全是些瓦圖西（Watusi）及其他非洲部落的鼓樂。我真的很崇拜那些瓦圖西鼓手，也經常試著學他們的打法；但我沒法打得很像，只不過希望聽來相似而已。也因此，我發明了很多其他的節奏。

有個晚上，已經是深夜了，活動中心裡沒幾個人。我拿起一個垃圾筒，把它翻過來敲打起來。樓下有個人跑上來說：「嘿，你會打鼓！」結果發現他是個打鼓高手，後來他還教我森巴鼓。

音樂系裡有個傢伙蒐集了很多非洲音樂，我經常跑到他家打鼓。他替我把鼓聲錄下來，然後在他舉行的派對上，玩他稱之為「非洲或是綺色佳？」的遊戲。他會播放一些鼓樂，其他人就猜猜看音樂是「非洲製造」還是「綺色佳的土產」？由此可知，我那時候摹仿非洲音樂必定學得滿像的。

知識份子味太濃

到加州理工學院之後，我經常到落日區閒逛。有一次，在某家夜總會裡來了一支奈及利亞的鼓樂團。領隊的是個大塊頭，名字叫尤哥努。他們只表演打擊樂，表演得精采極了。他們的副領隊對我特別好，還邀請我上臺跟他們一起表演。於是我上臺跟他們一起玩了一下。

我問尤哥努收不收學生，他說收；於是我就到尤哥努住的地方（靠近世紀大道，就是後來發生暴動的地點），跟他學打鼓。我們的課上得很沒效率：他經常拖拖拉拉，跟其他人講話，又被各種事情打斷。但如果進行順利時，我就學到很多東西，很令人興奮。

在尤哥努家附近的舞會，很少有白人參加，但事實上，那時的氣氛較今天還比較輕鬆。有一次他們舉辦打鼓比賽，我得的名次並不怎麼好。他們說我的鼓聲「知識份子味太濃」，而他們的鼓聲則比較有韻律感。

有一次，我接到一通語氣嚴肅的電話。

「哈囉？」

「我叫楚羅布瑞吉（Trowbridge），是多元技術學院的校長。」多元技術學院是一家很小的私立學校，位於加州理工學院的對街。楚羅布瑞吉繼續用他那正式的聲音說：「這裡有你的朋友，想跟你說話。」

「好吧。」

「哈囉，狄克！」是尤哥努！原來多元技術學院的校長只是在裝的，他並不那麼嚴肅，事實上還幽默得很。尤哥努正在這學校進行訪問，彈奏音樂給學生聽，而他想請我過去跟他同臺表演。於是我們便一起為這些小孩表演打鼓：我玩森巴鼓（鼓就放在我辦公室內），他打他的探巴大鼓。

尤哥努經常都到各學校拜訪，向學生講解非洲鼓、它們的意義以及介紹非洲音樂。他很有魅力、笑容可掬，是個很好、很好的人。而他的鼓聲精采極了，他還灌了唱片呢。當時他在學醫，奈及利亞內戰開始時，他回去奈及利亞；我也不知道他後來怎麼樣了。

「三夸克樂團」

尤哥努離開之後，我再沒怎麼打鼓了，除了偶爾在派對或聚會上表演一兩下。有一次在雷頓（Robert Leighton）家吃晚飯，他的小孩拉夫和另一個朋友問我要不要打鼓。我以為他們是要我表演獨奏，便說不要。但他們開始在家裡的小木桌上敲起來，我的手也癢起來了；我也提了張小木桌，我們三個人就用這些小木桌玩了很久，弄出許多很有趣的聲音來。

拉夫和他的朋友魯提斯豪瑟，都很喜歡打鼓，我們便開始每星期聚會，舒散身心，研究一些節奏和韻律。他們兩人可真的是音樂家，拉夫玩鋼琴，魯提斯豪瑟奏大提琴。我只會敲些有節奏感的東西，完全不懂什麼音樂，我只是照音符敲而已。但我們編出了很多很好聽的節奏，還到一些中學裡表演。我們也在附近一所大學替他們的舞蹈課伴奏。我在布魯克赫文國家實驗室工作時，就有這樣做過，覺得很好玩。我們自稱為「三夸克樂團」——單從這名字，你就知道那是什麼年代了。

有一次，我到溫哥華給學生演講，他們在一間地下室舉行派對，請了一支搖滾樂團來表演。樂團很不錯，而剛好有個多出來的牛鈴放在那裡，他們便鼓勵我試試。由於他們的音樂很有節奏感，而牛鈴也只不過是個配角，因此我是絕對不會把他們的音樂搞砸的。我後來還真的玩得很起勁呢！

派對結束後，派對的主辦人告訴我，樂團團長說：「哇，跑來玩牛鈴的那個人是誰呀？他真會用那東西弄出好聽的節拍來！噢，對了，這個派對是替哪個大人物辦的呢？他始終沒來參加，我還不知道究竟是誰。」

教授登臺打鼓

在加州理工學院有一個劇團，部分團員是學校的學生，其他的來自校外。碰上有些跑龍套小角色，像前往逮捕犯人的警察之類的，他們會找些教授來演。這只是好玩而已——教授跑來，逮捕一些人，就下臺去了。

幾年前，他們要上演《紅男綠女》，其中一幕是男主角帶女主角到哈瓦那的一家夜總會裡。導演覺得，如果能找我上臺扮演夜總會的森巴鼓手，也很不錯。

我去參加了第一次的排練，女導演指著樂隊指揮說：「傑克會把樂譜拿給你看。」這下把我嚇呆了，我從來不懂得看樂譜。我以為我只需要走上臺，隨便敲敲鼓而已。

傑克坐在鋼琴那裡，他指著樂譜說：「好，你從這裡開始，看到了嗎，你這樣打。然後我彈登、登、登！」他在鋼琴上彈了幾個音符。翻到下一頁，他說：「接下來你奏這部分，然後我們一起暫停，讓他們對話，在這裡。」他再翻了好幾頁，說：「最後你奏這部分。」

他給我看的這些「樂譜」是一大堆奇形怪狀的╳，夾在橫的、直的線條中間。他不斷的告訴我這些東西，以為我是個音樂家；但我根本不可能記住這些東西。

很幸運的，第二天我病了，沒法參加第二次的排練，我請拉夫替我去。由於拉夫是音樂家，他會很清楚那是怎麼一回事。拉夫回來說：「那還不太壞。開頭的時候你不能出錯，因為你是起拍者，樂團的其他人等你的節拍才跟進，但在這之後就可以隨興的打了。有一段我們要停下來讓他們講對白，但我想我們可以靠指揮的手勢，知道什麼時候該停。」

在這之前，我說服了導演讓拉夫加入，因此我們將會同時上臺。他玩探巴大鼓，我打森巴鼓。那減輕我太多壓力了。

拉夫告訴我怎麼打，那節拍一共只有二、三十拍，但不能出錯。我從來沒有試過打鼓而不准出錯的，那對我而言十分困難。拉夫很有耐性的解釋：「左手、右手、兩下左手，再來右手……」

我很努力練習。最後，慢慢的，我開始掌握到那節拍了。我花了很多天，才弄對。

幾星期後，我們再去排練，發現那裡有個新的鼓手——原來的鼓手不幹了。我們自我介紹：「嗨，我們就是在哈瓦那夜總會的那一幕，在臺上打鼓的。」

「噢，嗨，讓我把它找出來……」他翻到那一頁，拿出鼓棍說：「噢，這場由你們開始，這樣……」棍子在鼓邊直敲「乒，乒，乒加乒，乒，乒」，打得飛快，眼睛都在看著樂譜！我完全被震懾住了。我花了四天才把節拍弄對，而他卻隨看隨手打！

總之，在練習又練習之後，我終於完全掌握住節奏，在劇中表演。表演非常成功。大家看到有個教授在臺上表演森巴鼓，都覺得很有趣，音樂也不太差；但開頭那一段，就是不能錯的部分，那真的很難。

為芭蕾舞團擊鼓

在哈瓦那夜總會的那一幕，部分學生要跳一段舞，需要找人編舞。於是導演找來加州理工學院某人的太太來編舞、並教那些男孩跳舞；她是環球製片公司的編舞家，很喜歡我們的鼓技。當劇團表演結束後，她問我們願不願意到舊金山為一個芭蕾舞團伴奏。

「什麼？」

是的，她正要搬到舊金山去，在當地的一家小芭蕾舞學校替他們編舞。她有個構想，是編一齣只用打擊樂為背景音樂的芭蕾舞。她希望我們在她搬家之前到她家，把我們會的各種節拍都打給她聽，她再從中找靈感，編一個跟節拍配合的故事。

拉夫有點不願意，但我慫恿他一起參加這次新體驗。我唯一堅持的是，她不要告訴任何人我是個物理教授、諾貝爾獎得主之類的廢話。我不希望，就像詩人塞繆爾．詹森說，如果你看到一隻狗單用後腿走路，了不起的不是牠走得好，而是牠會那樣走。我不希望我是以物理教授的身分去表演打鼓，她要跟別人說，我們是她在洛杉磯找到的音樂家，現在跑來替他們打鼓而已。

我們到她家，把我們研究出來的各種節奏都表演出來。她記了好些筆記，同一天晚上，她就想好了故事，說：「好了，我要五十二次這一下，四十節那個，這個多少多少……」

我們回家，第二天晚上在拉夫家裡做了一卷錄音帶。我們把所有節拍都打了幾分鐘，然後拉夫利用錄音機進行剪接，以達到她要求的長度。她拿了一個複製本到舊金山，開始訓練那裡的舞者了。

同一期間，我們要按照錄音帶上錄下的鼓樂來練習：五十二次這個、四十節這個……之類。那時我們即興打下的鼓樂（還經過剪接），現在我們卻要絲毫不差的學會。我們要摹仿自己的鬼錄音帶！

最大的問題還是在數節拍。我以前認為拉夫知道怎樣數，因為他是音樂家，但我們同時發現一些好笑的事情。我們腦袋中負責打鼓的「表演部門」，同時也是負責數數的「講話部門」，因此我們無法邊打邊數！不過，後來到舊金山參加第一次排練時，我們發現可以單靠看著舞者的動作，而不必再在心裡數節拍。

由於我們假裝是職業音樂家，因此發生了幾件有趣的事情。例如，有一幕說到一個女乞丐在加勒比海的海灘上篩沙子，而那裡有些早已出場的貴婦人。編舞家用來配合這一幕的音樂，是用拉夫和他爸爸好幾年前自製的一面鼓打出來的。原本我們沒法從這面鼓敲出什麼好聽的鼓聲，但後來我們發現，如果兩人面對面的坐在椅上，把這面「怪鼓」夾在我們膝蓋之間，一人很快速的用兩根指頭敲「必打、必打、必打、必打」，另一人兩手用力按鼓面上的不同地方，就可改變鼓調。現在它就發出「波打、波打、必打、必打、波打、波打、巴打、巴打」的各種有趣聲音。

扮演女乞丐的舞者，希望鼓聲的起伏能跟她的舞配合（我們的錄音帶中這一段是隨意錄的），於是她想跟我們說明她的動作：「首先，我做這個動作四次，然後我彎腰篩沙子，八拍；然後我站起來這樣轉身。」我很清楚我根本沒法跟得上她在說的，便打斷她說：「妳儘管跳好了，我會配合著打。」

「你不想知道我會怎樣跳？瞧，我跳完第二次篩沙子的部分之後，我會這樣跳八拍。」沒有用，我什麼都記不得，正想再次打斷她的話，突然記起這個問題：那樣我看起來不會像個真正的音樂家！

幸好，拉夫替我掩飾得很好，他說：「費曼先生碰到這種情形時，都自有他的一套。他喜歡很直接的、很直覺的邊看妳跳舞邊創造動感。讓我們先那樣試試看，要是妳不滿意，我們再修改。」

她是一流的舞蹈家，你簡直可以感覺到她下一步要做什麼。如果她正要彎腰挖進沙裡，她會先準備好挖沙的動作，每個動作都很流暢、很平穩，同時也可以預期。因此事實上還滿容易按照她的動作來弄出「必茲茲、必殊殊、波打、必打」的聲音，而她也很滿意。於是我們很險的度過差點穿幫的一刻。

芭蕾舞演出很成功，雖然觀眾不算多，但所有來看的觀眾都很喜歡。

像極了職業樂師

去舊金山參加排演，到表演之前，我們對整個構想都不是那麼有信心。我的意思是說，我們覺得那位編舞家發神經病——首先，整齣芭蕾舞表演只用打擊樂；第二，她認為我們夠資格替芭蕾舞配樂、還要付我們錢，這真是夠瘋狂了！對我這個從來沒有受到什麼文化薰陶的人而言，最後卻成了芭蕾舞團的職業樂師，實在是我一生中的莫大成就！

起先我們也認為，她找不到願意跳我們鼓樂的舞者（事實上，就有一位來自巴西的大明星，她是葡萄牙領事的夫人，認為這齣舞不值得她跳了）。可是其他的舞者卻好像很喜歡我們的鼓樂，第一次排練中替他們打鼓時，我就感覺十分暢快。當他們實際聽到我們的鼓聲時（之前他們都只用一個小卡帶錄音機來播放我們的錄音帶），喜悅之情是那麼的真誠，讓我信心大增。而從觀眾的評語中，我們很清楚我們是大大的成功。

那位編舞家還想在春季時，再用我們的鼓樂來編另一齣舞，於是我們又重複每個步驟。我們錄下更多的節奏，她又編了個故事，這次以非洲為背景。我跟加州理工學院的非洲專家蒙格（Edwin S. Munger）教授談，學了些真正的非洲話，在舞一開始時唱出「加華——巴努馬——加華——嗚」之類的，而我勤加練習，直到一切都很完美。

後來，我們到舊金山排演了幾次。第一次抵達時，我們發現他們的道具和布景有問題。他們不曉得該怎樣弄來一些好看的象牙，他們用紙糊的難看死了；部分舞者在這些象牙前面跳舞的時候，一臉尷尬。

我們沒有提供什麼解決辦法，只採取觀望態度，看看接下來的週末表演時會怎麼樣。另一方面，我跑去探訪思想家艾哈德（Wener Erhard），我是在他主辦的某個會議中跟他認識的。我坐在他那漂亮的房子裡，聽他解說一些哲學概念。突然，我被催眠了！

「發生什麼事？」他說。

我雙眼突出，大聲呼叫：「象牙！」就在他背後的地板上，躺著好些巨大、沉重的漂亮象牙！

他把象牙借給我們，它們在舞臺上看來棒極了（芭蕾舞者全都鬆了一口氣）——真正的巨大象牙，謝謝艾哈德。

終究不夠專業

我們的編舞家搬到東岸，在那裡上演了這齣加勒比海芭蕾舞。後來我們聽說她以這齣芭蕾舞參加了一項編舞比賽，跟來自全美國的各路人馬較勁，結果得了第一或第二名。受到這次成功的激勵，她又參加了另一項比賽——這次在巴黎舉行，跟來自全球的編舞者一同比賽了。她將我們在舊金山的鼓樂，用高品質錄音技術錄下來，帶到法國去訓練當地的一些舞者跳其中一小段，這是她參賽的經過。

她表現得很好，一直打進最後一回合，只剩下兩個舞團在競爭了：一團來自拉脫維亞，由正統舞者跳出標準的芭蕾舞，外加優美十分的古典音樂；另一團是來自美國的「奇軍」，團裡只有兩個在法國招募來的雜牌軍，配樂又只有我們打的鼓聲。

觀眾很喜歡她那一團的演出，可是他們不是在比賽誰最受歡迎，評審最後裁定拉脫維亞人贏了。事後她跑去詢問評審，到底她編的舞毛病出在哪裡。

「夫人，配樂不夠理想。它深度不夠，沒有控制好起伏及強弱……」

於是我們終於發現：當我們碰到巴黎真正有文化、懂得鼓樂的人，我們就被當掉了！

真真假假，假假真真

曾經有一段時期，我每星期三都到休斯（Hughes）飛機公司去授課。有一天我早到了一點，就像往常一樣在跟櫃臺小姐打情罵俏，突然跑進來六、七個人，以前從來沒見過面。一個男的說：「費曼教授是不是要在這裡講課？」

「是的，」櫃臺小姐回答。

他問他的人能不能來旁聽。

「我想你不會很喜歡聽的，」我說：「那些課滿專業的。」

只一會兒，那個看來很聰明的女士便想到了：「我敢打賭你就是費曼教授！」

結果發現那個男的是李歷（John Lilly），曾經做過一些海豚的研究，他和他太太正在研究「感覺剝奪」（sense deprivation）的問題，並且做了一些實驗箱。

「是不是在那些情況之下會出現幻覺？」我問，覺得很興奮。

「真的會。」

我一直都對夢中出現的影像或者是在腦中出現、卻來歷不明的影像很有興趣，我很想親自看看幻覺是怎麼樣的。我甚至曾經想過要嘗試迷幻藥，但我有點怕那樣做會有後遺症。我喜歡思考，因此我不想弄壞「我」這部機器。而我覺得，單單躺在感覺剝奪實驗箱裡，對身體應該是沒有危險的，所以我很想試試。

我很快便接受了李歷的邀請，去試他的實驗箱；他們也跑來聽我的課。

「感覺剝奪」實驗

一個星期後，我就到他那裡。李歷為我說明實驗箱的種種——我相信他跟每個人都會那樣說明。那裡有很多燈泡，好像霓虹燈，燈裡面有各種氣體。他給我看週期表，編了很多神祕荒誕的說法，什麼不同的光會帶來不同影響等等。他告訴我，如何先把鼻子抵著鏡子看自己，然後才進入箱裡——一大堆奇奇怪怪的技巧和廢話。我沒怎麼聽那些廢話，但我完全按照他的話做，因為我想走進箱裡，我想也許這些準備工夫真的能讓我較易產生幻覺。唯一困難的是選擇什麼顏色的燈，因為箱內將會是一片漆黑。

「感覺剝奪」實驗箱看起來很像個大浴缸，但它有個可以掀起來的蓋子。裡面完全黑暗一片，蓋子很厚，應該會寂靜無聲。箱子接到一臺幫浦那裡，把空氣打進去；但後來我發現你根本不用擔心空氣不夠，因為箱子裡已有大量空氣，而且你也頂多在裡面躺兩、三個小時。此外，當你像平常那樣呼吸時，你也不會消耗太多氧氣。李歷說他之所以會裝上幫浦，主要也是要讓大家安心而已。我判斷那只是一種心理作用，便請他把幫浦關掉，因為它有點吵鬧。

他們在水中加了瀉鹽（硫酸鎂），讓它的密度較一般水大，使身體能更容易往上浮。水溫是人體的體溫，攝氏三十六度或什麼的，李歷全都計算過了。在箱子裡的時候，理論上來說，你不會有光、聲音或溫度方面的感覺，完全沒有！偶然你會浮到旁邊，微微碰到箱壁，又或者由於水蒸氣凝結後滴下來——但連這種輕微的干擾也絕少發生。

我前後去了總有十二次，每次大概在箱裡躺上兩個半小時。第一次時什麼幻覺都沒有，但後來李歷介紹我認識一個據說是醫師的人，那個人跟我提到一種用來做麻醉劑的藥「K他命」。我從來都對入睡後或昏迷時的相關問題很感興趣。他們給我看相關的醫藥文件，給了我正常劑量十分之一的K他命。

隨後我便有種奇怪的感覺，我一直都無法分辨那是什麼效應。例如K他命對我的視覺影響很大，我覺得我無法看得很清楚。但當我努力看時，我又看得見了。這好像是：如果你不想看某些東西時，你就比較隨便，全身懶洋洋的；但一旦你用心看，一切又沒問題了——至少在那剎那間是如此。我拿起一本有機化學的書，翻到一張很複雜的表，很意外的發現自己可以閱讀。

我還做了一大堆其他的事，像把兩手張開再靠近，看看手指能不能碰在一起。而儘管我覺得方向感全失，覺得自己什麼都沒法做到，但事實上，我還是沒發現有哪些事真做不到。

元神出竅

就像前面說過，第一次時我沒得到什麼幻覺，而第二次試時，我也同樣沒出現幻覺。但李歷夫婦都是很有趣的人，跟他們在一起很愉快。他們經常請我吃午飯；不久，我們談論的層次提升，不單單談燈光了。我發現很多人都覺得實驗箱很可怕，但對我而言，那倒是個很有趣的發明。我很清楚它是什麼：只不過是一缸瀉鹽罷了，因此我不害怕。

第三次去他那裡時，另外還有一個人（我在李歷那兒碰到過很多很有趣的人），名字叫拉姆達斯（Baba Ram Das）。他來自哈佛大學，去過印度，寫了一本通俗書叫《此時此地》（*Be Here Now*）。他描述他的印度大師教他如何「元神出竅」（在李歷那裡的布告欄上，經常看到類似的字眼）：注意力集中在呼吸上，專注於空氣如何從鼻孔吸入及呼出等等。

為了要體驗幻覺，我什麼都願意嘗試，便再度進入實驗箱內。進行到某個階段時，我突然覺得（這種感覺很難說得明白），我向旁邊移動了三公分。換句話說，我的呼吸——吸入、呼出、吸入、呼出，並不是在正中央；我的自我（ego）偏離了中心一點點了，差不多偏離了三公分。

我想：「那麼自我究竟在哪裡？我知道大家都認為思想的重心在腦袋裡，但他們怎麼知道一定是這樣呢？從我以前讀過的東西，我早已知道對那些做過很多心理學實驗的人來說，這可不是那麼明顯的。例如，希臘人就以為思想的重心在肝臟裡。」我又想：「可不可能，這是由於我們從小看到大人說『讓我想想看』的時候，經常把手放在頭上，因此而得來的觀念？這樣說來，自我乃是位在眼睛後面的觀念，很可能是一代教一代而來的！」我衡量：如果可以把自我往旁邊移動三公分，那麼我應該可以把它再移開一點的。而這就是我的幻覺開始了。

試了一會兒，我可以使自我從脖子移動下去，走到胸部。當水滴到肩膀上時，我感覺它滴在「上面」——比「我」高的地方。每次有水滴下來，我都會嚇一跳，自我就經過我的脖子跳回去平常的地方；然後我就要重新努力，讓自我重新跑回胸部。最初我要很努力，才能使它跑下去，但慢慢的就愈來愈容易了。我甚至可以把自我一直弄到腰部、偏到一邊去，但在好長一段時間內，那就差不多是我能抵達的極限了。

另一次在實驗箱裡的時候，我判斷：如果我可以把自我移到腰部，我也應該可以把它完全移到身體之外的。結果我可以「完全坐到一邊去」。這很不容易說明——我把手舉起，晃著水，雖然我看不到它們，我知道我的雙手在哪裡。但跟真實生活裡不同的是，原本一邊一隻手的感覺，現在卻有如兩隻手都在同一邊！每根手指的感覺都跟平常一模一樣，只不過現在我的自我坐在外頭，正在「觀察」這一切。

從那時起，我幾乎每次都可以產生幻覺，也能將自我移到離身體更遠的地方了。後來當我移動我的手時，我看到的情景，好像是機器在上下移動一般。它們不再是肉體了，而是機器！但我還是能夠感受到一切的知覺。我的感覺跟動作完全配合，但我也會感覺到「他是那樣那樣」。最後，「我」甚至還能走到房間外面，漫遊一段距離，走到一些先前曾經看到過有事情發生的地方。

尋找頭殼內的記憶

我有很多種「元神出竅」的經驗。比方，有一次我能夠「看」到我的後腦杓，我的手則附在上面。當我移動手指時，我看見它們在動，但在手指之間我看到藍藍的天。當然那是不對的，完全是幻覺。但重點在於當我移動手指時，它們的動作跟我在幻想自己看到的動作，完全吻合。整個影像會出現，而且跟你的感覺和動作吻合，就好像你在早上醒來時，碰到一些東西（你還不知道那是什麼），但突然你很清楚那是什麼。於是整個影像會突然的出現，只不過它很特別，因為你習慣了想像自我是位於後腦之處、在頭殼以內，現在它在你的頭殼的後面！

有一件始終困擾我的事情，是當我出現幻覺時，也許事實上我已睡著了，只不過是在做夢而已。但我已有過很多做夢方面的經驗了，我想做些新的嘗試。這真是有點頭腦不清了，因為當你有幻覺時，你不像平常那般敏銳，因此你會做些傻事，像檢查你是否在做夢等等。總之，我不斷的檢查自己是否真的沒睡著：由於我的手經常都在頭後面，我就會把拇指來回搓揉，感覺它們的存在。當然，也許連這些檢查都是做夢，但我知道我不是，我知道那是真的。

過了最初期的階段（也就是說，出現幻覺時會因為太興奮而「跳出去」或停止幻覺），我變得較能放鬆了，出現幻覺的時間也愈來愈長。

一、兩個星期之後，我開始思考很多腦袋操作與電腦操作相似的地方，特別是資訊如何儲存的問題。其中一個很有趣的問題是，記憶是怎樣存在腦袋裡的呢？你可以從不同方面來取得資訊，不用像電腦般首先必須找對記憶的檔案。例如，如果我要找到rent這個英文字，我也許可以利用玩填字遊戲的方式，尋找一個有四個字母的英文字，它的開頭是r，結尾是t；我也可以想像各種收入，或者想像一些借貸之類的行為，這又可能把我們帶到其他一大堆相關的資訊上。

我也在思索：怎樣製造一個可以像小孩般學習語言的「摹仿」機器？那樣我們就可以跟機器講話了。但我想不出怎樣把資訊用一種有系統的方式儲存起來，讓這部機器按自己的需要取出資訊。

那個星期當我進入實驗箱裡、產生幻覺以後，我試著去想早期的記憶。我不斷的跟自己說：「再回去早一些的記憶，再早一些！」我一直嫌出現的記憶不夠早，當我得到一個很早期的記憶，例如有關我出生的家鄉小鎮，那麼立刻會出現一連串的回憶，全都來自那個小鎮的回憶。如果我接著想到另一個城市的事情，例如斯達赫斯特鎮，那麼一大堆跟斯達赫斯特鎮有關的記憶就會蜂擁而至。因此我的結論是，記憶是按照經驗在哪裡發生而儲存的。

我對於這項發現頗為得意，便爬出實驗箱，淋浴，穿好衣服，開車到休斯飛機公司去授課。因此那時大概是我離開實驗箱之後四十五分鐘左右，突然我第一次意識到，我根本不知道記憶是如何儲存在腦袋裡的；我只不過是在幻覺中，想像記憶是怎樣存在腦海中而已！我「發現」的一切，跟記憶實際上如何儲存在腦袋中，毫無關聯，只是我跟自己在玩的一些遊戲罷了！

幻覺是不是像夢一樣？

在我跟李歷的無數次討論中，每當談及幻覺時，我都向他和其他人強調，幻想某些事物為真，並不代表那些事物為真。假如你看到一顆金球或什麼，然後在幻覺之中告訴自己，它們是另一種智慧體，那也不一定等於說它們真的是智慧體，那只不過代表了你有這個幻覺而已。於是我也很意外，自己居然會以為真的發現了記憶儲存的方式，要過了四十五分鐘才想起來犯了錯誤，而且這是我一直都在叫別人不要犯的錯誤！

另外一個我經常在想的問題是：幻覺是不是像夢一樣，會受到已經在你心裡的東西所影響？比方說，被一、兩天前的經驗或者是心目中希望看到的東西所左右？我相信我會有「元神出竅」的經驗，完全是因為就在我要進入實驗箱之前，大家剛好在討論這個題目。而我之所以會有關於記憶如何存在腦袋中的幻覺，我相信，也是因為之前的一個星期，我都在想那個題目。

我在那裡跟很多人討論過經驗的真實性，他們反駁說，根據實驗科學的原則，如果某項經驗能夠重複，它就應該是真實的了。因此如果很多人都看到會說話的金球，不停的在跟他們說話，那麼這些金球就一定是真實的了。

我的想法則是，在這種情形之前，一定有那麼一點點關於金球的討論，因此當實驗者產生幻覺時，他會看到近似於金球的東西（也許是藍色的球），他以為他在重複那份經驗。我覺得我能了解，那些早就打定主意要同意某種觀點，以及從實驗中取得的認同之間，是有分別的。好笑的是，要指出其中分別並不難，但要定義清楚就很困難了！

我也相信，外在環境和產生幻覺的人的內在心理之間，是沒有任何關聯的。可是有很多人根據自身的經驗，還是相信幻覺裡藏有真實性。

這個想法也可用來說明許多釋夢成功的例子。例如，有些心理分析師討論各種符號的意義，以解釋夢境；然後，很可能這些符號就在下一個夢中出現了。因此，我想也許解釋幻覺和夢本身，是一件自我催生的事情——一般來說，你都會有某種程度的成功，特別是如果你預先跟別人討論了這件事。

醒來終歸是一場夢

通常我需要十五分鐘，才能讓幻覺出現。但是有幾次，當我在事前吸了一點大麻之後，幻覺很快便出現了。不過，十五分鐘也已經夠快了。

經常發生的是隨著幻覺的出現，也會有很多「垃圾」不請自來：很多混亂的影像、完全隨機出現的廢物。我也試著把這些垃圾影像記下來，好做分類，但它們都特別難記。我想在那時候，我很接近入睡狀態——好像有某種邏輯上的關聯，但當你回憶是什麼讓你想到你在想的東西，你卻想不起來。事實上，很快你就忘記你想記起來的是什麼了。我能記得起來的只有像在芝加哥的一個白色路牌，上面有個什麼點的，然後它就消失不見了，經常都這樣。

李歷有好幾個不同的實驗箱，我們就做了各種實驗。就幻覺而言，結果好像沒有什麼大分別。我慢慢相信，實驗箱根本是不必要的。現在我知道怎麼做之後，我覺得只需要靜坐就可以了——那又何需那些花俏的裝備呢？

於是我回到家，把燈關掉，坐在客廳裡一張舒服的椅子裡，但我試了又試，都不成功。離開實驗箱之後，我從來沒有獲致幻覺。我很想試試能在家裡就出現幻覺，也毫不懷疑你可以靠冥想和練習來達到那種境界，但我從來沒那樣練習過。

草包族科學

在中世紀期間，各種瘋狂荒謬的想法可謂層出不窮，例如犀牛角可以增進性能力，就是其中之一。隨後有人發現了過濾想法的方法，試驗哪些構想可行、哪些不可行，把不可行者淘汰掉。當然，這個方法逐漸發展成為科學。它一直發展得很好，我們今天已經進入科學時代了。事實上，我們的年代是那麼的科學化，有時候甚至會覺得難以想像，以前怎麼可能出現過巫醫，因為他們所提出的想法全都行不通——至多只有少數的想法是行得通的。

然而直到今天，我還是會碰到很多的人，或遲或早跟我談到不明飛行物體、占星術，或者是某些神祕主義、意識擴展、各種新型覺察、超感知覺等等。我因此下了一個結論：這並不是個科學的世界。

大多數人都相信這許許多多的神奇事物，我便決定研究看看原因何在。而我喜愛追尋真理的好奇心，則把我帶到困境之中，因為我發現了世上居然有這許多的廢話和廢物！

首先，我要研究的是各種神祕主義以及神祕經驗。我躺在與外界隔絕的實驗箱內，體驗了許多小時的幻覺，對它有些了解。然後我跑到伊薩蘭學院（Esalen Institute），那是這類想法的溫床。事先我沒想到那裡會有那麼多怪東西，讓我大吃一驚。

伊薩蘭有好多巨大的溫泉浴池，蓋在一處離海平面十公尺的峭壁平臺上。我在伊薩蘭最愉快的經驗之一，就是坐在這些浴池裡，看著海浪打到下面的岩石上，看著無雲的藍天，以及漂亮女孩靜靜的出現。

有一次我又坐在浴池裡，浴池內原先就有一個漂亮的女孩、以及一個她好像不認識的傢伙。我立刻開始想：「我應該怎樣跟她搭訕呢？」

我還在想應該說些什麼，那傢伙便跟她說：「呃，我在學按摩。妳能讓我練習嗎？」

「當然可以，」她說。他們走出浴池，她躺在附近的按摩檯上。

我想：「那句開場白真絕啊！我怎麼也想不到可以這樣問！」

他開始按摩她的大腳趾頭。「我可以感覺到，」他說：「我感覺到凹下去的地方——那是不是腦下垂體呢？」

我脫口而出：「老兄，你離腦下垂體還遠得很呢！」

他們看著我，一臉震驚，然後解釋說：「這是反射療法。」

我趕緊閉上眼睛，裝成一副在沉思、冥想的樣子。

這只是讓我覺得「我真是敗給他了」的其中一個例子。

偽科學橫行

我也想探究超感知覺和超能力現象的真偽。最近的大熱門是蓋勒（Uri Geller），據說他只要用手指撫摸鑰匙，就能使它彎曲。在他的邀請之下，我便到他旅館房間內，看他表現觀心術和彎曲鑰匙。在觀心方面他沒一樣表演成功，也許沒有人能看穿我的心吧？而我的小孩拿著一支鑰匙讓他摸，什麼也沒有發生。然後他說他的超能力在水中比較能夠施展得開；你們可以想像，我們便跟著他跑到浴室。水龍頭開著，他在水中拚命撫摸那把鑰匙，什麼都沒有發生。於是，我根本無法研究這個現象。

接下來我想，大家還相信些什麼？（那時候我想到巫醫，想到要研究他們的真偽是多麼的容易：你只要注意他們什麼也弄不成就行了。）於是我去找些更多人相信的事物，例如「我們已經掌握到教學方法」等。目前雖有很多閱讀方法和數學方法的提倡及研究，但只要稍微留意，便發現學生的閱讀能力一路滑落，或至少沒怎麼上升——儘管我們還在請這些人改善教學方法。這也是一種由巫醫開出來的不靈藥方了，這早就應該受到檢討，這些人怎麼知道提出來的方法是行得通的？

另一個例子是如何對待罪犯，在這方面很顯然我們一無進展。那裡有一大堆理論，但我們的方法顯然對於減少罪行，完全沒有幫助。

然而，這些事物全都以科學之名出現，也有許多人在費力研究。一般民眾單單靠著「普通常識」，恐怕會被這些偽科學嚇倒。

偽科學橫行，會讓真正的科學冒不出頭。例如，若有位老師想到一些如何教她小孩閱讀的好方法，教育體系卻會迫使她改用別的方法；她甚至會受到教育體系的欺騙，以為自己的方法不是好方法。又例如一些壞孩子的父母，在管教過孩子之後，終身無法擺脫罪惡感的陰影，只因為專家說：「這樣管教小孩是不對的。」

因此，我們實在應該好好檢討那些行不通的理論，以及檢討那些不是科學的科學。

上面提到的一些教育或心理學上的研究，都是屬於我稱之為「草包族科學」（cargo cult science）的最佳例子。大戰期間在南太平洋有一些土人，看到飛機降落在地面，卸下來一包包的好東西，其中一些是送給他們的。往後他們仍然希望能發生同樣的事，於是他們在同樣的地點鋪設飛機跑道，兩旁還點上了火，蓋了間小茅屋，派人坐在那裡，頭上綁了兩塊木頭（假裝是耳機）、插了根竹子（假裝是天線），以為這就等於塔臺裡的飛航管制員了。然後他們等待，等待飛機降落。

他們被稱為草包族，他們每件事都做對了，一切都十分神似，看來跟戰時沒什麼兩樣；但這行不通，飛機始終沒有降落下來。這是為什麼我叫這類東西為「草包族科學」，因為它們完全學足了科學研究的外表，一切都十分神似，但是事實上它們缺乏了最重要的部分——飛機始終沒有降落下來。

科學的品德

接下來，按道理我應該告訴你，它們缺乏的是什麼，但這和向那些南太平洋小島上的土人說明，是同樣的困難。你怎麼能夠說服他們應該怎樣重整家園，自力更生的生產財富？這比「告訴他們改進耳機形狀」要困難多了。不過我還是注意到「草包族科學」的一個通病，那也是我們期望你在學校裡學了這麼多科學之後，已經領悟到的觀念——我們從來沒有公開明確的說那是什麼，卻希望你能從許許多多的科學研究中醒悟到。因此，像現在這樣公開的討論它，也是滿有趣的。這就是「科學的品德」了，這是進行科學思考時必須遵守的誠實原則——有點盡力而為的意思在內。

舉個例子，如果你在做一項實驗，你應該把一切可能推翻這個實驗的東西，納入報告之中，而不是單把你認為對的部分提出來；你應該把其他同樣可以解釋你的數據的理論，某些你想到、但已透過其他實驗將之剔除掉的事物等，全部包括在報告中，以使其他人明白，這些可能性都已被排除。

你必須交代清楚任何你知道、可能會使人懷疑的細微末節。如果你知道哪裡出了問題，或可能會出問題，你必須要盡力解釋清楚。比方說，你想到了一個理論，提出來的時候，便一定要同時把對這理論不利的事實也寫下來。這裡還牽涉到一個更高層次的問題。當你把許多想法放在一起，構成一個大理論，提出它與什麼數據相符合時，首先你應該確定，它能說明的不單單是讓你想出這套理論的數據，而是除此以外，還能夠說明其他的實驗數據。

總而言之，重點在於提供所有資訊，讓其他人得以裁定你究竟做出了多少貢獻；而不是單單提出會引導大家偏向某種看法的資料。

要說明這個概念，最容易的方法是跟廣告來做個對照。昨天晚上，我看到一則廣告，說「威森食用油」不會滲進食物裡頭。沒有錯，這個說法並不能算是不誠實，但我想指出的不單是要老實而已，這是關係到科學的品德，這是更高的層次。那個廣告應該加上的說明是：在某個溫度之下，任何食用油都不會滲進食物裡頭；而如果你用別的溫度呢，所有食用油，包括威森食用油在內，都會滲進食物裡頭。因此他們傳播的只是暗示部分，而不是事實；而我們就要分辨出其中的差別。

根據過往的經驗，真相最後還是會有水落石出的一天。其他同行會重複你的實驗，找出你究竟是對還是錯；大自然更是會同意或者不同意你的理論。而雖然你也許會得到短暫的名聲及興奮，但如果你不肯小心的從事這些工作，最後你肯定不會被尊為優秀科學家的。這種品德，這種不欺騙自己的刻苦用心，就是大部分草包族科學所缺乏的配料了。

它們碰到的困難，主要還是來自研究題材本身，以及根本無法將科學方法應用到這些題材上。但這不是唯一的困難。這是為什麼飛機沒有著陸！

從過往的經驗，我們學到了如何應付一些自我欺騙的狀況。

舉個例子，密立根（Robert Millikan）做了個油滴實驗，量出了電子的帶電量，得到一個今天我們知道是不大對的答案。他的數據有點偏差，因為他用了個不準確的空氣黏滯係數值。於是，如果你把在密立根之後、進行測量電子帶電量所得到的數據整理一下，就會發現一些很有趣的現象：把這些數據跟時間畫成坐標圖，你會發現這個人得到的數值比密立根的數值大一點點，下一個人得到的數據又再大一點點，下一個又再大上一點點，最後，到了一個更大的數值才穩定下來。

為什麼他們沒有在一開始，就發現新數值應該較高？這件事令許多相關的科學家慚愧臉紅，因為顯然很多人的做事方式是：當他們獲得一個比密立根數值更高的結果時，他們以為一定哪裡出了錯，他們會拚命尋找，並且找到了實驗有錯誤的原因。另一方面，當他們獲得的結果跟密立根的相仿時，便不會那麼用心去檢討。因此，他們排除了所謂相差太大的數據，不予考慮。我們現在已經很清楚那些伎倆了，因此再也不會犯同樣的毛病。

不能欺騙自己

然而，學習如何不欺騙自己，以及如何修得科學品德等等——很抱歉，並沒有包括在任何課程中。我們只希望能夠透過潛移默化，靠你們自己去醒悟。

第一條守則，是不能欺騙自己。你是最容易被自己騙倒的人，因此必須格外小心。當你能做到不騙自己之後，你很容易也能做到不欺騙其他科學家的地步了。在那以後，你就只需要遵守像傳統所說的誠實方式，就可以了。

我還想再談一點點東西，這對科學來說並不挺重要，卻是我誠心相信的東西。那就是當你以科學家的身分講話時，千萬不要欺騙普羅大眾。我不是指當你騙了你妻子或女朋友時應該怎麼辦，這時你的身分不是科學家，而是個凡人，我們把這些問題留給你和你的牧師。我現在要說的是很特別、與眾不同、不單只是不欺騙別人，而且還盡其所能說明你可能是錯了的品德，這是你做為科學家所應有的品德；這是我們做為科學家，對其他科學家以及對非科學家，都要負起的責任。

讓我再舉個例子。有個朋友在上電臺節目之前，跟我聊起來，他是研究宇宙學及天文學的，而他很感困惑，不知道該如何談論這些工作的應用。我說：「根本就沒有什麼應用可言。」他回答：「沒錯，但如果這麼說，我們這類研究工作就更不受支持了。」我覺得很意外，我想那是一種不誠實。如果你以科學家的姿態出現，那麼你應該向所有非科學家的大眾說明你的工作；如果他們不願意支持你的研究，那是他們的決定。

這個原則的另一形態是：一旦你下決心要測試一個定理，或者是說明某些觀念，那麼無論結果偏向哪一方，你都應該把結果發表出來。如果單發表某些結果，也許我們可以把論據粉飾得很漂亮堂皇，但事實上，我們一定要把正反結果都發表出來。

我認為，在提供意見給政府時，也需要同樣的態度。假定有位參議員問你，應不應該在他代表的州裡進行某項鑽井工程，而你的結論是應該在另一州進行這項工程。如果你因此不發表這項結論，對我而言，你並沒有提供真正的科學意見，你已經被人利用了。換句話說，如果你的答案剛好符合政府或政客的方向，他們就把它用在對他們有利的事情上，但是一旦出現另一種情況就不發表出來。這並非提供科學意見之道！

這才是第一流的實驗

其他許多錯誤，比較接近於低品質科學的特性。我在康乃爾大學教書時，經常跟心理系的人討論。一個學生告訴我她計劃做的實驗：其他人已發現，在某些條件下，比方說是X，大鼠會做某些事情A。她很好奇的是，如果她把條件轉變成Y，牠們還會不會做A？於是她計劃在Y的情況下，看看牠們還會不會做A。我告訴她說，她必須首先在實驗室裡重複別人做過的實驗，看看在X的條件下會不會也得到結果A，然後再把條件轉變成Y，看看A會不會改變。然後她才能知道，其中的差異是否如她所想像的那樣。

她很喜歡這個新構想，跑去跟指導教授說；但教授的回答是：「不，妳不能那樣做，因為那個實驗已經有人做過，妳在浪費時間。」這大約是一九四七年的事，其後那好像變成心理學的一般通則了：大家都不重複別人的實驗，而單純的改變實驗條件看結果。

今天，同樣的危險依然存在，甚至在物理這一行的著名領域也不例外。我很震驚的聽到在國家加速器實驗室完成的一項實驗的情形。在實驗中，研究人員用的是氘（重氫）。而當他想將這些結果，跟使用輕氫的情況做一比較時，他直接採用了別人在不同儀器上得到的輕氫數據。當別人問他為什麼這樣做時，他說這是由於他計畫裡沒有剩餘時間重複那部分的實驗，而且反正也不會有新的結果……。於是，由於他們太急著要取得新數據，以取得更多的資助，讓實驗能繼續下去，他們卻很可能毀壞了「實驗本身的價值」——而這才應該是原先的目的。很多時候，那裡的實驗家沒法按照科學品德的要求來進行研究！

必須補充一句，並不是所有心理學的實驗都是這個樣子的。我們都知道，他們有很多大鼠走迷宮的實驗，曾經有很久都沒有什麼明顯的結論。但是在一九三七年，一位名為楊格（Paul Thomas Young）的人進行了一個很有趣的實驗。他弄了個迷宮，裡面有條很長的走廊，兩邊都有許多門。大鼠從這邊的門走進來，而在另一邊的門後是食物。他想看看能不能訓練大鼠從第三道門走進去——不管原本他讓大鼠從那個門走起。他發現辦不到；大鼠立刻會走到原先找到食物的門。

那麼問題是，由於走廊造得很精美，每個門看來也一樣，大鼠到底是怎樣認出先前到過的門？很顯然這道門有點不同！於是他把門重新漆過，讓每道門看來都一樣。但那些大鼠還是認得最初走過的門。接著他猜想也許是食物的味道，於是每次大鼠走完一次之後，他便用化學物品把迷宮的氣味改變，但大鼠還是回到原來的門那裡。他再想到，大鼠可能依靠實驗室裡的燈光或布置來判斷方向，像人那樣；於是他把走廊蓋起來，但結果還是一樣。

終於他發現，大鼠是靠著在路面走過時發出的聲音，來辨認路徑的，而唯一的方法是在走廊內鋪上細沙。於是他追查一個又一個的可能，直到把大鼠都難倒，最後全都要學習如何走到第三個門內。如果他放鬆了任何一項因素，大鼠全都知道的。

從科學觀點來看，那是個第一流的實驗。這個實驗使得大鼠走迷宮之類的實驗有價值，因為它揭開了大鼠真正在利用的條件——不是你猜它在用的條件。這個實驗告訴我們：你要改變那些條件，要如何小心翼翼的控制及進行大鼠走迷宮的實驗。

我追蹤了這項研究的後續發展。我發現在楊格之後的類似實驗，全都沒有再提到這個實驗。他們從來沒有在迷宮裡鋪上細沙或者是小心執行實驗。他們走回頭路，讓大鼠像從前般走迷宮，全然沒有注意到楊格所做的偉大發現。他們之所以沒提起楊格的論文，只不過是因為他們認為楊格沒有發現大鼠的什麼結果。但事實上，楊格已經發現了你必須先做的準備，否則你休想能發現大鼠的什麼結果。草包族科學通常就忽略了這種重要的實驗。

實驗成果須有再現性

另一個例子是超感知覺和超能力的實驗了。就像很多人提出過的批評一樣（甚至他們本身也提出過），他們改進其技巧，使得效應愈來愈少，終於全無效應了。所有研究超自然現象的心理學家，都在尋找可以重複的實驗（可以再做一次而得到同樣的效應），甚至只要求一個統計上的數字便好了。於是他們試驗了一百萬隻大鼠——噢，對不起，我的意思是人！他們做了很多實驗，取得某些統計數字。但下一次再試時，他們又沒法獲得那些現象了。現在甚至有人會說，期望超能力實驗可以重複，那是枝微末節的要求。但不這樣要求，還能稱為科學嗎？

這個人原本是「超自然心理學院」的院長，而當他做退休演說時，他談到應設立新的機構，他更告訴其他人，下一步是大家應該挑選那些已明顯有超能力的學生來訓練，而不要浪費時間在那些對這些現象很有興趣、卻只偶然有超能力效應出現的學生。我認為這種教育政策是十分危險的——只教學生如何得到某些結果，而不是如何固守科學品德、進行實驗。

因此我只有一個希望：你們能夠找到一個地方，在那裡自由自在的堅持我提到的品德；而且不會由於要維持你在組織裡的地位，或是迫於經濟壓力，而喪失你的品德。

我誠心祝福，你們能夠獲得這樣的自由。

〔注：本文是費曼於加州理工學院一九七四年畢業典禮上的演講稿。〕

閱讀筆記

閱讀筆記

閱讀筆記

閱讀筆記

科學文化 201F

別鬧了，費曼先生
科學頑童的故事

SURELY YOU'RE JOKING, MR. FEYNMAN!
Adventures of a Curious Character

原著 — 理查・費曼（Richard P. Feynman）
譯者 — 吳程遠
科學文化叢書策劃群 — 林和（總策劃）、牟中原、李國偉、周成功

總編輯 — 吳佩穎
編輯顧問暨責任編輯 — 林榮崧
第一版責任編輯 — 杜晴惠
校對 — 李承芳
封面設計暨美術編輯 — 江儀玲

出版者 — 遠見天下文化出版股份有限公司
創辦人 — 高希均、王力行
遠見・天下文化 事業群榮譽董事長 — 高希均
遠見・天下文化 事業群董事長 — 王力行
天下文化社長 — 王力行
天下文化總經理 — 鄧瑋羚
國際事務開發部兼版權中心總監 — 潘欣
法律顧問 — 理律法律事務所陳長文律師
著作權顧問 — 魏啟翔律師
社址 — 台北市 104 松江路 93 巷 1 號 2 樓
讀者服務專線 — 02-2662-0012 ｜ 傳真 — 02-2662-0007, 02-2662-0009
電子郵件信箱 — cwpc@cwgv.com.tw
直接郵撥帳號 — 1326703-6 號 遠見天下文化出版股份有限公司
排版廠 — 極翔企業有限公司
製版廠 — 東豪印刷事業有限公司
印刷廠 — 中原造像股份有限公司
裝訂廠 — 中原造像股份有限公司
登記證 — 局版台業字第 2517 號
總經銷 — 大和書報圖書股份有限公司 電話／ 02-8990-2588
出版日期 — 2012 年 7 月 20 日第一版第 1 次印行
2024 年 1 月 31 日第六版第 15 次印行

國家圖書館出版品預行編目 (CIP) 資料

別鬧了，費曼先生：科學頑童的故事 / 理查・費曼（Richard P. Feynman）著；吳程遠譯. -- 第六版. -- 臺北市：遠見天下文化, 2018.05
面； 公分. --（科學文化；201F）
譯自：Surely You're Joking, Mr. Feynman! : Adventures of a Curious Character
ISBN 978-986-479-477-5（平裝）
1. 費曼（Feynman, Richard Phillips, 1918-1988） 2. 物理學 3. 傳記 4. 美國
785.28 107007329

定價 — NT500 元
書號 — BCS201F
ISBN — 978-986-479-477-5
天下文化官網 — bookzone.cwgv.com.tw

天下文化

BELIEVE IN READING